新商业模型评析

第一辑

XIN SHANGYE MOXING PINGXI

本辑从具体案例着手，分析企业的商业模型及其盈利模式，对各商业模型的需求搜集、盈利等方面进行详尽的评析，总结出各商业模型的要点、优点、缺点及适用条件，以期对相关人员有所启示。

张耀辉　左小德　主编

暨南大學出版社
JINAN UNIVERSITY PRESS
中国·广州

图书在版编目（CIP）数据

新商业模型评析/张耀辉，左小德主编．—广州：暨南大学出版社，2009.11
ISBN 978－7－81135－298－6

Ⅰ．新…　Ⅱ．①张…②左…　Ⅲ．企业管理　Ⅳ．F270

中国版本图书馆 CIP 数据核字（2009）第 204738 号

出版发行：暨南大学出版社

地　址：中国广州暨南大学
电　话：总编室（8620）85221601
营销部（8620）85225284　85228291　85220693（邮购）
传　真：（8620）85221583（办公室）　85223774（营销部）
邮　编：510630
网　址：http：//www.jnupress.com　http：//press.jnu.edu.cn

排　版：广州市星辰文化发展部照排中心
印　刷：佛山市浩文彩色印刷有限公司

开　本：787mm×1092mm　1/16
印　张：14.5
字　数：287 千
版　次：2009 年 11 月第 1 版
印　次：2009 年 11 月第 1 次
印　数：1—3000 册

定　价：30.00 元

序

这几年，接触到了很多企业家，他们对一些新型企业的成功有着几乎完全一致的看法，认为那是商业模型构造得好。在成熟产业中，企业商业活动形式非常接近，企业之间的竞争有时会非常激烈，为了多争取顾客，企业多采取价格和服务竞争。但是，波特注意到即使是成熟的产业，仍然存在着长盛不衰的企业，他认为这是核心竞争力所致，是核心竞争力让一些有着同样技术的企业脱颖而出，保持着持续的成长。波特这种竞争性观点受到《蓝海战略》提倡者的置疑，如果企业能够找到自己的蓝海，它就可能避免竞争，顺利发展。进入新世纪，新类型的企业层出不穷，让人目不暇接，他们发现了新的需求世界，形成了新的产业，但问题是，这些需求很早以前人们可能就有，为什么没有被商业化？我们越来越多地发现，在这些新的领域中，企业经常通过使用新的商业理念、建立新的商业活动方式来获得市场的承认。他们的商业形式越来越复杂，而成长却越来越快，财富积累也越来越快。那么如何解释这种企业成长的现象呢？

可能有人会以创新作为解释的理由，传统的创新，几乎全部采取垄断价格策略，但是，现在很多企业的商业行为并非采取垄断价格来谋取利润，甚至有些企业也没有什么研发的投入，与其他企业的最大差别在于采取了一个全新的商业模型。

企业家理论认为，商业的成功在于企业家个人的天赋和努力，在于他们对机会的把握和资源的运用，在于企业家们的组织才能和商业道德。但是，他们是理性思维，还是感性思维呢？这些有关企业家个人天分的解释无非是讲个人天赋的影响和成为企业家由上天注定，个人魅力起着重要作用，人们不需要理性思维。这显然并不能为全部商业活动的事实所证明。

那么，商业的理性思维是什么呢？有没有一个理论工具解释相同技术，受到商业活动形式的影响走向成功或走向失败，解释相同的个人天赋，却会有不同的商业活动的结果呢？

暨南大学，百年老校，“始有暨南，便有商科”，在漫长的发展历史中，商科一直是我校的传统优势学科。作为暨南大学商科的主体之一——管理学院企业管理系仍然坚持着商科的研究传统，他们把产业组织研究、知识管理研究、战略管理研究、创业研究等内容整合在一起，提出了新商业模型研究计划并付诸研究实践，在新的背景下以案例方式入手开展研究，拓展了对商的新理解。他们把商看成是供求互动的理性行为，是一种供求影响的逻辑，获得一些有价值的研究成果。本书就是他们的研究成果之一。

我一直认为，案例教学和案例研究非常有意义，现在新商业模型研究的团队使用一个新的方法，是对人所共知的创业案例重新加以评论和分析，挖掘内在的商业逻辑，对这些商业故事重新深化认识，同时，团队成员也调研撰写案例。调研撰写案例，这是世界知名商学院通行的研究工作和做法，开发案例虽然有重要意义，但并非易事，因其投入较多，而中国大学研究经费的支持体系无法与之相比，因此，对案例进行重新评析比较适合于中国大学，将深度解析案例和自主研发案例结合是一种切合实际的选择。中国改革开放三十多年，使中国整个步入了一个创业的社会，从新型的商业案例入手来研究，也符合中国的现状，特别是将国内外重要的创业故事，以新视角重新加以分析，启发中国的企业，在学术上获得新的认识的同时，也能够推动中国企业走向理性成长。从这个意义上说，暨南大学在商科研究方面做了一些重要的探索。

现在这个团队工作才刚刚起步，我希望他们能够坚持下去。丰富商业理论是我们暨南大学的责任，从商业模型方面探讨和认识创业活动与企业成长，探索暨南大学的特色，工作非常有意义。祝他们研究顺利！

暨南大学校长 胡军

2009年10月15日

目 录

边走边看——平价玉饰的商业模型评析

张耀辉

一、商业故事：“梦之恋”幸运玉饰10元平价小超市连锁经营诞生记

1. 初创

2003年6月，22岁的刘素琴临近大学毕业，进了长沙一家进口服装专卖店。找到了工作，待遇比较优厚，一般人不会想得太多。可是对刘素琴来说，这就是一个找到商业机会的窗口。进入进口服装专卖店，可以理解成是创业前的磨砺，学习经验而已。她在等待机会的到来，她的目标是自己创业。

在店里，她做服装饰物搭配，这个工作比较专业，也比较有趣。有一天，一群学生模样的年轻人来到专卖店，他们希望刘素琴能够根据他们佩戴的小饰品推荐搭配服装，看到这些饰品，刘素琴大开眼界，法国宝石、泰国尼泊尔银饰、中国藏饰、日韩银饰、奥地利水晶、波罗的海琥珀、印尼木雕、印度铜器，美不胜收，非常漂亮。刘素琴一边搭配，一边激动不已，年轻人的新潮和眼界刺激了她。恰在此时，远在广东深圳的表妹打来电话，说她们那儿新开了一个饰品店，生意非常好，饰品不仅做工精美，价格还不贵。她建议，不要给别人打工了，不如我们一起合伙开家饰品店吧。刘素琴只觉得眼前一亮，是啊，刚才的这些年轻人不就是很喜欢饰品吗，连买衣服也要根据饰品搭配。她暗自思忖，随着时尚文化的发展，饰品已经成为一个人文化品位和身份地位的象征，一款合适的饰品能给人的整体着装带来意想不到的魅力。在人们为流行与时尚着迷的今大，饰品热卖显然是必然趋势。她在长沙几条比较知名的商业街上逛了几天，还真没有发现专门的饰品店，心里不禁窃喜：这是个机会，我不能放过它。

问题1：机会从何而来？为什么那些年轻人没有意识到这是个机会？

思考提示：机会往往青睐有准备者，年轻人只是时尚的消费者，而不是时尚的运用者，缺少创业准备；从根本上说，刘素琴不是机会的发现者，她的表

妹才是机会的发现者，但她是机会的利用者，这说明机会的发现是一个系列的活动，从意识揭示、明确假说到考察论证，最后才由决策者肯定这是一个机会。

就这样，刘素琴利用业余时间搜集饰品市场信息，发现饰品经营绝对能赚大钱，于是她向亲戚借了一些钱，加上父母的帮助，毅然放弃了工作，在长沙步行街上开了一家小小的饰品店。

小店如何定位呢？根据她的工作经历，做服装上的佩饰，这种工作经验也可用到市场上，因为有些服装并没有佩饰，可能有些顾客不太喜欢，这样顾客就有一些特殊的要求。年轻气盛的她就这样上路了。如果说定位，这也算是市场定位，因为长沙没有这种店，应该是拾遗补缺吧，但是她仍然不满足，她开始注意收集各种市场信息，饰品店里逐渐形成了时尚概念，成为引领新饰品消费的地方名店。

问题2：如果商店的效益好，会不会引起竞争呢？用什么避免竞争呢？

思考提示：凡是有利润的地方，都会有竞争者出现，没有办法避免。如想获得竞争的胜利，就必须要有高人一筹的办法。

由于刘素琴经营的饰品店生意很好，周围一些生意不景气的专卖店就开始纷纷转向饰品经营。于是，一条街上一下子冒出了许多饰品店，竞争非常激烈，生意越来越不好做，效益也开始下降。

为什么开个饰品店竞争这么激烈？为什么这么多人看到有利润可寻就一哄而上呢？刘素琴思考的结果是，一般的饰品技术含量不高，如果自己经营技术含量稍微高一点的产品，竞争就不会这么激烈。可是这种产品到哪里去寻找呢？她的心里一下子也没有答案。

有一天，一位气质优雅的女顾客来到刘素琴的饰品店里，找来找去，就是没有找到自己满意的。于是，刘素琴就主动和那位女顾客说话，原来那位女顾客是在寻找一种玉饰。她说她最近去了一趟泰国，发现很多人都佩带玉饰，而且价格不贵，真正是平价玉饰。听说现在在美国和加拿大等国家很流行，很多玉饰专卖店生意很火。女顾客的话给了刘素琴很大的启发，她仔细一想，既然玉饰这么流行，说明世界上流行的不是一般佩饰，而且平价意味着大多数普通百姓能够消费。时尚+平价才应该是自己的定位。

怎样才能够保证平价呢？得找到一些正规的玉制品厂家，让他们给自己生产平价玉饰，自己做平价玉饰的专卖。

她先自我估量了一下，自己不是玉饰方面的专家，原来的小店只是商铺，现在要转型为订制玉饰的专卖店，没有对玉饰的更深刻了解肯定不行。她特地咨询了一些专家，查了一些玉饰市场的专门资料，从这些资料中得知，玉所隐含的寓意，可以满足街头青年的所有渴望，而且玉是女性的喜好品。我国玉饰和玉石的平均占有率不足2%，发达国家玉饰平均占有率却高达40%。我国权威机构也对中国女性饰品市场进行过调查，调查显示，我国女性饰品市场平均占有率不足5%，而日本达到98.2%，泰国为68%，香港为54%，新加坡为48%，马来西亚为47%。这是一个很大的市场空间，况且中国有13亿人口，6亿多为女性，按每十人有一件饰品计算，需要6 000多万件，还有无以计数的儿童、少年及男性群体。他们共同的特征是追求时尚和个性，但市场几乎还没有启动，因此需要实惠的平价玉饰来推动该领域消费。

问题3：需求隐藏在哪？如何获得这些需求信息？

思考提示：需求多隐藏于顾客的需要之中，她们的要求是需求的开始；需求多处于隐藏状态，不经过分析，需求无法明确。分析的重要方法之一是比较，以国外市场对商品的理解进行解释，以国外市场的人均消费与国内进行对比，查看未来市场空间。

她的朋友告诉她，一些大型的玉饰制品企业在生产加工完大型玉器后，把大型玉雕作品的边角余料都丢弃了。她一下子兴奋了，想：如果自己说服玉饰制品企业采用大型玉雕作品的边角余料制作，利用他们工厂设计师的能力，把大型玉器的设计构思变成微型平饰，估计不用花太多的钱就可以得到既有时尚特色又能够保证平价的玉饰。玉饰之所以贵，一方面是材料贵，如果按她的想法做平价玉饰，原料成本几乎为零，另一方面，平饰的近一半成本在于人工，如果设计不用花人工，再加上玉器厂的机械流水化作业，加工成本会最大化降低，这不就可以化腐朽为神奇了吗？

她为自己制定了一个路线图，决定去河南和云南这些产玉的地方找生产厂家进行商谈。第一次联系合作是在2006年5月，刘素琴坐火车赶到云南慕名找到朋友介绍的那家大型玉器生产厂家，要求购买玉石的边角料，并要求厂家用边角料加工玉饰。刘素琴找到生产厂长，厂长话中有话地问刘素琴：“小刘，你如果诚心诚意，想要我们用边角料给你加工玉器饰品，那么你就应该带一份详细的合作方案给我们。”一听这话，刘素琴有点发傻，她还没有来得及准备合作方案，第一次合作，不摸底细，也没有经验，不知道还要先准备合作方案。但她反应非常快，立即撒了一个谎，说：“我本来是带了合作方案来的，今天上午出门比较急，把方案放在宾馆里忘记带了。”厂长一听这话，要求刘素琴第二天上午把合作方案送过去再作决定。刘素琴看脸色知道对方有了不信任感，是在考验她是否是一位诚实的合作者。但这是她唯一的机会。于是，刘素琴马上回到宾馆，花了一个通宵，将一份详细的“平价玉饰品生产合作开发方案”写了出来。第二天一早，刘素琴就将这份玉饰品生产合作开发方案送到了厂长的手中，没料到厂长只看了一半就决定合作，按刘素琴的方案，以他们加工剩余的边角料为刘素琴制作平价玉饰。至于生产样式，对方厂家也按刘素琴的设计，答应愿意按照他们目前生产的时尚玉器进行缩小比例打磨，像玛瑙耳环、圆珠项链、翡翠手机链、七彩观音、璀璨菩提等都可以提供。作为玉饰，这些以玉器的原形来设计的样子非常有趣，小有小的好处，因为是模仿，只要惟妙惟肖，就很好看，加工出来，连刘素琴自己都爱不释手。

回到长沙后，刘素琴有了底气，她知道自己的玉饰既新潮，又便宜，于是终止了原来的饰品生意，将自己的专卖店定位为幸运玉饰10元平价小超市。她给自己的店改了一个很时尚的名字——“梦之恋”。2006年8月，她在长沙市租下一个20平方米的门面，装饰一新的“梦之恋”幸运玉饰10元平价小超市开张营业了。

轰动，那些出自大师手笔的玉饰一下子引起了轰动。“梦之恋”玉饰品高贵而价格不贵，市场零售价以十元、几十元为主，平民买得起，富人也看得上；设计传统又时尚，汇集东京、首尔、曼谷、巴黎等时尚都市的流行趋势，将幸运文化与时尚元素巧妙结合；品种有项链、挂饰、戒指、耳饰、腰饰、头饰、包饰、居家摆件、手机挂件、汽车挂件等十几个系列，上千种款式，件件时尚流行……一上柜就吸引了许多人的眼光，年轻时尚的主力消费族立刻成为她第一批顾客。

问题4：何以能够形成产品的独特性？一个方面的独特是否构成了全部的商业独特性？

思考提示：传统设计不变，而设计运用的对象变化，就可以构成产品的独特性。进一步的思考是如何避免知识产权的冲突，设计的移植也是一种技术创新。本例中的独特性是以平民买得起，富人看得上为理念来构建的，产品是这种理念的载体，店名“梦之恋”是商业标识，承载了时尚，而十元低价的超市则是具体的商业形态，构成了独特性的整体。

2. 发展

开张那天，生意非常火爆，一天竟然卖出将近6 500元的小玉饰。由于这是刘素琴第二次开店，她太兴奋了，以前从来没有过这种火爆的场面，一家20平方米的小店可以达到这个销售额，她从来没有想过。也许是她的幸运之神降临了，也许是她经营饰品店的经验在起作用，让她做起来得心应手，反正，开张大吉。

为了扩大宣传，她一方面在店面宣传上大做文章，打造深厚的玉饰文化基调，让款款精美的玉饰与浓郁的文化气息相得益彰，将“梦之恋”的品位尽展无遗；另一方面印制精美的宣传画册，在人流量较大的场所或各大写字楼分发，提高“梦之恋”的知名度。画册上除了各款玉饰的实物图片外，还有精心设计的广告语，在各大媒体上大打广告，让“梦之恋”的形象无处不在，给消费者以全方位的视觉冲击。

就这样，一个月下来，刘素琴粗略地一算，除去各种开支，她赚了2万元。看着这红火的生意，她暗自庆幸自己转向经营得早，如果自己不转向经营平价玉饰的话，自己还不知道干什么呢，更谈不上赚钱了。就这样，刘素琴的幸运玉饰10元平价小超市生意红红火火，为她赢来了滚滚财源。

开业第二个月，一位身着职业装气质高雅的年轻女子来店里看玉饰，刘素琴估计她可能是某个大公司的高级白领，于是彬彬有礼地上前说道：“小姐，我们现在正在举行一项优惠活动，如果您在我们店里选择任意一款玉饰的话，您将成为在本店购物的第800名顾客，从而获得7折优惠和终身8折会员卡一张。”那位小姐一听，顿时来了兴致：“真的吗？那我说什么也要挑一些玉饰了。”在刘素琴的介绍下，那位小姐最终一次就选购了600多元的玉饰。

让刘素琴惊讶的是，那位女顾客第二天就领着一些朋友前来店里选择玉饰。这让刘素琴又明白了一个营销之道，她干脆对所有的顾客发放终身8折会员卡，因为就是这小小的一张卡，能够系住很多消费者的心。她知道，她的平价理念正在传达给越来越多的消费者。

问题5：用什么方法可以强化需求？强化需求的意义是什么？

思考提示：特殊标志可以让顾客拥有特殊的身份，会员制可以锁定顾客。强化需求的意义在于加深对品牌的认同感，并通过口碑传诵获得更大的市场。

对所有企业来说，随着业务量的扩大都会产生质量漏洞，而顾客的挑剔也开始增加，舆论也开始关注你，出现漏洞的机会增大，而出现危机的可能性也在增大，很多企业就因为无法越过这道门槛而败下阵来。刘素琴无师自通，有着非常强的危机意识，出货量越大，对质量的把关也越严，对进货玉饰质量管理的细致严谨程度如同一个老牌企业。每次产品进入包装盒前，她都和质检员一道进行质量检查。有一次，刘素琴在例行检查质量时，发现有两个玉手镯有点不对称，她马上召集营业员开会。在会上，刘素琴拿出那两个玉手镯对大家说：“其实，这两个玉手镯如果放到包装盒中去，完全可以卖出去，它只是最上边有一丝的不匀称，和另外一只不是很对称，但是，我却要把它拿出来，作为不合格的产品。请大家记住，以后，像这种产品一律不准进包装盒。因为我们的‘梦之恋’玉饰应该是完美无缺的。”她用激将法来激励大家，“完美无缺”，令员工很爱听，因为这等于说刘素琴将把大家领到一个尽善尽美的商业境界，所以大家报以热烈掌声以示赞同。

“梦之恋”幸运玉饰10元平价小超市的生意特别好，人们对玉饰也有了极大的认可，需求量也特别大，一个供货商有些供不应求。于是，刘素琴找到几个玉石加工老板商谈，选择他们当中做工好、价格低的企业作为自己的长期供货商。刘素琴的生意对玉厂企业来说是不用太多投入的生意，回款快，有钱赚，大家都愿意和她合作。经过一个时期的拓展，从云南、广州、福建到河南、新疆等国内重要的玉石生产基地几乎都有了她的供货点。这种联手经营，一手货源，减少了流通环节虚增的成本，可以做到真正让利给消费者。

在刘素琴的精心打理下，"梦之恋"幸运玉饰 10 元平价小超市的生意越来越红火，平均每天的销售额都在五六千元左右，月纯利润达 3 万多元。看到她的成功，许多朋友都想加入。读大学时的一个同学不肯放过与她合作经营的机会，对她说："老同学，我想在家乡也开这么一家'梦之恋'幸运玉饰 10 元平价小超市，我眼下没有工作，你说什么也得帮我。"

刘素琴仔细盘点了自己的商业模型，觉得是建立自己的连锁经营网络的时候了，她要将"梦之恋"幸运玉饰 10 元平价小超市介绍给全国各地的投资者。于是，在长沙市注册成立了长沙市"梦之恋"工艺品有限公司，为了方便客户查询相关信息，还注册了"梦之恋"网站，并开通了全国咨询热线，开始了全国的招商活动。

问题 6：如何控制自己已经得到的机会？如何扩大自己的机会？

思考提示：懂得危机是怎么产生的，懂得居安思危的预见能力，比创造机会更重要。如果机会已经稳定，有了自己的经营独特之处，就应该不失时机地推到更大的市场，运用现在的经营理念与制度工具，将自己独特的商品和服务推广到更大的市场，让更多的人受益。

3. 后记

深圳的加盟商李女士，逛过一回刘素琴的"梦之恋"幸运玉饰 10 元平价小超市，就成为她的铁杆"粉丝"，立即决定加盟。李女士的店从开张到现在，天天都是顾客盈门。一些年轻女孩每次都是三五成群而来，那些玉饰看起来既时尚又有特色，搭配起衣服来也十分出色，而店里的八大系列产品适合不同品味的人群，有各种风格的玉饰，产品应有尽有，几乎所有人都能找到自己喜欢的玉饰。据李女士介绍，基本上她每个月都能卖出 5 万多元的货，要是逢上节假日，一天就能卖出近 2 万元的玉饰。她说，照这样的销售形势，她可以再开一家分店。"梦之恋"从正式启动全国招商加盟还不到半年，就发展了代理商 30 多家，生意都很红火。

刘素琴对自己的成功之道也有一些总结。她说："时尚是极有价值的卖点，但时尚总是要过时的，要延长它的保鲜期，首先，要创造一个知名品牌，让自己占有一个较高的起点；其次，要顺应市场的经营趋势，像平价玉饰这几年在市场上会非常火；最后，要诚信经营，用智慧和汗水换取成功。”

问题7：从逻辑角度看，李素琴总结得完整吗？

思考提示：成功者往往并不能正确认识自己，刘素琴仍然非常谦虚，这会造就她更大的商业成就。但是她并没有从逻辑角度认识自己，她无意识地设计了一个非常有趣的商业模型，是这个商业模型引领着她走向成功。

二、商业模型评析

1. 需求搜集

刘素琴是如何完成需求搜集的设计的呢？第一家店只是商业模型形成的铺垫，其商业模型还非常不稳定，虽然能够实现需求搜集，但是还没有达到有效搜集需求的程度，其需求很快被其他企业所瓜分。到成立第二家店时，她基本上完成了商业模型的设计工作，运用连锁经营和成立长沙市“梦之恋”工艺品有限公司都不再是商业模型的设计，而是对商业模型的重复和运用。分析其商业模型主要分析的就是她建立第二家店的商业逻辑。

以需求搜集来分析，刘素琴做的第一步是保留原来的时尚定位，以其为市场定位的基础，同时加入平价和超市的元素，完成了从第一次创业向第二次创业的商业模型转变。两者的区别在于：第一次商业模型中只有时尚的元素，但却不能排除竞争对手，同时将很多普通顾客排除在外。在第一次商业模型设计中，时尚只是选择，还没有创造，这是导致不能排除竞争对手的原因，因为你能够进货，竞争者也可以进货，只要领先者创造出了市场需求，竞争者就会跟进，来瓜分领先者创造的市场；如果领先者不能在进货上控制，就只能忍耐，任凭这些跟随者瓜分市场。表面上，第一次创业的商业模型具有完整性，却隐藏着经营漏洞。第二次的商业模型设计将低价引入其中，为何可以取得成功呢？

从需求角度看，需求 = 需要 + 购买力，如果说时尚反映了对需要的满足，低价则是对购买力的满足。缺少任何一个，都无法完成商业模型的构造。显然，第一次商业模型设计没有过多地考虑低价因素的重要性，最终走向失败。低价为何重要呢？主要有两个原因：第一，玉饰有着世界范围内的平价现象，因此，它才有如案例中描述的巨大的市场需求，如果普通人也佩戴玉饰，就必须考虑普通人的支付能力。长沙的人均收入并不高，大部分年轻女孩和男孩的收入也多属于这一阶层，不以低价吸引顾客，就不可能暴露人们的需求。在排除了低收入群体以后，市场就大大萎缩，无法完成将玉饰向普通消费的转变。其实，只有材质是玉的，人们都会与玉器比较，如果平饰价格过高，人们一定会以自己的知识判断，认为吃了亏，而拒绝购买。降低顾客心理的抗拒也非常重要。第二，时尚是有自己的内涵的，有独特性才有时尚。为了低价，也许会牺牲一些时尚特色，但也可能会增加时尚特色，刘素琴的商业模型应该属于后者，因为玉饰以玉器的微缩形象出现不仅可以节约设计成本，还有市场上的新颖性，实际上，她是利用了企业玉石器设计的外部性。这意味着，她创造出了一条新的需求曲线，比原来预想的需求曲线更为拓展。从图 1 可以看出，双重作用可以使需求量大大增加，从而保证了初步的商业成功。

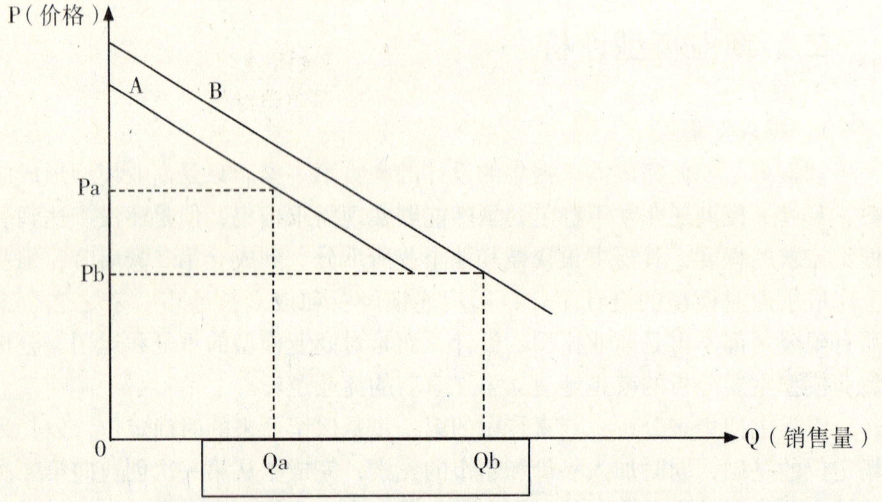

图 1　需求拓展与价格下降的双重作用下的销售量增长

为了配合平价玉饰，她采用了超市的商业形态，这种形态有三个好处：一是货品集中，便于购买，产品之间易形成相互招徕，每当顾客购买时都会对其他购买行为产生外部性；二是专业经营，可以让自己集中商业概念，建立商业品牌，为后续连锁店商业概念的形成打下基础；三是可以节约成本，超市本身有着节约成本的经营特征，特别是它比较巧妙地利用场地仓储、柜台等空间，是现代商业普遍接受的形态。她还使用了小超市的形式，将面积再次压缩，既能将店面设在最繁华的地段，又不至于房租过高。通过渠道配合的需求搜集方式也起到了非常重要的保障作用。

上面只是刘素琴构造需求搜集器的第一步，其第二步内容是以口口相传和会员制方式营销并锁定顾客。案例中描述了刘素琴通过给出特定顾客标志为顾客创造购买条件的销售激励，从需求搜集角度看，这是一种通过现有顾客向潜在顾客传递信息的市场渗透手段。受此启发，刘素琴设计了一套会员制，也是为了实现更大范围的需求搜集。前者是横向搜集，即将顾客身边的潜在顾客动员起来，以其现身说法的方式，展示、显露、证明、劝说等完成顾客群体数量的发展，通过佩戴使用、显露刺激、解释说服、感受表露等，完成对顾客周围人的知识重构，将其周围人群转换成为潜在顾客群，再通过打折介绍等完成从潜在顾客向顾客的推进。虽然企业可以找到很多横向搜集的办法，但是这种以老顾客完成新顾客搜集的方法还是最有效的。相比而言，后者是纵向搜集，即推动顾客作重复购买。正如刘素琴对时尚的理解那样，时尚是一个时间概念，今天的时尚会成为过去，所以顾客有着重复购买的可能。如果使用会员制，以较大比例的折扣可以激励顾客的重复购买行为。

如果说，刘素琴需求搜集还有第三步，那就是开连锁店，通过发展连锁店将国内需求搜集起来。但严格来说，这已经超出本篇的范围。

2. **盈利设计**

为需求者找到价值，也能够动员需求者购买，企业能否盈利呢？从一般原理上看，只要需求达到足够的规模，通过企业规模化经营可以将成本降到规模需求所对应的价格以下。也就是说，如果存在着规模经济效应，并且价格需求弹性的倒数小于规模带来的成本下降速度，直观地说，企业下降价格带来的规模增长与这一规模增长所产生成本下降相比，价格下降没有成本下降多，企业就可以实现盈利。因此，只要企业能够搜集到需求，将其规模化，就能实现需求的有效扩张，企业盈利是自然的。在企业规模报酬不变的情况下，企业所创造的产品或服务价值超过成本，即为顾客带来的效用超过成本，需求的扩张都可以产生利润扩大的效果。

刘素琴设计的商业模型比上述原理还要更进一步，她想出一种产品价值增加与成本下降同时发生的商业模型，其关键是找到玉器生产企业，利用它们的设计将产品微缩化，再用它们的剩余边角料进行生产，可以将玉饰成本降低到几乎为零（仅有少量的加工费），而由于是微缩的，产品价值不仅没有减少，相反，对很多顾客来说，还有可能增加，表现为需求曲线的扩张与成本下降同时出现。

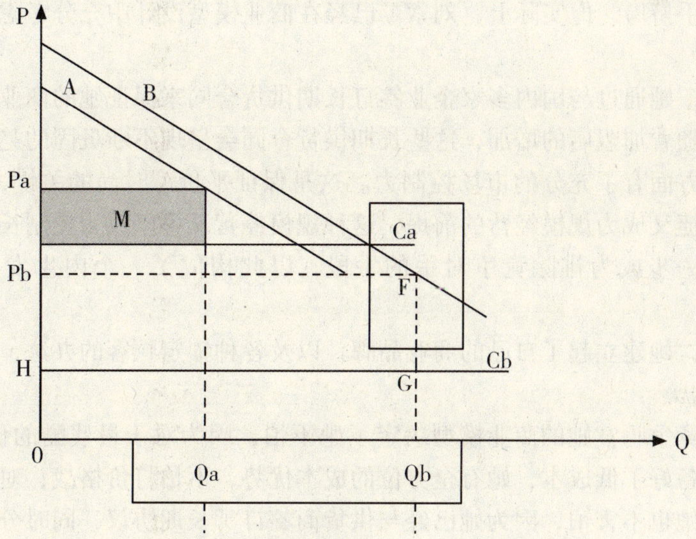

图 2　需求搜集与协同效应产生成本下降与利润增长

图2中，Ca代表没有与玉器生产企业联合的玉饰生产成本，Cb代表与玉器生产企业联合后的玉饰产品成本，由于刘素琴利用合作企业协同效应，使剩余生产能力得到了发挥，产品成本大大下降。其价格有了较大的下降空间，且产品是玉器设计的微缩化，所以有着相对的产品式样的垄断性，其定价可以按照垄断定价原则，可以是原来的成本定价也可以是竞争定价（即使原来也是垄断定价，由于成本较高，也只能采取高定价）。在图中，企业的利润从原来的黑色方框M，变成了白色方框的PbHGF，利润呈现翻倍增加。

传统模型下利润 $L_1 = (Pa - Ca)\ Qa$

新商业模型下利润 $L_2 = (Pb - Cb)\ Qb$

由于企业利用了上游企业的协同效应和自己经营的集约效应（小超市），并让利于消费者，采取一定程度的降价，但不可能将全部成本下降都让利于消费者，因此，必然会有 $Pa - Pb < Ca - Cb$，同时，由于降价并且需求曲线向外部扩展，也必然会有 $Qb > Qa$，因此形成利润大幅度增长是必然的。

按刘素琴自己的分析，营业收入为月销售收入1 300元/天×30天＝39 000元；销售成本（进货成本）按30%计算，约39 000元/月×30%＝11 700元/月；房租为3 000元/月；工资为1 000元/月×2人＝2 000元；其他杂费为500元/月，每月经营总成本为销售成本加经营成本，共计17 200元。再扣除工商税收300元/月，月纯利润为21 500元，年纯利润为258 000元。这只是按每天1 300元营业额计算的，实际上，节假日、推销活动期间都可能会超过这个营业额。

3. 核心成长能力构造

表面上看起来她没有什么核心能力，如果存在着外部竞争，很可能很快就被竞争对手挤垮，但实际上，刘素琴已经在商业模型设计中充分考虑到了核心能力。

首先，她通过与国内多家企业签订长期供货合同来保证她的商业模型的正常运行。随着加盟店的增加，这些长期供货合同会呈现不断巩固的趋势，这样她在供货方面有了充分的市场控制力。这是保证平价、时尚的关键，而时尚、平价和便捷又成为规模经营的前提，这种规模经营又可以成为控制长期合同的根据，进一步成为排除竞争对手的手段，以此构成了一个内生发展的商业逻辑。

其次，她建立起了自己的商业品牌，以及各种锁定顾客的办法，避免了顾客的流失。

她怕竞争吗？她的商业模型决定了她不怕，因为对于最残酷的价格竞争，刘素琴准备好了低成本，她有全方位的成本优势，不怕打价格战；对于进货渠道竞争，她也不害怕，因为她已经与供货商签订了长期协议，同时分散了供货商，而且是在不同地区间分散；至于创新竞争，几乎所有对手都没有想到她正在利用上游的闲置开发设计能力，并将其转化为成本优势。

她只要走向低成本—多顾客—好信誉，就可以实现商业的良性循环。她的核心发展能力通过商业模型被构造出来，即不断更新和扩大款式的时尚+保持全方位低成本的供货合作。

三、商业模型的实施条件

1. 商业模型总结

刘素琴的商业模型可以概括为下列商业逻辑：

第一，观察到中国与世界在玉饰消费方面的差距，确认了玉饰应该进入时尚且平价阶段的特征，确立了以低成本为主，以时尚为辅的市场定位。

第二，寻找合作者，以订货方式为供货商创造内部的协同效应，实现供货商开发设计、材料支出的低成本，获得较低的供货价格，并通过超市这种商业形态将品种规模扩大以降低运营成本。

第三，以低成本为基础，运用横向搜集激励和纵向搜集激励，向市场渗透，扩大规模。

第四，用自己极其明确的定位和商誉锁定顾客，再通过长期合同与下游规模化的谈判能力，控制上游，排除竞争对手，为核心能力的建立创造条件。

第五，以强大的商誉控制上游（生产供货商）、下游（连锁加盟商），实现商业的自我良性循环。

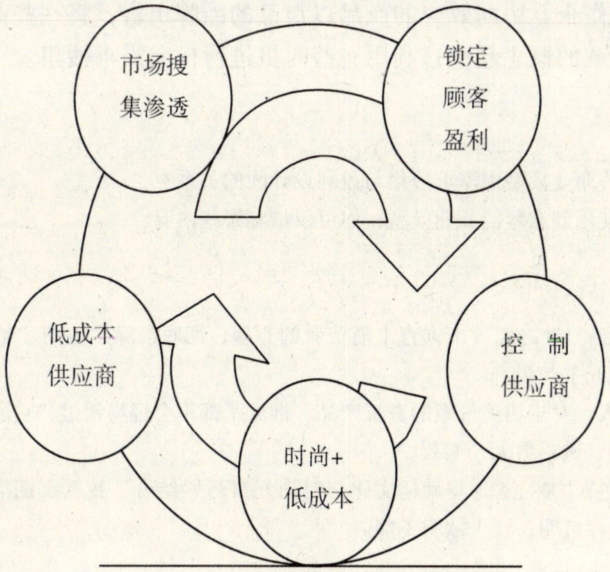

图3 良好的商业模型

2. **商业模型的预期**

这一模型有着创新和节约的特性，同时也将福利让给了消费者。从社会福利角度评价，其动态性、生产效率和配置效率都得到了完美的体现。因此，这一商业模型没有任何法律上的困境。

其创新来源于开辟了人们的时尚消费，在很大程度上启动了一个在收入增高以后的消费品种类，为消费者带来了新的价值。从这个角度说，刘素琴寻找到了一片蓝海。

她以生产企业多个方面的剩余材料进行生产，在创造了生产企业内部的协同效应的同时也获得了几个方面的节约。从资源利用方面而言，这一商业模型也有着特别的贡献。

由于采取了低成本、低价格、大比例折扣等方式让利，也使配置效率得到了提高，在增加社会产品供应量的同时，增加了消费者剩余，并由此增加了社会效益。

3. **商业模型推广的可能性**

以20平方米小店为对象，在连锁店内部推广，商业模型（除连锁外的内容基本不变）可以得到推广，其条件是：投资一个好运店（这是刘素琴为了连锁加盟而设计的一种类别），投资额为19 800元，面积为8平方米左右；总部统一采购、统一品牌，年利润估计15万~25万元。这一条件适合广大中小投资者运作经营。公司已经制定了适用于不同地区、不同投资者情况的不同加盟方案，投资者可以根据自己的综合实力，选择不同的投资规模。

就全部商业模型而言，其推广也存在可能性。例如，寻找市场需要，且可以利用生产合作企业协同效应的产品以自己的品牌出售；将一些商品集中，建立自己能够理解的概念超市；利用一些时机进行横向需求搜集。

讨论题：

1. 如何看待商业模型中需求搜集与盈利设计间的关系？
2. 如果你使用刘素琴的商业模型，你可以借鉴哪些内容？

附：创业评价链接①

1. 备受欢迎：“梦之恋”玉饰直击消费者的心理，彻底消除了他们“怕贵”的心理障碍，让消费者放开手购买。

2. 平价诱人：对于物美价廉的真玉产品，谁见了都不会轻易错过，它散发的是一种非理性的消费魔力，诱惑力无人能敌。

3. 时尚出色：“梦之恋”将幸运文化与时尚元素巧妙结合，款款都荡漾着时尚，款款寓意吉祥，且个性鲜明，让人欲罢不能。

---

① http：//bbs. caistv. com/thread－146597－1－1. html

4. 利润丰厚：“梦之恋”玉饰从原料到加工，都是一手货源，减少流通环节虚增成本，将最大的利润空间让利给投资者和消费者。

5. 竞争力强：高档玉饰专卖在市场上已占领很大的空间，而长期以来，低档玉饰的消费严重不足，“梦之恋”玉饰市场竞争小，抗风险能力强。

6. 连锁制胜：采用连锁经营的形式，从前期的开店选址到后期的销售，实行保姆式整店输出，强有力的供货优势保证投资者无后顾之忧。

有的人一辈子经营一种生意，生意总是平淡无奇，仅能养家糊口而已。而有的人一旦发现有特色能赚钱的项目马上掉转方向经营，只要经营得法，财富的蛋糕就会越做越大。

平价、品牌与诚信，对招商者来说一个都不能少；而对代理商来说，又何尝不是如此。平价、品牌与诚信三者有效结合，代理商的生意就会越做越红火，这就是市场经营的潜规则。

一步一个脚印——美的商业模型评析

徐咏梅

北滘镇位于广东顺德的东北部，然而就是在这个不知名的小镇上，诞生了美的这样一个企业。它是一家以家电业为主，涉足物流等领域的大型综合性现代化企业集团，旗下拥有三家上市公司、四大产业集团，是中国最具规模的白色家电生产基地和出口基地之一。目前，美的集团有员工 10 万人，旗下有美的、小天鹅、威灵、华凌等十余个品牌。除顺德总部外，美的集团还在国内的广州、中山、重庆、安徽合肥及芜湖、湖北武汉、江苏淮安及苏州、山西临汾等地建有生产基地；并在越南、泰国、白俄罗斯建有生产基地。美的集团在全国各地设有强大的营销网络，并在海外各主要市场设有近 30 个分支机构。2008 年，虽然受金融危机的影响，美的集团的整体销售收入仍然达到 900 亿元，同比增长 20%。2008 年 9 月，在广东省经贸委发布的“广东省百强民营企业”中，美的集团列第一位；2009 年 6 月，“2009 广东省企业 100 强”排行榜正式发布，美的集团有限公司位列第四，还是“2009 广东省制造业 100 强”的亚军，同时广东美的电器股份有限公司排名“广东最具投资价值上市公司 50 强”第四。

作为一家民营企业，美的的经营之道是什么？我们从其商业模型中能学到什么？其商业模型能否被复制？

一、商业故事——民营企业在小镇的成长

1. 初创

美的的前身最早可追溯到 1968 年。美的最早的掌门人——何享健，在顺德北滘土生土长，当时在当街道干部，看着乡亲们为找不到一天 6 角钱的活儿发愁，便萌生了办小作坊的念头——我们以“企业”来代称。他和 23 名北滘街道居民集资 5 000 元，创办了“北滘街办塑料生产组”，使用简陋的手动设备生产塑料瓶盖等小型塑料制品。从生产塑料瓶盖开始，“企业”的业务慢慢延伸到生产药用玻璃瓶（管）、皮球、塑料五金制品、汽车刹车阀、汽车橡胶

配件等，市场需要什么就生产什么。何享健背着这些小玩意儿走南闯北找市场，从代工生产电风扇的零部件到自己生产电风扇，完全靠着敏锐的市场嗅觉，将“企业”一步步发展壮大。1977 年就实现产值 24.4 万元，利润 2.6 万元。由于何享健经营有方，被提拔为北滘公社干部，“企业”厂长一职也由他人接任。

从 1978 年 8 月起，工厂开始生产小型柴油发电机的配套产品，但由于经营管理不善，工厂几乎处于停产状态，故又想起创始人何享健，希望依靠他的敏锐市场触觉，生产市场所需要的产品，何享健又调回“企业”担任厂长。此后，何享健就一直伴随着美的的成长。

与 20 世纪 80 年代成长起来的企业不同，80 年代的企业有国家政策支持，而早在 60 至 70 年代，还处于“割资本主义尾巴”的时代，想搞商业有很多难以忍受的困难，那时的一个街道小厂，既不是国有企业，也没有任何资源和政策的倾斜和照顾，想买原材料买不到，想卖东西也很难。在没有技术、没有市场、没有任何工业元素的农村，这个“企业”在当时非常不被看好，想在这样的环境下生存下去，就必须有过人的胆识和求生技能。何享健不缺胆识，但生存之道从哪里突破？何享健在吃了技术跟不上、质量无法保证的亏后，决定从改变经营思路、加强技术攻关、开发新产品并狠抓产品质量这几方面着手，美的完全依靠自身的产品质量及自身的经营能力，扭转了颓势，产品供不应求，生产规模也不断扩大，厂房面积扩大至 1 000 平方米左右，生产工人增至 180 人。

这段时间虽然不是美的最辉煌、成长最快速的时期，却是美的初创者们经过了摸索、摸爬滚打，经过了市场的洗礼，经过了踏踏实实、一步一个脚印开辟出的一条道路，在这种艰难条件下锻炼出来的美的，恰恰具备了在今天的市场环境下最需要的能力——符合市场的需要，这与我们现在所说的一切以顾客为中心，生产顾客所需要的产品的理念恰恰不谋而合。

起步维艰的美的，在顺德北滘这样一个边缘小镇，当初远离中心城市，不被关注和呵护，没有政策支持，只有一个心愿：为乡亲们的生存做些实实在在的事情，能赚到钱，然后能生存下去。虽然活得很艰苦，但没有被市场的大潮所淹没，当真正的市场竞争到来时，这家远在小镇的小公司——美的已经具备了一种竞争能力。

问题 1：美的的这段经历让我们得到什么启示？它的竞争能力是什么？

思考提示：美的早期的生存和发展的这段经历，比其他的一些中国主流家电企业家更早地认识到了一些道理：企业在没有政策呵护、没有好的运作制度的条件下要生存，要凭实力、凭质量去争取，品牌的创造需要一步一个脚印。正是由于这样的一段经历，美的才没有走上很多企业“功夫在诗外”的资源运作式经营之路，它被迫在商言商，老老实实地修读商业的必修课，做市场，走质量之路。美的的竞争能力有市场、经营、创新与质量。

2. 第一桶金

美的真正的发展要从1980年说起。1980年，改革开放来临，已经能够生产小电机的美的接到一单大业务，为广州第二电器厂（后来的远东风扇厂）生产风扇零配件，美的正式进入家电业。何享健敏锐地捕捉到了家电市场的巨大潜力，在生产零配件的同时，何享健偷偷开始研究试制电风扇。电风扇的技术门槛不是很高，通过各种办法，他们于1980年11月生产出第一台40厘米金属台扇，取名"明珠"牌，这样美的开始进入家电市场，从1981年开始使用"美的"品牌。

但是进入家电业并不代表着前面一片坦途，当时市场上已经有很多规模大、名气响的国营大厂在生产电风扇，江浙的"长城"、"菊花"、"骆驼"，广东的"钻石"、"远东"，各大名牌电风扇已经掀起了中国家电行业第一轮广告战和价格战。美的这家刚刚进入家电业的小公司该怎么做？

问题2：如何应对价格战？

思考提示：作为美的这样刚刚起步的家电民营小企业，与国营大企业硬对硬地去竞争，不论是拼技术，还是打价格战，都不具备任何优势，在实力上也拼不过别人。如果你是该企业的负责人，你会如何去做？

显然不能硬拼，必须寻找机会。顺德处于广东省，广东省濒临港澳，乡亲们去国外的机会较多，总会有一些老乡在国外或者港澳，或多或少有一些国外或港澳市场的信息反馈到家乡。何享健凭着敏锐的市场触觉，发现国内市场还处在消费的第一层次，即仅仅使用电扇吹风的功能，只重视风扇这一内在功能，而国外已经不仅要求吹风功能，还要求电扇要设计得漂亮，作为一种装饰品与家居环境协调美观，满足顾客感官上的需求。我们也可以看到，这也是质量水平高的另一个层次——不仅满足风扇的技术标准，还要满足顾客的其他品味需求。

于是，美的决定"不与同行争市场，走出国门打天下"，即不争内地市场，转向出口市场，突出重围，将出口市场作为重点，取得了很好的成效。1988年，美的电器公司即实现产值1.2亿元，成为顺德县十家超亿元企业之一，出口创汇达810万美元。次年，几乎双翻番。

几年之后，当美的从国外市场回到国内市场时发现，在美的转战海外这段时间里，国内的电扇厂家由于价格战，只能竞相降价，从博弈论的角度来看，若不采取降价策略，由于失去市场占有率，会损失更多，故各厂家在价格战中几败俱伤。美的带着从国际市场得来的经验、技术和资本回归本土市场时，忽然发现自己兵不血刃却成了风扇行业的老大。

这次经验在美的的历史上留下一个非常重要的烙印，2003 年，当美的在国内遇到微波炉价格战时，即便美的的实力已经不再是当年那个弱小“企业”了，但秉承“不打无商业价值之仗”的美的再次以“不与同行争市场，走出国门打天下”的口号绕道海外，不久，美的微波炉的出口便挺进全球前三位。

问题 3：美的的“不与同行争市场”的理念能不能被复制？

思考提示：充斥着“价格战”、“突围”、“重生”、“冲击世界 500 强”的中国企业界，很多企业如流星般上升又如流星般坠落。其中，竞争最激烈的行业也是中国制造业的代表——家电业表现得尤为明显。从博弈论的角度来说，一个企业应用低价战略时，另一个企业也只能跟进，采用低价策略，否则就会面临更大的危机。但如何避免正面冲突？产品差异化、市场差异化、创造创新的新产品等都可以是我们能采取的策略。美的采取的是市场差异化，去另一个市场开辟天地，凭着劳动力成本低的优势，开创出另一片“蓝海”；同时，在与发达国家对手竞争的同时，一些最新的设计理念也能促进企业自身的发展，等转战国内时，这些较为先进的理念，又能促进美的在与国内企业竞争时占据先机。

问题 4：何时开始扩张？如何扩张？

思考提示：任何一个企业都要有危机意识。美的是停留在风扇的行业老大，还是继续前行？

3. 扩张

凭着风扇创造的第一桶金，美的是否可以松一口气，休息一下了？否，在风扇销售最旺的时候，美的开始进军空调市场。

当时，美的董事会内部对此也有些不同的声音，大家不解，风扇业务发展得这么好，正是应该享受一下的时候，现在要投产空调和建新的工业园，刚刚有了点积累不但全投下去甚至还要借钱，有必要吗？但是何享健显示了他卓越的胆识，坚持认为，风扇这么小的市场不足以支撑一个立足未来的大基业。

何享健是一个农民企业家，但我们不得不佩服他卓越的领导才能。现代管理理论告诉我们：企业的产品都是有生命周期的，会遵循“新生期——成长期——成熟期——衰退期”这样四个时期。当企业的一个产品处于产品的“成长期”和“成熟期”时，就需要通过创新，培育另一个新产品，企业才能可持续发展，波浪式地前进。故若只停留在风扇市场，当风扇进入衰退期时，企业也就离灭亡不远了。

1984年，何享健力排众议进入空调行业，购进设备和技术，成立美的空调设备厂，投资兴建了占地面积28万平方米、建筑面积达30万平方米的美的工业城，首期工程即为年产20万台的空调生产基地，引进了大量的国外先进设备，工程于1992年11月竣工投产。

问题5：应不应该在产品发展最好的时候转型？

思考提示：任何一个产品都有新生——成长——成熟——衰退的过程，一个企业要永续发展，必须在前一个产品的生命周期内研发下一个产品，在前一个产品走向衰退前，下一个产品要逐渐走向成熟，才能永续经营，做百年企业。故美的进军空调市场的决策和时机都是对的。

20世纪90年代初政府开始鼓励股份制改革，在众多国企老大哥还处于观望状态的时候，美的第一个站出来吃螃蟹。1992年经过股份制改造后，公司于1993年在深交所上市，成为我国第一家经中国证监会批准的乡镇企业改制而来的上市公司。2004年4月，经股东大会批准，公司更名为“广东美的电器股份有限公司”。

自从成功上市、从资本市场上获得12亿元的资金后，何享健便放开手脚，开始了产业链的打造。首先在空调产业链上下工夫，1998年，美的收购安徽芜湖丽光空调厂，为美的挺进华东辐射全国建立了一个重要的生产根据地；同年，美的从万家乐集团收购了经营困难的东芝万家乐制冷设备有限公司和东芝万家乐电机有限公司各40%的股份，再次通过注入管理使企业当年盈利，随后又受让了日本东芝各20%的股份，成功进入空调压缩机行业，构建了一条向纵深发展的空调产业链条。1992年的改制成功让美的获得飞速成长，美的空调在全国销售量进入前三位。

美的不仅向纵向发展，还相关多元化，对风扇、空调、电饭煲、微电机和暖风机等主导产业进行规模化扩张，并先后上马了商用空调、微波炉、饮水机、电饭煲、洗碗机、洗衣机等新产品项目，成功地扩充产品线。

随着企业的发展，美的微波炉逐渐发展起来，2001年10月，为继续保持美的拓展纵向化一体化的产业战略，美的收购日本三洋的磁控管工厂，进入建立微波炉核心部件——磁控管领域，构造美的第二条产业链。随后，美的又实现变压器的生产，延伸微波炉配套的产业链条。我们都知道美的是做白色家电的，很少有人知道美的现在有一个全球首创的新产品——微波路面养护设备，它将过去进行路面养护中现场点火加热沥青的过程，改为在一台有微波加热功能的大型车里进行，更高效快捷。这项业务看似距离家电业很远，但实际上核心的微波技术与微波炉的技术相同。类似的业务延伸也是美的常用的策略，从家用电器转向商用电器的还有商用空调、商用洗碗机、商用微波炉等，这种延伸既能够避免不必要的风险，又有发展的空间和弹性；同时，一般家用电器的技术门槛低一些，有了家用电器的经验，再进入门槛稍高的商用电器，风险比较好掌控。若门槛高一些，可避免在家电方面的恶性竞争，从而获得较高的利润。

问题6：很多企业做出名了，但却在扩张时因政策失误导致资金链的断裂，美的的扩张能让我们得到什么启示？

思考提示：在美的的业务延伸过程中，我们发现始终沿着两条主线，一是相关多元化的产业链，形成了小家电产品群和厨房家电产品群，如风扇—空调—暖风机等相关产品；二是纵向一体化，如微波炉产业链，微波炉—核心部件磁控管—微波炉配套部件—微波路面养护设备，再如空调产业链，空调（家用空调、商用空调、大型中央空调）—压缩机—电机等，都与自身的核心技术联系在一起。

事实证明，多元化成功的企业并不多见，常常是因为多元化时没有慎重选择产品，资源过于分散，相关多元程度不够，或形成不了产业链，整体没有形成核心竞争力；产品种类的增多，也增加了管理的难度。

我们再看看美的扩张时的选择，它十分注重产品的选择。

何享健曾经说过：“我们不朝多元化方向发展。我们目前还没有具备多元化的能力，成功的把握较大的依然是白电行业。美的要健康、稳定、潇洒地发展。宁愿走慢一两步，也不能走错半步。”故美的始终坚持做自己有把握的事。

在美的上市之后的几年中，DVD、电脑和手机领域陆续成了赚钱的热土，发展异常迅速，不仅家电企业几乎个个投身其间，连一些过去从未制造过电子产品的公司也跃跃欲试。当某家电企业在手机市场上获得的销售额超过美的整个公司的销售额时，美的内部也有人提议做手机项目。但是，何享健对手机业务坚决地说“不”。包括手机、数码相机、电脑、DVD、电力等投资方案也被美的否决。

美的坚持的有两点：一是掌握产业链中核心部件的能力；二是在这个领域中有技术和管理能力的人才。在美的看来，手机芯片技术是手机核心技术，但我们整个国家都没有相关的产业基础，美的也很难掌握核心技术，始终要跟着国外的厂家走，企业经营风险太大，故坚决不投资。纵观美的所投资的电风扇、空调、电饭煲、微波炉、洗衣机，我们可以看到：一是这些产品的核心技术变化不那么快，美的已经完全掌握，空调等核心技术几乎二十年都没有太大变化，即使有变化，美的也能依靠自己的实力，迅速跟进这些技术的发展，这些产品所包含的技术含量也与美的的科研能力及整个国家的产业基础相匹配；二是美的有一个原则，就是做任何项目，一定要做到这个行业的排头兵。

现在的社会，分工越来越细，不可能让你赚走所有的钱，静下心来做好每一件事，企业才能脚踏实地、稳步成长。做行业的老大老二，自己会是领头羊，别人在跟进，市场是一个弱肉强食的市场，强者永强，因为会比弱者有更多的机会，得到更多的关注、甚至扶持。

因此，虽然美的的业务线非常全面，但除了2000年曾经头脑发热，投资了几千万进军互联网失败之后，美的就再也没有进行过与主业无关的投资，延伸的路径始终保持着与自身的核心技术和自身的产业链联系在一起的相关多元化。何享健常说，“战术失误是可以弥补的，战略失误却不可弥补”，“宁愿走慢一两步，不能走错半步”，“宁愿少赚一两个亿，也不能乱来，确保做百年老店”。这些理念也始终深入到美的的每一位员工的心里。

4. 体制

在美的的发展历程中，早期的成功依赖于何享健的商业触觉及避免直接竞争的策略，当美的逐步成长起来以后，就不能再是小工厂的经营管理思路，美的能成为横跨多产业、规模达到数百亿的现代化企业，与不断适应自身发展的体制变革也有着很直接的关系，体制的保障促进了美的的发展。

我们还记得企业决定开始进军空调业时，华南工学院制冷专业的马军博士入主美的成为当时轰动一时的新闻，因为在那时，没有大学生会想到去民营企业，何况是一位博士，当时的博士既少又好找工作，但马军被美的不惜代价引进人才，为企业真正做大提供强有力的保障的决心所打动。美的也开创了高学历人才进入民营企业的先河，马军博士的成功入主美的也使美的坚定了积极引进人才的决心，“宁愿放弃一百万利润的生意，也不放过一个有用的人才”，美的这句名言在业界广为流传。这些年轻人有知识，在美的接受美的文化与管理理念后，迅速成为美的的中坚力量，为美的的发展壮大注入了新鲜血液。

1989年，企业发展势头迅猛之际，何享健就察觉到，当初带领的23个美的创业元老们都是一些在泥土里跌打滚爬出来的农民，若按照美的的发展趋势，他们的经验和能力将不足以支持企业的发展，于是开始进行人才储备计划，美的少帅方洪波也正是这个时期来到美的的。

1992年，美的进行股份制改造，1992年的改制成功让美的获得飞速成长，美的空调在全国的销量进入前三位。1993年，美的成为上市公司，为资金更好地运作打下了较好的基础。在这一片大好的形势下，到了1996年，随着业务的扩大，美的拥有空调、风扇、电饭煲在内的五大类近200种产品，但是组织结构还停留在单一产品制，采用的是从上到下的垂直管理模式，体制性缺陷日益明显，这样的体制不足以支撑企业的迅速发展，出现了发展的瓶颈，美的经营业绩首次出现大幅下滑，空调销量排名下跌到第七位。1997年，美的的经营性利润仅仅来自一些投资收益，市场上甚至有了科龙收购美的的传闻。

何享健是个善于学习的人，很快于1997年从通用电气公司（GE）引入了事业部制，迅速推动事业部制改造，将各个业务部门变成独立核算但受集团管控的利润中心，让组织化整为零，以促进各事业部的发展，每个事业部得到更多自主经营的空间。何享健的思路是一个很简单的思维：假设美的遇到的瓶颈是30亿元，化成五个事业部，现在是每个事业部大约6亿元，假设每个事业部发展的瓶颈仍然是30亿元，那如果每个事业部都发展成30亿元，整个美的就发展成150亿元了。

事业部的主要骨干人员的培养早在1989年就开始了，他们对美的原有的业务和管理模式都比较熟悉，1995年就开始推行的职业经理人激励机制，通过授权、分权和经理人自我激励、自我管理的机制，保证了经理人有足够的权力，何享健对事业部总经理的放权之大让人瞠目。总经理不仅拥有所负责产品的研发、采购、生产和销售等环节的全部权力，而且拥有一部分财权，比如在产能扩张方面，总经理可以拥有几千万元的投资审批权，随着事业部规模的扩大，权限还在继续增大，几个亿的资金在他们手里流进流出也是司空见惯的事情。由于采取了充分放权的管理模式，极大地调动了各事业部管理层的积极性，也就促使了事业部总经理们能够自我激励、自我负责。1997年，美的空调事业部、风扇事业部先后成立；2002年，家庭电器事业部一拆为四，成立电饭煲、微波炉、电风扇和饮水机事业部，美的事业部数目增至9个，其后时有调整。各事业部设立了市场、计划、服务、财务、经营管理五大模块，形成了以市场为导向的组织架构。

用何享健自己的话说，“美的的运营状况比一般企业走快了10到20年的时间。可以说，美的的经理人团队已经和国际接轨了。大家不是靠领导的认同，不是看老板、看上级，而是都有一个明确的目标、方向、理念——把企业做好，把自己的事情做好，为企业创造价值，为股东创造价值”。

事业部制的建立使美的集团总部从日常管理中摆脱了出来，主要精力集中在总体战略决策、监控、投资和市场协调等方面。在全国家电企业中，美的的总部是最安静的，在家电企业领导人中，何享健是最从容、最悠闲的。授权从集团的顶端开始，何享健开明地表示：放了权，等于自己解放了自己，何乐而不为？这样既船小好控制，又能集权，使得整个组织掌控张弛有度，灵敏而不失有序。

事业部制改造的成效第二年就显现出来，这种化整为零的方式打破了企业成长规模的边界，整个组织焕发出生机活力，迎来了从1998年开始的井喷式的增长，1998年，美的空调产销100多万台，增长80%；风扇产销1 000多万台，高居全球销量榜首；电饭煲产销也稳坐行业头把交椅。在这样的模式下，美的集团各事业部取得了快速的增长，帮助美的集团顺利跨过了100亿元、300亿元和500亿元三道门槛，其中美的空调事业部到2001年已经占据了美的集团销售收入的60%。

问题7：企业在做大做强的过程中，会遇到哪些问题？企业的体制与发展是何种关系？

思考提示：各个企业遇到的情况不一样，但有一点，体制不能制约企业的发展，而要促进企业的发展。

二、商业模型评析

1. 生存法则

企业在比较弱小的状态时，首先要解决生存问题，企业要生存，有两点非常重要：一是要符合顾客的需求，产品才能有市场；二是要有一定的质量作为前提，尤其是现代社会，随着经济的进一步迅速发展，同行业企业之间的竞争越来越激烈，质量好的产品不一定全部有生命力，但质量不好的产品肯定没有生命力。

美的抓住了这两点，为了生存，凭借对市场的敏锐性，能够找到顾客的隐性需求，并指导顾客消费，从一开始风扇的美观概念，到后期豆浆机的环保概念、微波炉加入清真元素——可以蒸的微波炉，冰箱的时尚概念——美的凡帝罗系列冰箱凭借出众的外观和贴心的人体工程学设计，荣膺2008—2009年度高端市场“年度优秀工业设计”大奖，等等，都是在不断挖掘一些新元素，以更好地符合顾客的需要。

我们也从中看出，一个企业要想持续做大做强，离不开创新，没有创新，企业停留在老产品上，必然会走向衰退，美的这些新概念的提出，都是一种功能创新。美的为实现创新作出了巨大的投入：美的是国内为数不多的拥有国家级企业技术中心和博士后工作站的企业；美的年销售额的3%用于研发投入，这在制造业中是一个相当高的数字。

问题8：如何才能找到顾客的需求？

思考提示：通过积极地与顾客对话来挖掘顾客的潜在需求，如促销人员是最好的对话者，顾客在咨询、购买产品时，会提出很多的要求与希望，这些信息若能够反馈到设计人员，相信对他们的创新会更有帮助。企业不断创新，不断推出新产品，也同时能形成自己的核心竞争力，提高其他实力较弱企业的进入门槛。

2. 善用人才

美的是个民营企业，认识到自己的不足，不断积累人才，善用人才，通过授权、分权和经理人自我激励、自我管理的机制，学习新的管理理念和管理方式，在企业不同的发展时期，采取不同的管理原则，适应企业的发展。

3. 防范风险

任何一家企业，只有坚定做霸主的地位，才能做到霸主，在美的的发展过程中，虽然产品很多，但我们看到何享健始终会问这一点：何时能做到第一第二？

第一第二意味着什么？你得创新，不断创新，做领头羊，别人才能跟进，这就激发了企业的斗志与创造力，具备这样的企业文化的企业才是有生命力的；在做第一第二的同时，也自然会拥有一些便利条件，竞争中的便利也有助于企业的发展，更有助于防范风险。在激烈的市场竞争中，弱小的企业很容易被打败、被兼并，而实力较强的企业机会更多。

在美的的发展过程中，我们处处能看到他们防范风险的意识：一是坚持核心价值观，做自己熟悉的、做自己有把握的、做能掌握核心技术的；二是做产业价值链上的“链主”，提升自己的产业地位；三是不断创新，使企业产品在进入衰退期之前能够有新产品不断成为新的利润增长点。

问题9：创建一个企业并不难，难就难在如何守住一个企业？
思考提示：核心竞争力、人才、防范风险。

4. 盈利设计

不同的企业有不同的盈利模式，尤其是电子产品，竞争非常激烈，在激烈的竞争中各个知名品牌逐步形成了自身的盈利模式。

(1) 以索尼为代表的企业，一直坚持生产标杆式的高端产品、前卫产品、行业导向产品，以率先进入市场的空当期，以标杆产品较大的附加价值，获取最大利润。有学者称此模式为“标杆产品盈利模式”。

其具体做法是：面对庞大的台式收音机市场，先开发微型收音机，再开发磁带录音机、随身听；当市场上普及收录机后，索尼开发出高保真收录机。最早研发晶体管电视机；最早生产系列电视机，索尼电视机走高端路线，比对手贵一倍；最早生产“等离子技术”系列电视机、“背投技术”系列电视机、数字式电视机。在这些产品刚刚诞生时，价格都非常昂贵，企业赚到了高额利润，其他企业看到高额利润，迅速跟进，造成市场价格急剧下降，而这时索尼又推出了下一个新概念产品。

索尼等公司因实施“标杆产品盈利模式”而不需要打价格战，它们的核心竞争力在于高技术创新能力，能够在刚刚推出新产品时获得其他企业高得多的利润。

美的作为一家大企业，也具备了一定的创新能力，可以通过创新能力的培养，走技术创新之路，以获得较大的利润；而且美的作为产业链上的“链主”，也具备这样的条件；具备了这样的能力，才能巩固自己企业的霸主地位。

（2）以三星为代表的企业，先选准一个目标市场，迅速占领，实现“目标市场倍速增长盈利模式”。

目标市场的选择非常重要，一般是指这样的国家：一是目标市场正处于消费结构进入高成长期，快速进入；二是目标市场的市场容量大，人口多，如美国、中国；三是市场自由化、进入壁垒低、竞争对手少，如美国、中国。

其做法是：先集中全部资源低价入市，产品以多元化、组合型为主，选择渠道密集型上市，在一个时期内扩大销售规模，倍速上量。然后，倍速更新产品，再通过一个阶段的产品更新提高售价，以升级产品获取比较大的利润。

在目前经济危机的条件下，消费水平不那么快增长，美的目前不适合采用这种方式，但美的的产品线比较齐全，选取一些经济、适用的产品拓展农村市场，迅速占领农村市场，可能也是一种应对措施。

（3）以一大批国内彩电厂家为代表的“成本领先模式”。这是在中国最普遍的一种利润模式，特别是劳动密集型产业，劳动力成本的优势很容易转化为产品的成本领先优势。

通过大规模扩大生产，造成平均成本的下降，用降价策略与其他企业竞争，以达到提高市场占有率，挤垮其他企业的目的，这是中国电子产品经常发生价格战的原因。产品的区分度不够，又都在扩大产能，以达到规模效应，降低成本，造成恶性竞争的不良循环，其结果只能是几败俱伤。

成本领先模式是大部分中国企业都采用的模式，美的地处顺德，从原来的农村到现在的制造业中心，有着天时、地利、人和的特点，企业规模较大，本来就具有成本领先的特点，但这一特点只能作为优势的一个方面，正如不与国内企业正面冲突一样，只能善用，不能作为唯一的优势。

（4）以海尔为代表的，提升服务质量、产品质量，从而“提升品牌价值”的盈利模式。

海尔通过给客户更好的服务质量吸引顾客，提升企业的整体竞争力，通过品牌效应提升自己产品的价值。

目前海尔也在探索转型之路，有学者将海尔集团的营销定义为“去制造化”转型之路，海尔利用自身的营销优势，将从制造型企业转型为营销型企业。海尔试图脱手大部分生产业务，以削减成本并加快为客户提供服务和对市场趋势作出快速反应。海尔的下一步战略将是将制造业外包。张瑞敏认为，白电行业的竞争已不再由技术革命和产业规模的扩大来推动，必须改变以制造业为主的业务模式。

惨烈竞争下，尤其是金融危机条件下，国内家电业原有的低成本制造优势不复存在，美的作为国内第二大白电企业，该采取何种盈利模式？需不需要转型？如何转型？

问题10：美的如何定位其盈利模式？

思考提示：这几个月来，美的的高层也一直在思考这个问题，并展开了盈利模式大讨论。

一位熟悉美的的家电专家认为，美的原有的商业模式是产业链一体化。产业链一体化是国内家电企业典型的商业模式，指的是企业涵盖了从产品的设计、生产到销售所有流程服务。产业链一体化的国内企业为节省成本，将上下游产业链整合到公司内。在市场成长初期，企业在大规模下形成的低成本优势明显；而一旦到了后期，市场竞争加剧，企业将面临利润被摊薄的风险。有着中国制造企业典型成长印记的美的，其早期发展之路就是利用收购使得集团短期内规模倍增，如收购了万家乐、华凌、江苏春花、小天鹅、荣事达等若干个企业和品牌；让美的“去制造化”的可能性很小。

此外，海尔“去制造化”之路是建立在其白电利润高于行业的基础上。以空调为例，海尔空调的利润要高于市场占有率第一的格力和第二的美的，它才能采用这样的策略去赢得制造之外的利润；此外，海尔的“去制造化”模式本身也受到置疑，制造业的成本优势是国内家电企业的最大利器，从利润极小的国内家电产业链中抽取部分利润外包给专职制造厂的可行性不大。

海尔的模式不一定适合美的，美的正在寻找适合自己的商业模式。

从各方面因素看，美的此次转型公司将保持基本构架不变并加大精益化。

公司将改原有的粗放式为精益式发展模式，在公司的技术创新、品牌经营、国际化、管控模式及未来价值平台上作转型突破。在美的内部论坛——“美的社区”里，一名员工称，“美的应该提高大规模制造的成本控制”。这看似更适合现阶段的美的。

“战略转型的模式要和企业发展阶段和本身切合。”一位美的集团高层坦言，公司并不想把战略转型复杂化，“美的只是在寻找适合自己的路而已”。

问题11：你有什么看法？

思考提示：路在哪里？

我们可以试着去分析一下美的盈利模式的定位。

一是美的的产品众多，其对各种产品的外观等创新非常多，故应继续保持其创新优势，通过推动顾客需求来提升自身的影响力，生产顾客需要的产品或顾客即将需要的产品。

二是提高进入门槛，走商用化的道路，在原来的产品线上，创造出一些商用的新需求，以增加利润。

三是根据美的产品的特点，横向一体化的有小家电产品群和厨房家电产品群，甚至可以扩展到全屋所需家电一应俱全，故可以形成一条龙的服务，再加上优质的服务，如适当的装修，让客户在装修的同时，不自觉地使用美的的系列全屋电器。我们平时添加家电的机会不多，对家电的需求有限，而装修时有可能会全屋换家电，现在没有任何一家家电企业在做家装，我们能否采取如百安居的做法，在卖建材的同时，提供一个比较好的家装服务，锁定一大批购买建材的客户？同样，在选择美的优质家装时，锁定美的家电业务？这也符合美的一贯的一体化策略。

同时利用美的纵向一体化优势，扩展产业链，进而形成技术优势、物流优势，形成核心竞争力。

四是继续走国际化路线，在产品定位上更有特点。中国市场的容量有限，必须在全球寻找新的增长点，目前美的的产品出口依然以 OEM 为主，自有品牌的比例依然较低。在国际化路线的过程中，实现从 OEM 到自有品牌的转型，才会有更高的利润，才能打造千亿级的世界级企业。同时，美的发展到今天，需要利用来自世界各地、各个领域的资源，以整合最好的资源。而且可以降低经营风险，如果某一地区或环节出了问题，也不会影响整个集团的运营。

问题 12：美的的发展及盈利模式能不能被复制？我们可从中学到什么经验？

思考提示：能否被复制，这个问题值得我们深层次地去思索。但在美的发展的过程中，有很多值得我们学习的地方，如关注市场，如创新，如一体化，如专注做白色家电，如一步一个脚印、不冒进等。

问题 13：美的的发展存在着什么问题？

思考提示：在研究美的的过程中，笔者一直在思考这个问题，现在的美的是否形势大好？是否存在危机？如何防范危机？

这个问题，笔者思考了很久。美的作为一家民营企业目前是成功的，而且稳步增长，投资也很稳健。在业内的排名越来越靠前，在一片繁华的背后，笔者也不禁思索它的危机。

一是企业发展得太大，产品种类太多，如家用空调、商用空调、大型中央空调、风扇、电饭煲、冰箱、微波炉、饮水机、洗衣机、电暖器、洗碗机、电磁炉、热水器、灶具、消毒柜、电火锅、电烤箱、吸尘器、小型日用电器等大小家电和压缩机、电机、磁控管、变压器、漆包线等家电配套产品，管理难度非常大，虽说企业目前的领导者都具有多年的管理经验，但管理很可能会失控。

二是美的坚持能掌握核心技术的产品才去做，冰箱、微波炉、空调等产品的技术已经经过了二十年，没有太大变化，我们是否仍然能够坚守这些技术再发展二十年？美的的下一个目标产品是什么？掌握的核心技术又是什么？

虽然美的产品的质量较好，每一个产品也能做到行业内老大老二，但它是靠哪一点核心竞争力与别的企业竞争的？质量不是最好、价格不是最低、服务不是最好，凭什么增长这么好？是否是产品品种的增长带来了销售额的逐年增长？美的怕竞争吗？美的的商业模型支持它与别的企业竞争吗？

三是家电业在最近这几十年中正好是飞速发展期，故美的可以有这么多事业部，这么多产品能够迅速销售出去，满足人们的需求。而现在井喷式增长的不是家电业，而是与信息技术相关的产品，美的应如何应对时代的发展？

讨论题：

1. 美的的发展是机遇还是必然？
2. 你如何看待美的的盈利模式？
3. 能否找出几家与美的有类似盈利模式的企业？

参考文献：

1. 中国经营报专栏，http：//media. 163. com/special/007625CB/zgjyb. html，2009 -06 -06

2. 徐鲤. “静水流深”的经营之道，http：//www. 21cbr. com/html/magzine/200706034/cover/200812/132418. html

3. 静水流深：美的集团内敛而激进的扩张之路. 21 世纪商业评论，http：//www. 21cbr. com/plus/view. php？aid =2303

4. 吴伯凡. 静水流深，http：//www. 21cbr. com/html/magzine/200706034/ cover / 200812 /132416. html

5. 陈文. 美的的制度探索，http：//www. 21cbr. com/html/magzine/200706034/cover/200812/132419. html

6. 柴文静. 美的组织微雕术，http：//www. 21cbr. com/html/magzine/200706034/cover/200812/132421. html

7. 陈文. 家电业中的自我约束者，http：//www. 21cbr. com/html/magzine/200706034/cover/200812/132422. html

8. 徐鲤. 何享健领导力词典，http：//www. 21cbr. com/html/magzine/200706034/cover/200812/132423. html

9. 何享健. “宁愿走慢一两步，不能走错半步”，http：//www. 21cbr. com/html/magzine/200706034/cover/200812/132424. html

10. 王婷. 美的：设计始于体验，http：//www. 21cbr. com/plus/view. php？aid =3629

11. 美的空调质量过硬，美的电器创造人类更美的生活，http：//hi. baidu. com/mideaac/blog/item/6d46dc13b3df0ac7c3fd78e0. html

狭缝里的商机——“非常小器”商业模型评析

周良文　张耀辉

一、梁伯强的创业故事

梁伯强出生在广东中山市小榄镇。30 岁那年，他开始重新审视自己的人生：三十而立，可自己却一事无成，难道就这样随波逐流吗？苦闷之中，他翻然醒悟，自己曾替香港老板管理过工厂，对人造首饰的生产技术并不陌生，为什么不自己做呢？1992 年，在家人的支持下，梁伯强建起了一个简陋的家庭作坊式工厂，生产人造首饰。1998 年 4 月的一天，梁伯强翻阅报纸，一篇《话说指甲钳》的文章引起了他的兴趣。文中写到：朱总理在接见全国轻工企业职工代表大会代表时，谈到了对指甲钳的质量不满。朱总理说，我没用过一个好的指甲钳子，我们生产的指甲钳，用两天就剪不动了，使大劲也剪不断。这是国务院总理在讲到我们国家产品质量和生产水平时举的一个例子，也是总理个人的亲身感受。

问题 1：你有涉猎新闻的习惯吗？这种习惯有何作用呢？

思考提示：不满往往来自外界的评论，注意报纸文章，你会产生一些商业灵感。这样的习惯非常重要。

其他国家的产品恐怕不会都像中国产品这个质量水平吧？谁是师傅呢？老梁这样想，1998 年10 月，梁伯强踏上了前往韩国的征程。花了一年的时间，他以做代理产品为名，第一次就进了 30 万元的货。然后以质量问题为由，让对方老板亲自带他参观了生产的全过程。“偷师学艺”交了 30 万元的学费。

问题 2：他的 30 万元学费交得值吗？你怎么看？

思考提示：为了创业，多数人会将学费投入生产作为成本，做错了再说。这样做风险很大。梁总交学费是经过深思熟虑的，分三步：代理、指责、考察，实现了深入学习的偷师学艺。这样做风险极小，因为他可以实现一部分利润。

1999年，梁伯强倾其所有，在小榄投资了指甲钳生产线，并注册成立了中山圣雅伦有限公司。梁伯强请了国内各路专家来对指甲钳会诊。原张小泉剪刀厂高级工程师来了，信息产业部的计算机专家来了……专家们夜以继日，对刃口进行技术创新，将传统的挤压型改为剪切型，攻克了锋利耐用的技术难关。

问题3：梁总是如何确定和解决朱总理所说的问题的？

思考提示：经过考察，将指甲钳不好用的关键原因锁定在刃口锋利上，请来专家确认后，再利用剪切型工艺解决问题。

其实，梁伯强在考察和代理过程中已经对市场有了深刻认识。在中国等发展中国家，指甲钳被定位为“小五金”，几毛钱一把；而在发达国家，指甲钳却被定位为“个人护理用品”，包装精美，成套出售，售价高达几百元。这种差距以后还会存在吗？不会。中国经济增长让中国人富裕起来，发达国家的今天应该是中国的明天。

问题4：梁总是如何判断需求的？

思考提示：需求是未来的，过去的需求概念不代表未来的需求概念，而需求概念又是企业为顾客提供的，是企业与顾客互动的结果。在需求即将发生概念变化时，企业需要应时而创，新的企业或者企业中新的事业应运而生。

有了这样的概念，梁总开始对国内礼品市场进行扫描，竟然在一次公开招标中拿到了一张指甲钳行业罕见的2 000万元的订单，这是北京铁路局为了庆贺安全生产1 000天，为47万职工每人定做了一套指甲钳礼品。真是不怕做不到，就怕想不到。梁总用这个小东西打动了大客户。其实细想起来也很简单，如果一家大型企业需要庆典，那纪念品一定不能太贵，但又必须有实用价值并精巧到出乎人们的意料。

这个经验让梁总大大增强了自己对市场的理解。他开始将自己的产品有针对性地传递给目标客户。据说，有一次，他在上海的一家大型商场见到一对情侣在柜台前选购指甲钳，便在一旁观看，当他看到他们最终放弃韩国产品而选择了“圣雅伦”时，禁不住走上去询问原因。年轻的情侣告诉他，“圣雅伦”虽然算不上很好，但它设计较新颖，具有时代感，所以选择了它。和消费者的一席交谈，让梁伯强得到很大启发，也使他找到了自己的误区：指甲钳发展到今天，已不仅仅是一个使用工具，时代已经赋予了它更多的内涵，他要对指甲钳来一次“革命”。经过对市场进行分析，梁伯强把市场目标重新定位为白领人士及成功人士、时尚的年轻消费群体和团购的中高档个人护理用品市场。根据年轻女性追求美的需求，梁伯强将指甲钳与化妆用品相结合，在套盒中配以眉笔、粉刷、镜面等。

问题5：礼品已经将产品作了细分，为何还要把市场再作细分？细分以后产品变了吗？对顾客来说，产品概念变了吗？梁总是用什么手段改变了产品在顾客心目中的概念？

思考提示：虽然押甲钳作为礼品已经从小五金中脱离出来，但仍是各种指甲钳的一种，对顾客来说，它所承载的符号含量还不足，缺少文化气息和顾客的专指性。细分并没有改变产品，但却增加了文化符号，使产品有了特殊的纪念意义，以指甲钳为基础产品，附加其他配套产品，可以更加方便顾客使用，也强化了产品以外的符号——情侣关怀。

问题6：梁总为何亲自去市场进行调查呢？他用什么方法进行调查？

思考提示：创业者的灵感一定要来自市场，老总们的市场往往来自饭桌上的洽谈和交流，而梁总寄希望于普通市场，所以采取亲自感受顾客行为的观察法。

经历过这些事后梁总的目标更加清晰了，那就是要走品牌化道路。可是品牌从哪来呢？各位应该从梁总的机敏中想到，他对品牌有独特的理解。他竟然从法国人手里买回一个商标，就是“圣雅伦”。2000年，圣雅伦已初具知名度，梁总用在报纸上公开征集广告语的方式推动品牌加热。对征集而来的三万多条广告语，他请来专家一一遴选、论证。一条短小却又异常贴切的广告语——“非常小器”进入了大家的视线，四个字妙趣横生、概括准确、耳熟能详，一下子就征服了所有评委和梁总本人，毫无争议地脱颖而出。这个幽默、形象、好记、朗朗上口的语句，迅速流传，打造自主品牌“非常小器”的道路便打开了。

问题7：梁总购买国外商标是否在走自主品牌之路？他为何要这样做？如何理解在报纸上公开征集广告语的行为？这有什么好处？

思考提示：自主品牌是指由自己控制的商标，而不是谁设计或者谁曾经拥有过的商标。他这样做的目的，是为了缩短品牌化进程。因为树立品牌也需要投入，虽然收购支出可能会高于预期的自己树立品牌时的投入，但却可以降低品牌投入风险，也可缩短品牌树立的时间。在报纸上征集广告用语，可以动员受众的智慧，其本身就有着推广产品的性质，其实也是一种广告行为。

2000年6月，梁伯强在香港设立了第一家“非常小器·圣雅伦”指甲钳专卖店，他要让“圣雅伦”指甲钳走向全世界。差不多用了一年的时间，他在日本、马来西亚、新西兰、瑞士、意大利等东南亚及欧美国家建立了17个“非常小器·圣雅伦”指甲钳专卖店。到2001年底，“圣雅伦”指甲钳销售额达到1亿多元，产品在全国400多个商场销售，成为中国指甲钳行业第一品牌，进入世界指甲钳行业前三甲。2002年，圣雅伦母公司聚龙集团还被授权起草中国指甲钳的行业新标准，该标准于2002年12月正式颁布实施。

问题8：梁总为何要如此快速地走向世界？这表明了梁总的什么意图？

思考提示：梁总定义的指甲钳是一种特殊的商品，在高收入国家有较大市场，那才是主战场；国内对国际品牌有着一定的迷信，如果将国外市场做好，提升了品牌知名度，打开国内市场就易如反掌，况且国内市场还没有大规模开启。利用公司在国际市场的影响力，运用标准战略实现了市场影响力最大化。

有了指甲钳生产的稳固基础以后，梁总开始了向周边产品的拓展研发，他对研发也有自己独到的见解，很值得学者们回味。他的办法是做OEM，给发达国家做加工，接受别人的订单，谁要求高就做谁的，为此公司专门成立了一支专职研发队伍，从订单的要求中获得灵感以研制新产品，然后申请专利，再把专利和贴牌加工服务捆绑销售给有实力的中间商。这样做，一方面获得了国外市场信誉，另一方面加强了自己的研发实力。事实上，当消费者接受了这些捆绑产品后，原有的贴牌品牌对这些专利品就形成依赖，因为这类产品从此只能找梁总，否则就是侵权。这是一种从OEM跳到ODM的典型例子，虽然在做OEM，但可以控制利润，主要是靠研发与知识产权来控制。

问题9：梁总把OEM变成研发能力的起点的“两全其美”的策略，你能够从中看到现代商业哲学中的辩证法吗？

思考提示：都说OEM损害国家利益，但是梁总能够利用它为自己走出OEM创造条件。凡事都有两面性，OEM也一样。我们的企业陷入OEM之陷阱，不是不能出来，而是不愿意出来，企业家只要有进取心，总会想出办法，让自己的企业走向高端。

为了做强做大指甲钳，2002年，梁总不惜斥巨资兴建近5万平方米的二期厂房，全球最大的指甲钳生产基地出现在中山市。2003年3月，梁伯强的世界指甲钳贴牌生产基地正式挂牌。如今，这一世界指甲钳贴牌生产基地除了贴牌生产德国舒适指甲钳外，还贴牌生产了日本HelloKitty（凯迪猫）和美国迪斯尼、维尼熊等10多个世界知名品牌押甲钳。这再次体现了梁总辩证经商的思维，让大家真正领会到了高级贴牌生产也能赚大钱的商道。

2003年底，梁总的聚龙公司推出了把个人名字、电话、公司名称印上去的不锈钢两片式的名片指甲钳业务，继而公司又自主研发出专利产品——“两片式轻薄折叠指甲钳”。梁总说：“我们是一个礼品工厂，是一个经营文化、经营人性的工厂，指甲钳只是一个载体而已。”如今，在公司产品金榜名钳系列中，有豪华套装系列、时尚生活系列、经典主题系列、民俗文化系列、名人肖像系列、讲师肖像系列、梦幻星河系列、珍稀动物系列、命题产品基体、命题产品范本、命题产品出货、概念产品预览、命题包装展示、匠心独具手雕、925银手雕系列，等等。

问题10：梁总用什么来建立自己的品牌？

思考提示：梁总做品牌的重要思路体现在企业处于行业内的地位，企业针对不同需求形成了多系列产品概念，将做到世界最强的OEM作为自己的目标，从而使企业在能力上成为行业的佼佼者，以支撑品牌。

2004年年底，梁总不再使用传统的代理商与分销渠道模式，而是办起了圣雅伦商学院，招兵买马，自建直属销售部队，提出了一个新的理念——“经营人性，成就梦想”。他称之为“315老板孵化器工程”，即用三年的时间，投资1 000万，培养500个老板。梁总把自己独创的渠道模式称为“王大妈模式”（WDM），它吸收了沃尔玛“天上一颗星，地上一张网，配送一条龙”、戴尔“削掉中间商，用信息替代库存，提高资金使用率”、麦当劳“标准化、精细化、规范化”的精髓，通过培养自己的直接销售商来经营品牌，展开了一场销售渠道组合战略的会战。2007年，圣雅伦品牌获得广东省著名商标称号。

问题11：梁总为何敢于使用直销的渠道策略？何以用打造老板的口号来吸引公众成为其销售终端？

思考提示：梁总的确具有独特的商业智慧，他将不同案例中的精髓用于自己的商业实践之中。敢于使用直销的渠道，其重要原因是他在经营着特殊的消费品——礼品。之所以能够接近最终顾客，是因为他已经有了足够的实力，还因为他对创业有着自己的理解，即让更多的人获得创业机会并让更多的顾客获得更多的价值。显然，企业创新并非仅仅在技术上，在经营上创新也大有可为。

二、商业模型评析

1. 需求搜集

梁伯强的指甲钳需求搜集并不复杂，由“独到的市场定位、一流的产品质量、强大的技术实力、创意的市场细分”四个方面构成。

（1）独到的市场定位。

从朱总理对一把指甲钳的抱怨中找到未来需求所在。经过调查，中国内地此类产品真不过关，而台湾、香港经销的产品也多从韩国进口，这意味着，中国市场需要一家优质生产企业以满足中国人收入增高以后对此类产品的需求。人们收入增高会对同一种产品形成新的需求吗？如果产品功能不变，多数情况下是不会产生更高的价值需求的，从梁总的经历看，传统产品需要加以艺术化、人文化、符号化，使其功能与这些符号整合在一起，从而提升产品的审美价值。

与其说梁总卖的是指甲钳，不如说卖的是技术和对市场的独到理解与文化。

（2）一流的产品质量。

梁总从韩国回来以后，就在小榄注册了中山圣雅伦有限公司。产品出来以后，中国五金制品协会检测结果认为，他的产品精美是精美，可质量还是过不了关，锋利度没有达到要求。梁总知道这个检测结果后明白了，从韩国学来的技术还只限于表面，要真正达到高品质的要求还有距离。好在他聪明，也舍得花本钱，请来国内各路专家攻关。两个月后，“圣雅伦”指甲钳终于得到了全国五金制品协会有史以来颁发的第一张“指甲钳质量检测合格证书”。

没有“国家的质量担保”，休想进入市场。所以，一流就是实力，它得从根本上解决，只有概念还不行。

（3）强大的技术实力。

“圣雅伦”一步步进入全国的各大商场，但销量一直上不去，究其原因，梁总发现，“圣雅伦”产品一直模仿韩国厂家，虽然自己组织专家创新设计了几百个品种，但这一大堆产品只不过是在外观造型上的简单改变，并没有自己独特的内涵。为了快速提高公司研发能力，梁总采取了外部牵引的方式，把自己定位于 OEM 企业，专接高端的订单来提升自己的技术研发能力。

一头钻进去是一种提高的办法，而抬头看看周围是否有拉动的力量可借用也是一种办法，相对而言，后者对“圣雅伦”可能更有意义。

（4）创意的市场细分。

市场细分的学问太大了，因为用相同的产品去满足细分的市场是忽悠顾客，而用多种产品去满足顾客又会增加成本；生产企业自己认可的市场细分，却不一定被顾客认可，这之间存在着厂商的盲目性。当梁总把市场目标重新定位为白领人士及成功人士、时尚的年轻消费群体和团购的中高档个人护理用品市场时，年轻女性追求美的需求便成为他的重点；给小孩剪指甲，害怕不小心会让乱动的小孩手指受伤，需要开发小孩专用的指甲钳，这是一场被梁伯强称为对指甲钳进行的“革命”……他用 200 多个产品，对指甲钳的功能进行细化和提升，使家庭用的简单工具变成一种个人护理用品。

市场细分不是简单地迎合顾客，而是从顾客方面深度区分需求，这种深度的区分需要创新能力，是创新能力左右着市场细分的效果。

梁总用什么来搜集需求呢？特殊定位的产品，让人感觉实用、得体的产品就是好的产品，梁总他们用护理产品、系列产品、高品质产品来提升原来产品的品质，所产生的作用是什么呢？需求扩张。试想，原来用一把指甲钳，由于产品成了系列，可以满足不同场合的需要，那就需要好几把了，需求扩张了几倍。如果说没有细分市场之前，大众化产品功能为 D，而细分市场后的产品功能为 D_i，显然，会存在着传统市场上人们购买了功能过剩 $D > F_i$（F_i 是市场对产品功能的要求）和功能不足 $F_i > D$ 两种情况，这都会造成人们的购买福利损失，从而导致人们的购买受到限制。如果市场细分十分精准，实现了 $D_i = F_i$，则可以大大增加人们的购买欲望。

细分市场是一种需求搜集的方法，用户对产品的理解已经在传统产品上得到了认知，所以当细化需求以后，人们并不难理解这种产品，但细分市场所提供的产品的功能却会让顾客各有所属。

品质也是一种需求搜集，梁总初入指甲钳市场，是从质量入手的。朱总理指出中国指甲钳的问题，特意拿出三把台湾朋友送给他的指甲钳，向与会代表展示其过硬的质量、美观的造型和实用的功能，激励大家要高度重视产品质量。此事令轻工部压力很大，专门成立了专案小组，期望通过这个事情促进发展。轻工部还联合五金制品协会，在江浙开了几次会议，以寻求突破这个问题的方案，但都没有得到根本性的解决。梁总看到这则过时的新闻以后，找到了自己的兴奋点。后来一系列考察、建厂、质检都是紧紧围绕这则新闻的。为什么？因为高品质满足国家的需要，也就是满足了市场的需要，可以看成是需求已经明显了，只缺少足够好的产品，登高一呼，需求就会立即响应。

2. 盈利设计

产品概念没有变，生产企业是国有企业，指甲钳的利润不可能不微薄。这使得很多大企业放弃了指甲钳的生产，使之流入个体经营者手中。真的是利润微薄吗？梁总算了一笔账，一把指甲钳的成本是 1 元钱，市场价可以卖到 2 元，实际上是 100% 的利润。这比很多行业的回报率都要高。人们认为指甲钳行业利润低，主要是总量低，如果总量上去了，利润回报会非常可观。而德国最好的指甲钳能够卖到几百元，说明指甲钳也能卖出好价格，关键要靠质量。

一是要“多”，二是要“好”，这就是梁总的盈利设计。所谓“多”是用优质、低价的产品占领市场，所以他想出一个做世界上最大的 OEM 的绝招，增大产量，让看起来利润微薄的产品赚了大钱。而实际上，梁总在做 OEM 时还得到了不少相关的收益，最重要的是节约了研发成本，增强了自己的市场创新的牵引力，这为实现他的“多”的战略提供了保障。

但是，梁总更在乎的是“好”。

国内指甲钳厂家原来有五大巨头，分别是天津“天”字牌、北京“京”字牌，还有广州“555”、上海“双箭”牌和苏州“双菱”牌，这些国有企业在计划经济时期也曾辉煌一时，但进入市场经济以后，企业明显不能适应市场的变化。从卖方市场到买方市场，消费者的需求千变万化，个性化需求日渐增多。而这些企业体制落后，缺乏创新动力，加上企业负担太重，企业经营难以为继。但是，指甲钳的市场仍然存在，没有人能够不剪指甲过一辈子，经过几年的努力，1998 年，梁总带着第一批指甲钳来到北京，参加“国际礼品展”，在这里，“圣雅伦”与韩国的“777”、日本的“BELL”钟牌有一场比拼，结果“非常小器”的展位人气居然比它们的都旺。好的指甲钳时代已经在梁总的带领下迅速来到了。

梁总设计了那么多指甲钳，每种都赚钱，就是因为走了一条好上加好的道路。2000 年，重达 35 吨、价值 200 多万元，总计 285 万个单件的“非常小器”指甲钳被企业销毁。虽然这是一批合格产品，符合国家 1992 年颁布的标准，但是，它不符合“非常小器”的内控标准。公司内控标准的 15 项技术指标均达到或超过国外著名品牌。当这批生产出的指甲钳经过检验发现部分指标达不到公司内控标准时，有人提出了一种折中方案，希望避免浪费。但梁总否定了，要做就做最好的，不能因为眼前利益而逾越自身内控标准这条生命线。这就是公司成为国家标准制定者的原因，而这也是“非常小器”能稳坐行业龙头地位的决定性因素。

3. 成长能力培育

“非常小器”大体上走了三步完成了自身的跨越。

第一步，学习并建立足够的生产能力。

1998 年，梁总去韩国，下工夫去学艺，学成回国后，倾其所有建厂，但精美的产品却质量过不了关，迫使自己向内部学习、掌握细节，一定要达到高品质。靠着高品质，走向国际市场，以建立强大的生产能力为目标，成为指甲钳生产能力最强的世界工厂。实现了以量取胜的成长路径的第一步。

第二步，学习并建立前进的创新能力。

当“圣雅伦”指甲钳终于得到了全国五金制品协会有史以来颁发的第一张“指甲钳质量检测合格证书”时，梁总已经具备了高品质五金产品的生产能力，还形成了一支质量保证的研发团队。把外部的技术牵引主动引进企业内，保持与国际市场的互动与跟踪，由此建设自己的创新能力，这是一个干大事者的深谋远虑，因此成长路径的第二步也完成了。

第三步，学习并建立覆盖全球的市场开拓能力。

如果你现在问梁总，你有什么？他会回答，他就是有这个“非常小器”的品牌，他是真的把一个小器做成了知名的大器。优良的经营结果是品牌，任何中间过程都是为这个目标而作的铺垫，梁总从收购法国的商标到征集产品广告，直至用细分市场的方法树立起自己的市场形象，每一步都有对品牌投入的含义。这也让梁总的事业能顺利挺进国际市场。

三、“非常小器”商业模型的适用条件

1. “非常小器”商业模型总结

“非常小器”的需求搜集基于“指甲钳是必需品，无论何时，人们都得用”，只要是好的东西，就不愁卖不出去。这种需求搜集建立在产品已经为人所认知的基础上，然后，以“你有，我好”来影响需求者转向自己的产品，成为自己的顾客。用产品进行需求搜集是基础性需求搜集方法，况且有国务院总理替他做广告，如果能够达到总理的期望值，让总理不再拿这事说话，“好”产品的形象不树自立。当然，“好”有多重解释，梁总在高品质基础上对指甲钳的市场细分、各种带有文化符号的创意，是好上加好。而广告语“非常小器”谦虚里面透着别致，也产生了重要的召唤作用。成为行业标准的制定者，也有着非常巨大的市场震撼力。

“好”产品再补入特殊的市场定位，就可以提高价格。在多数情况下，优质产品具有不可替代性，而精准的市场细分与定位，又可以使顾客有明确的认知，从而锁定产品。这样就可以在很大程度上形成垄断价格，顾客也愿意为此付出高价。其实，优质产品的成本并没有因为其独特性而随着价格同比例升高，这正是“非常小器”获得利润的重要原因。

“非常小器”把获得的利润再投入于专门的资源——品牌上，以不断提升创新能力，特别的广告用语及多种树立品牌的手段，让自己的市场不断深化、不断拓展，将资源引导到品牌上去，在其成长路径上，不断加强这个资源，使之成为企业成长的标志。

“非常小器”的需求搜集与盈利同步发生，能够盈利并获得快速发展的原因在于需求搜集的方向是必需品上求“好”，用“好”来征服顾客，再用“好”来获得高利润。需求搜集与盈利间的逻辑简单明确，与盈利变成企业发展的资源之间的逻辑也不复杂，只要企业成长，多数企业需要采取这种将盈利转化为无形资产的成长路径，因为无形资产具有放大资产的作用，也是企业为之奋斗的根本动力；当无形资产被市场所认可时，顾客对产品的接受程度更高，企业就可以留住更多的顾客，顾客间的传颂成为一种自动的需求搜集器。

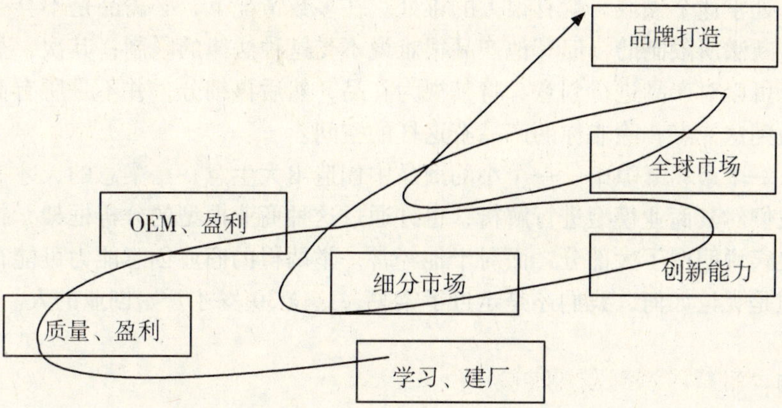

2. **“非常小器”商业模型适用条件**

“非常小器”商业模型有如下特点：

第一，用好的产品进行需求搜集。

这种需求搜集的特点是盈利与需求搜集同步，这是以产品作为需求搜集器的特征所决定的，大量的商业模型以产品打动人，是酒香不怕巷子深的一种自然反映。也是人们在没有明白商业模型还有能够推动产品进入市场的作用之前的简单思维。我们不能否定这种商业模型的作用，因为毕竟产品好或服务好才是本质。从这个意义上说，这个模型有着较强的应用性，因为，只要将顾客教育到认可了这个产品，就不必太过于费劲去寻找盈利点，只要把产品做好就行了。

第二，以“好”建立盈利。

有关“好”就可以盈利的观点已经多次重复了，盈利的基本原则是独特，因为独特才可以建立垄断，而独特的背后没有高质量、细分市场、多品种就不可能形成垄断。

第三，无形资产化。

将盈利不断投入到品牌之中，使企业资产不断向无形资产转化，也是多数优质企业所采取的方式，“非常小器”在这一方面做得更出色。其一，企业成立之初即以质量取胜，这也是企业生根立命之根本，因为它要完成总理的任务；其二，投入资源以获得国际市场认可，靠外力引导创新，并使创新成为企业的常规工作；其三，把广告投入、提出质量标准、参加竞标都作为提高知名度的机会，敢当行业老大。

上述特点决定了此模型既有较高的适用性，是多数企业可以采用的，不需要特别的商业创意就可以实现，又有不适用性。首先，这一产品是消费品中的必需品，具有需求刚性的商品可以考虑模仿“非常小器”的商业模型，而如果不是处于这个领域，就有很大的难处。在多数情况下，必需品是不会受到国家反垄断法所限制的，但其他产品很难说不受这种法律的限制；其次，盈利必须基于可以对产品进行创意，将其视为礼品，然后再细分，并不是所有商品都能够做到这一点，除非你的产品有这样的空间。

从一个市场缝隙中、一个小的商品中创造出大生意，是梁总的天才商业能力，我们对其商业模型进行解析，也许通过这种商业模型的分析框架，把他的经营诀窍说明白了大部分，而对于他经常一举两得的商业创意能力可能很难学会，但是无论如何，我们还是走近了梁总，这位30岁才开始创业的人。

讨论题：

1. 梁总是如何避免风险的？商业模型是否应该概括这方面内容？

2. 梁总是如何利用外部资源实践商业模型的？商业模型的实现除了对商业模型进行有逻辑的设计外，还需要什么条件？

3. 如果你遇到一位企业家讲到总理关心的产品，你要问他什么问题才能够取得他的融资支持？

参考文献：

1. http：//www. rztong. com. cn/shownews_ 32122. htm

2. 圣雅伦：不做500强 要做500年，http：//info. wujin. hc360. com/2006/10/23095037356. shtml

3. 中国隐形冠军，http：//club. china. alibaba. com/forum/thread/view/37_ 5230150_ . html

欲擒故纵——腾讯商业模型评析

张耀辉

一、源头——创业故事

1. 马化腾的冲动

1993年毕业于深圳大学计算机专业后，马化腾进入当时中国寻呼市场名列前茅的润讯公司，成为一名软件工程师。但他并不局限于开发出更高深的软件，马化腾认为写软件并不是自娱自乐的事情，必须将技术推向市场让更多人使用才有价值。

1998年，受Windows系统ICQ演示的启发，马化腾思考能否开发一种集聊天、邮件等多种功能于一体的软件，并于同年11月，他在广州注册腾讯计算机系统有限公司。经过三个月的自主开发，于1999年2月，腾讯正式推出第一个基于Internet的即时通信网络工具——腾讯即时通信（Tencent Instant Messenger，简称TIM或腾讯QQ）。

问题1：马化腾对即时通信市场的认识基于什么？

思考提示：一个创业方案的思想来源最初可能是对技术的认知，如果较为简单，可能会激发出人们的创造力，引导人们思考是否可能去分享这一技术并进入相关市场。

这个OICQ系统（也就是QQ）令大多数用户和投资商爱不释手，而腾讯公司成立不久便获得来自美国IDG和香港盈科数码的共220万元美金风险投资，即第一轮融资，此后OICQ系统更名为QQ。

但是服务器托管问题一直无法解决，融资成功前腾讯甚至想过出价60万元卖掉OICQ，而融资来的220万元美金也全部用来买服务器，这让马化腾他们意识到做互联网并不是纯粹的掘金。

问题2：创业初期的商业模型是自己的吗？

思考提示：创业多以模仿进入市场，所以采取的商业模式是别人已经使用的流行的商业模式，缺少自己的独特性。

困难接踵而来，参与投资的一方香港盈科看到对腾讯投资几乎见不到回报，腾讯甚至回过头来借钱，这使得盈科既不愿进一步投入，又不愿退出，僵持了几个月。幸好IDG推荐了曾与其在myweb. com项目上有过合作的南非的MIH集团，让盈科得以在2001年6月以1 260万美元的价格将其所持腾讯控股20%的股权悉数出售。

问题3：一个商业模式的实施需要资源条件，创业者能否获得？

思考提示：其实，多数情况下这是困难的，原因在于外部资源支持的多是具有独特性的商业模型，而这种特殊的商业模型却经常被盈利不显著的情况所困扰，受传统思维的影响，看不到新的商业模型的未来，资源支持经常会中道而返。如果盈科能够预见到腾讯的今天，它们绝对不会轻易退出。

经过这场融资风波，马化腾和腾讯高层意识到：

（1）只有通过一种不断优化的商业模式和持久的经营理念，才可能使公司走得长远。

（2）关键是要尽量搞清楚，每个投资者对公司的发展是有益还是有阻碍。

说来也巧，MIH进入时，腾讯刚好达到盈亏的平衡点，这对当时的腾讯来说可算是一个不小的奇迹。亦即，当时QQ已经体现出将巨大用户群转换为收入的潜能了。

问题4：马化腾所讲的持久的商业模式是什么意思？什么样的商业模式才能够成为持久的商业模式？为什么说外部投资者有时会成为事业发展的阻碍？

思考提示：持久的商业模式应该有自己独特的商业逻辑，即商业模型，从内容上说，需要有自己的成长逻辑，即完成盈利并能够说明未来。投资者正确观念的形成和与自己保持一致的态度，需要说服和动员，有时会因为商业地位过于悬殊而失去谈判的可能性，甚至会让人气馁和感到精神上的失败。

2. 腾讯大事记

（1）2001年。

2001年时，腾讯还是一家拥有18名员工的小公司，其注册用户已达2亿，但是由于缺乏扩充资本和推行收费业务的条件，公司仍处于资金紧张的状况。中国移动推出的“移动梦网”改变了腾讯的生存状态，通过与运营商“二八分账”的协议实现了腾讯业务增长（运营商 20%，腾讯 80%），由此产生了移动 QQ。

到 2001 年底，公司实现千万元人民币销售规模。

（2）2002 年。

2002 年，移动 QQ 占腾讯公司整体业务收入的 70%，腾讯随即推出了非常 QQ 男女、彩铃、图片等服务形式，用户反应很好。与此同时，腾讯也在不断改善公司治理结构，并不断优化商业模式，曾 6 次修改商业计划书，都是为了使腾讯获得更多的资本支持。

在 2002 年这个互联网的寒冬期，腾讯的利润达到了 1.44 亿元。腾讯 QQ 的用户群成为中国最大的互联网注册用户群，注册用户为 16 000 万人，活跃用户 5 000 万人。腾讯 QQ 成为中国最大的即时通信服务网络。

（3）2003 年。

2003 年 12 月，腾讯推出自己的门户网站，发布时，看好它的人并不多。腾讯创立之初就曾做过门户网站，但在资金不多的情况下，迅速放弃了。当时并没有多少人知道门户概念，马化腾和腾讯却知道自己要干什么：看到有越来越多的增值服务（如网络相册）在客户端充分施展，网络广告的收入将长期稳健地发展，这不仅关系到收入，而且是较高市盈率的保障。

在 2003 年同时进行的是对网络游戏的摸索。当时盛大、九城成绩不俗，整个市场上有百余家公司希望通过网络游戏淘到一桶金。

经考察后，腾讯首先选择了从韩国代理游戏，未见成绩，但积累了心得，转从棋牌游戏入手。短期目标是，通过两三个月就推出产品，把传统的棋牌游戏加上比较强的用户感，再和 QQ 结合起来，测试效果良好。仅用了一年时间，QQ 游戏风头就直逼棋牌游戏领域的传统霸主联众，当前同时在线账户数达 188 万。

（4）2004 年。

2004 年，QQ 陆续集成了音乐、网络广播和视频服务。一旦视频传播成为互联网新的主流，QQ 很可能成为人们首选的收看终端。同年 6 月 16 日在香港联交所主板上市（股票代号 700）以来，腾讯的股价稳步从 4 港元升至 10 港元。其市盈率达 36 倍，远高于在美国的网易和新浪，这使得腾讯再次获得了稳定的资本支持。

（5）2005 年。

2005 年 3 月收购著名的邮件客户端软件 Foxmail。比起 QQ，Foxmail 的用户数量不过 500 万，而且在网络业，收购用户的成功概率实际非常低。但腾讯真正看重的是 Foxmail 团队在邮件技术方面的积累：全国每年新增的网民数有两千万左右，如果其中一部分人同时使用 QQ 和腾讯的电子邮件，那就是给他们上了双保险。

同年，第三代 QQ 商城推出，通常有 180 万元/天的销售额。

2005 年下半年，腾讯进入 C2C 电子商务领域，随后联合 Google 进入搜索市场。

2005 年第三季度，腾讯在无线增值上的收入为 1.212 亿元人民币，意味着腾讯在无线方面的高增长期已经过去。同期，腾讯的总获利为 960 万美元，而新浪和搜狐的利润分别为 910 万美元和 800 万美元。

（6）2006 年。

2006 年 1 月，腾讯收购了做广告媒体投放起家的 JOYMAX，认为这支团队的最大价值是他们真正理解如何最精准有效地推广产品。

QQ 的注册账户总数近 5 亿，活跃账户数为 1.8 亿，同时在线人数近 2 000 万（来自 CNNIC 的数据）。2006 年初，中国只有 1.1 亿网民。也就是说，平均每 5 个网民，就有一个正在使用 QQ。可与此相比较的是，盛大的网络游戏《传奇》最为成功时，同时在线人数不过百万。

（7）2007 年。

2007 年，QQ 注册用户 6 亿，长期活跃用户 2.2 亿，同时在线用户达 1 500 万。

腾讯已经稳居中国互联网业务的榜首，国内商界对他们的成功给予了认可，荣誉接踵而来：

2006 年 9 月，腾讯公司成为广东省自主创新型试点企业。

2007 年 10 月，腾讯研究院正式挂牌成立。

2008 年 7 月，腾讯被认定为广东省创新企业。

二、商业模型概括

1. 需求搜集

腾讯公司成立于 1998 年，处于互联网在中国逐步普及的阶段。1999 年 2 月，腾讯公司正式推出第一个即时通信软件——“腾讯 QQ”。从 2000 年开始，中国正式进入互联网大规模普及的阶段。伴随着接入方式从普通的电话拨号接入到 ISDN 一线通接入、再到 ADSL 宽带接入、小区宽带接入等，日益增长的互联网用户数量，尤其是 30 岁以下的年轻用户为腾讯公司提供了巨大的市场基础，即互联网即时通信的巨大需求形成了腾讯公司的市场基础。不仅如此，面对日益多样化的宽带应用需求，互联网用户不仅仅满足于最基本的即时通信，而越来越多地需要更多的资讯服务和娱乐服务，这也是腾讯公司在新互联网环境下的市场基础。

关于市场定位，腾讯公司是这样描述的：“领先的市场地位——我们致力于以实时通信技术为核心，不断地开发符合用户需求的新型服务，保持在市场中的领先地位。”由此可见，腾讯公司立志要在中国的即时通信市场保持龙头老大的位置，尽管有微软的MSN、新浪的UC、网易的网易泡泡等竞争对手，但腾讯始终以用户的需求为导向，紧抓实时通信技术的核心，以赢得用户、赢得市场，最终保持自己的领先地位。

腾讯公司从当年的即时通信业务开始，发展到如今以即时通信为主，同时涉及多种业务的业务模式。今天腾讯公司的主要业务包括互联网与增值业务、无线和固网增值业务、企业服务、广告业务、品牌授权。这些业务分为需求搜集业务和收入创造业务，即时通信业务几乎全部为需求搜集业务。

即时通信业务主要是为用户提供基于互联网的即时通信和资讯娱乐服务，包括：

（1）基础即时通信业务，主要是传输文本信息、图像、视频及音频服务。这也是腾讯最早的业务。之所以称其为基础性业务，是因为TIM本身并没有特殊的技术意义，只是一种实现双方同时在线的连接。初期，这种业务被认为不能保留信息，这是与互联网其他信息沟通方式的最大差异；另一个差异是TIM具有点对点通信的特征，最容易让人理解的是电话通信，所以，初期也有人用它来代替长途电话。

（2）衍生即时通信业务，主要是群内通信业务，这是对即时通信概念重要的突破，因为点对点的即时通信意义只在于代替电话，而多人之间同时通信，不论是文字的还是声讯的，都为顾客带来了全新的通信工具，几乎没有什么类似通信工具能够与之相比。这等于扩大了即时通信的客户端功能，进一步锁定了顾客。这种功能会随着客户数增加而日益显露出其意义，因为多人同时通信的机会更大，甚至产生了网络社群。

（3）延时通信业务。即时通信功能也会因为必须双方同时在线而受到限制，所以，相当于留言板的暂存功能成为其即时通信的延展性功能，它可使对方成为被呼叫者、留言阅读者，与电子邮件不同，它不需要特别的邮件工具或专门打开邮箱，而是通过窗口提示直接跳出完成的，超过了电子邮件的功能。后期开发的功能还包括QQ邮箱与离线邮件，更加放大了延时通信的功能。

在客户端，业务二、三还被开发成为记录思想、记载谈话的工具；业务二大量被开发成具有教育、开会、讨论、指导及头脑风暴等功能的工具。

（4）QQ空间。这是将储存功能加以整合的功能，因为客户有大量的信息需要储藏，而且要在不同时间、地点上调用，QQ提供了一种能够在不同时间、地点调用相同个人信息的技术，即个人空间技术。以此技术为基础，可以将信息面向个人，是私密信息，也可以面向外部，是公共信息。它与博客功能类似，既可以完成个人信息的积累，也可以实现思想的阐释和情感的抒发。

（5）移动业务，如飞信。与其他通信工具和网络相连接，可以进一步方便客户，更为重要的是，移动通信中的汉字输入比电脑输入更不方便，利用QQ的方便输入与群的功能，可以满足移动通信无法实现的功能，还能够将QQ的功能进一步放大。

（6）新闻业务，提供体育、娱乐等多类资讯。这是附加业务，为用户提供顺带服务，因为在门户网站上客户已经培养了新闻阅读习惯，QQ只是加强这种习惯，不让顾客转移目光而已。

（7）娱乐资讯门户www. QQ. com及娱乐业务，为用户提供QQ游戏服务，其中包括棋牌类游戏、休闲游戏、竞技游戏。这些业务为用户提供了更大的使用自由，因为用户对QQ的理解多是基于休闲，休闲的传统方式是棋牌类的游戏，QQ将这些游戏集成在一起，方便和刺激了用户的休闲需求。

上述需求搜集的业务可以分为三类：第一类，基础业务，即第一项业务和第七项业务，以及第六项业务；第二类，衍生业务，是对基础业务的重新开发，即群通信和延时通信，以及QQ空间业务，在技术上变化不大，却使功能发生了重要改变；第三类，外延业务，与相关通信技术衔接，既给自己带来业务变化，也给其他技术带来新的业务。如图1所示：

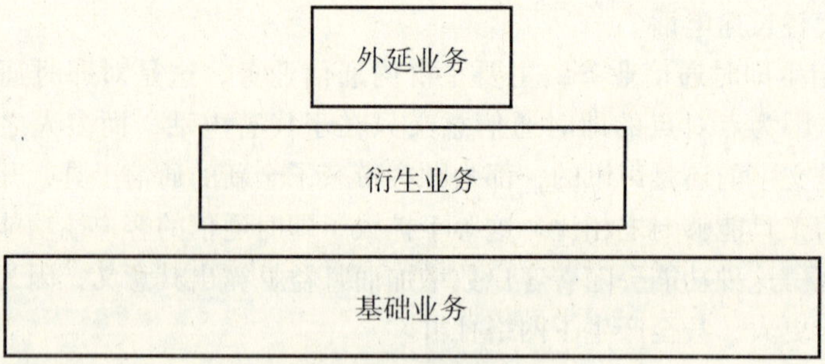

图1　业务结构关系

腾讯商业模型的需求搜集有下列重要特征：

第一，大范围业务的免费服务。腾讯几乎将即时通信功能全部囊括其中，并且以免费方式提供给客户，这样，它会非常容易地将所有潜在的用户全部吸引到自己的顾客群之中。从理论上说，这是一项不需要付费的服务，可以将用户全部纳入其中。如图2所示：

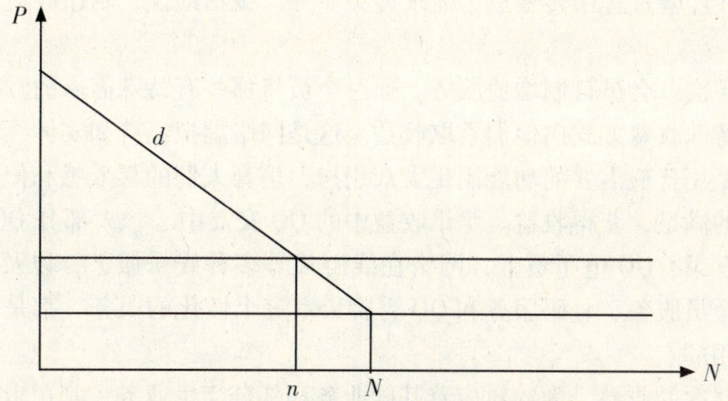

图2　客户成本与用户数量的关系图

图2表达了在不需要特别支付QQ使用费用条件下的用户数量（N），是最大可能的用户数量。但实际上，腾讯的客户正在从普通客户转变为专用客户，原来有计算机并学习了QQ使用方法的客户随着QQ客户数量的增长而减少，而新增客户多是因为对QQ有特别的要求而购买计算机。在这些新增客户中，有一部分需要支付购置成本和上网费用，这会使新的客户数量对应的不是在零支付费用条件下的需求者数量（n_0），新增客户与老客户形成两种用户的混合市场。

第二，不断的衍生服务，以客户端开发为主的功能创新。QQ的很多功能是在基础功能上为了不断满足客户要求而增加的，这些功能在技术实现上并没有过多的复杂性，但功能在专门化，将顾客使用QQ的习惯和做法加以功能化，再将这些新功能与已有功能重新集成为一个新系统，成为边际功能。更为重要的是，这些功能多是用户开发的，因此边际功能等于是在吸引新用户，从而产生搜索需求的效应。

第三，不断吸收周边服务，以服务功能拓展来发现传统或其他渠道培育的需求。在即时概念中，对弈性游戏是非常典型的传统文化，中国人多熟悉这些游戏，利用即时通信技术实现人们广为熟悉的网上游戏，意味着市场不需要教育就可以实现人们的休闲；其他渠道培育的需求，如网络新闻、博客等，经过重新整合，变成有QQ特色的雷同服务，并且免费进入市场。这样的做法主要是利用其他知识来满足用户，也是在追求功能上的竞争战略效应，实现你有我也有的客户争夺，达到最大限度地吸引用户的战略意图。

2．盈利设计

（1）收益的层次结构。

腾讯的收益结构由多层次构成，而且随着经营业务的变化而改变。有些盈利业务，在经营过程中转变成为需求搜集业务。概括地说，腾讯收益包括三个层次。

第一层次：会员订制增值服务。通过会员将那些有特殊需求的顾客甄别出来，再用特殊收费方式向他们索取收益。这是网络虚拟经济和实体经济通常采用的做法，用普遍需要的功能满足大众用户，培育人们的喜爱感和依赖感，用特殊需求的满足，获得收益。腾讯收益中的QQ交友中心、大部分QQ秀、QQ家园、校友录、QQ电子贺卡、网络在线游戏等多种娱乐服务，以及QQ游戏中心提供会员服务、号码服务和QQ秀聊天室等个性化的服务，都是以会员方式收取费用的。

这一层次的收益，大约对应着基础业务和部分衍生业务，其逻辑是基础业务满足普遍的即时需要，以零收费俘获用户，而对会员提供特殊的高功能产品，以差别价格为企业带来收益。

第二层次：相关业务增值服务。

这部分收益主要来自无线和固网增值业务。无线和固网业务为用户提供QQ与手机或其他终端互联互通的即时通信服务。移动QQ是目前中国最早和最具有影响力的无线短信服务，此后，不断开发新的无线和固网增值业务，包括非常QQ男女、12586娱音在线、QQ蜜语一呼通、QQ加油站、手机和声讯申请QQ、铃声图片下载、自写短信、短信订阅及新闻等多项服务。

另一项收益来自企业服务，它是以腾讯通RTX为核心为企业用户提供的实时通信服务，它可以帮助企业提高员工办公效率，加速企业内部、企业与客户之间的信息流通，它是即时通信服务商用化的开始，是专用化的虚网，可以帮助企业实现远程会议，以大量节约企业特别是那些跨地区经营企业的成本，也标志着腾讯公司的业务从个人向企业的延伸。

这两种收益是腾讯为获取收益而在基础业务上不同方向的延伸，而不是对基础业务采取特殊手段获益。在不同通信方式之间建立连接服务，跨网需求者可以提供收益；而面向企业的特殊服务则更容易为企业所接受，因为企业达到相同目标而支付的成本要远远高出在腾讯企业服务方面的支出。

第三层次：纯盈利渠道。

第一，广告业务收益。

广告业务是各大网站最普通的收入来源，以腾讯QQ、腾讯网站等多种网络广告载体的包括FLASH动画、RICH BUTTON、客户端广告BANNER、系统广播、浮动广告等，不同QQ业务针对的不同广告客户，可以满足各类客户的市场推广需求，充分体现各种产品的特点和个性，形成高的广告收费。显然，腾讯的广告收费不仅具有受众多、广告传播效率高的优势，还具有业务内容综合、客户对象层次化的特点，可以根据广告的市场定位提供给不同的受众，以增强广告接受效果。这是腾讯将广告作为其主要收益来源的重要业务结构基础。

第二，品牌授权收益。

即通过对腾讯品牌的授权使用，使其他企业更好地拓展市场、开展销售和提高知名度的方法。如广州东利行公司利用QQ卡通形象作为品牌的时尚服饰连锁店Q-GEN便是一个成功的案例，腾讯针对不同行业将自己的设计——市场获得认可的QQ形象与相关符号开发成衍生品，向不同企业出售，使这些企业成为腾讯的重要战略伙伴，因为腾讯也可以通过这些符号的传播获得市场更广泛的认可。

这两部分收益，对应着全部需求搜集业务，也是腾讯最重要的收益来源。全部腾讯业务创造了两个重要资源：一是渠道资源，丰富的渠道资源可以增加与之绑定的广告客户，为广告客户增加价值，也会给腾讯带来更高的收益；二是符号资源，用虚拟符号创造的网上形象给受众提供了新的审美对象，进一步衍生出符号价值，形成符号资源。当使用这种符号资源时，人们会因为审美上的认同而愿意多支付产品价格，腾讯以此获得符号出售的收益。

（2）腾讯收益盘点。

以2007年为例，腾讯各项总收入为人民币38.209亿元（5.231亿美元），比2006年增长36.4%。

在腾讯公司的各项交易收入中，第一大收入来源是互联网增值业务收入，2007年互联网增值服务收入为人民币25.137亿元（3.441亿美元），比2006年增长37.7%。

第二大收入来源是移动及电信增值服务，收入为人民币8.076亿元（1.106亿美元），比2006年同期增长15.4%。这主要是因为中国的无线业务增长，腾讯的方便输入与网内通信为客户创造了不同网络便利性的互补，腾讯开通了移动QQ后，这种不同网络间的交互更加方便。

第三大收入来源属于广告业务收入，网络广告收入为人民币4.930亿元（6 750万美元），比2006年增长了84.9%。

（3）盈利水平。

腾讯成本主要由硬件成本、软件成本、管理成本、人力资源成本和其他成本构成，管理成本和人力资源成本是腾讯的变动成本，主要用于研发和网络维护。如果腾讯想节约，这些成本可以压缩得很低，所以，以时期考虑，腾讯的成本很高，但从事项考虑，腾讯运营成本应该不高。2007年腾讯实现毛利为人民币27.034亿元（3.701亿美元），比2006年增长36.3%。其中，经营盈利为人民币16.350亿元（2.238亿美元），比2006年增长40.6%；期内盈利为人民币15.680亿元（2.147亿美元），比2006年增长47.4%；腾讯权益持有人应占盈利为人民币15.660亿元（2.144亿美元），相比2006年增长了47.2%。

3. **成长能力培育与发展模式**

腾讯的成长是通过简单模仿的客户价值创造实现的，腾讯将自己的全部注意力集中在对客户价值需求的满足上，通过不同渠道，获取客户需求，再通过功能创新将局部客户需求转换为公众客户需求。其逻辑过程大致是：以简单的技术模仿进入市场，创造基础业务用户—获得投资者认可，建立融资能力—从客户端寻找新需求，建立新业务，进一步搜集需求—挖掘特殊客户需求，建立收益工具—投入新业务开发，控制用户转移—发现新的盈利。

在腾讯成长能力中，竞争能力并不占据重要地位，而创新能力，特别是客户端新需求与新使用方式的业务化，却是腾讯的主要资源投入方向，也是其成长能力的核心。

腾讯在基础功能上依赖不断的功能创新获得了更多的客户，这是腾讯资源投入的最重要方向。腾讯采取向用户学习的方式把用户使用过程中开发出来的需求功能化，让更多用户获得功能上的分享。即时通信提供了用户的点对点通信，但在用户使用过程中产生了对多点同时通信的需求，为满足这种需求，腾讯提供了群功能。在技术上群功能的实现并不困难，但启动了用户多人之间的沟通需求，包括网上讨论、网上会议、网上指导、网上咨询等功能，在此基础上，腾讯将群功能提供给有专门用途的会员和企业，并向他们收费。即使是能够建群的用户也不是普通用户，腾讯把这种群功能作为一种稀缺资源，向上网持续时间达到一定级别的用户提供，这是对用户锁定的激励，让那些具有特殊资格的用户成为网上的领导者，或者替换为腾讯收益的提供者。腾讯不断将自己的资源投入到由用户意识或者已经开发的功能上，把这些功能用按钮、功能键等专业化，实现对其他用户提醒和启发的作用。针对顾客需求开发功能是最好的需求搜集，使腾讯既节约了开发费用、降低了开发的不确定性，也增加了市场的针对性，用户端的教育和启发成本可以大大节约，是行之有效的需求搜集方法。

在腾讯创业初期，即时通信的便捷、快速是获得顾客需求的重要手段。如果腾讯提供的即时通信工具不能实现有效沟通，存在着时断时续、网速不够致使数据传输丢失等现象，就会影响用户对 QQ 即时系统的依赖。所以 QQ 初期的主要精力是放在系统的可靠性上。为此，腾讯将获得的资源投入不同地区的服务器建设，尽量避免客户对 QQ 即时工具在网速方面的排斥，培育用户的基础性需求。这是后期通过用户端的创造性使用来实现需求搜集的基础。

腾讯在越过了用户数量阈值以后，将资源投入一个重要的盈利设计中，并尽可能地使这种盈利工具与需求搜集联系起来，主要对象是虚拟体验性产品的开发。QQ 的虚拟体验性产品的开发主力是网龄较长的年轻人，他们对虚拟世界、虚拟符号敏感，是产品的需求者，也最有资格做开发者。这是腾讯在实现需求搜集和盈利设计方面更为巧妙的做法，腾讯继承了用户开发功能转换为专业化功能的传统，将潜在用户请到企业内部从事开发。这种做法可以最大限度地节约开发资源，使新开发产品接近需求，甚至可以通过他们向周围的顾客传递，实现对市场的影响。这些产品的开发者多是那些要求较少的青年，工资要求低，使用他们从事开发，可以减少资源的投入。

总之，腾讯的成长是通过即时通信基础功能稳定、可靠来实现基本用户维持和增长，再利用这些顾客使用即时系统过程产生的需求或在使用中开发的功能的专业化和产品化，以及聘用最接近体验消费的人群来开发新的虚拟产品实现成长的。这种成长具有持续成长性，也具有开发资源投入的节约性。

基础用户的吸引与维系需要大量的资源投入，腾讯创业初期以即时通信的便捷快速提供为目标吸引用户、实现需求搜集，更需要投入资源，而此时腾讯并没有自己的盈利，也没有资源建立的能力，因此，需要大量外部资源的投入。腾讯能够获得盈科资源的投入，实现了第一波的创业资源建立，在盈科风波时，腾讯能够冷静地处理股权转换，稳定了外部资源对自己的支持，这说明腾讯在融资方面的过人之处。显然，如果没有融资能力，可能就没有腾讯。

腾讯发展的另一个外部条件是移动通信技术的快速发展。腾讯发展的十年，正是移动通信市场快速膨胀的十年。腾讯的很多概念和业务来自移动通信的外部性，在很大程度上，移动通信教育了用户，使腾讯不需要在市场开拓方面投入太多的资源，就可建立起自己的用户队伍。其实，在这十年中，不仅移动通信有着快速增长，固定通信需求也呈现前所未有的增长，这也给网络即时创造了市场外部性。固定通信和移动通信数量越多，越会给网络即时通信带来便利和接入的要求，而即时通信与移动通信的连接也给他们带来了边际需求，形成即时通信与移动通信等需求的互动增长。

腾讯的结算方式不仅对自己，也对网络产业形成重要影响。结算曾经是电子商务三大障碍之一，腾讯及其他网络动漫企业利用移动交费实现了网络虚拟产品的购买和交费。而移动通信企业在结算方面成为腾讯的合作伙伴，自己在其中受益，因为他们提供代理收费可以获得中介服务费用，还可以将腾讯培养的即时通信客户转换成自己的客户。通过用户端的合作，初期几乎所有网络企业都没有注意到，但是盛大、腾讯注意到并成功地说服了移动企业为其服务，突破了结算瓶颈。正因为有这一突破才使盈利成为可能。

三、腾讯商业模型的适用条件

1. 商业模型总结

腾讯商业模型包括如下要点：

（1）需求搜集特点。

第一，便捷的即时通信为用户提供基础性功能并由此实现需求搜集。腾讯的便捷即时通信建立在零收费的基础上，这对那些有着价格敏感性的即时通信使用是一种很大的吸引，由于存在着有线和无线通信方式，网络即时通信似乎是以替代品形式存在的，同时网络即时通信以聊天概念进入市场，给人们带来一些误解，似乎上 QQ 的人是无所事事之人。这两个因素成为 QQ 进入市场的障碍，如果再对顾客进行收费，必然会排斥顾客。所以，QQ 不仅要在服务上便捷，还必须是低收费甚至是零收费，才能够将不能理解网络即时通信的初期顾客吸引进来。在即时通信的网络外部效应发挥作用以后，QQ 仍然没有收费是因为这种收费会给大量消费者带来不便，而交费的成本可能刚好超过给后期顾客带来的效用，或者腾讯对这一收费所带来的效益与顾客流失以后再拉回来的机会成本相比很小，因而不敢贸然收费。实际上不收费本身也是在为顾客提供交费的最大方便。

第二，边际功能带来递增效用，实现功能性需求搜集。如果顾客可以获得不断增长的效用，他就会稳定在顾客队伍之中。腾讯为了稳定顾客队伍，不断投入新功能，增加与外部通信系统的链接，使使用 QQ 系统的顾客获得的效用不断增长且不增加收费（这一点不同于传统商业模型，将顾客锁定后再收费），由此加速顾客的好感，使顾客队伍迅速膨胀。

（2）需求转换盈利的逻辑。

腾讯的盈利在本质上是概率收益模型。假设通过需求搜集俘获了数量巨大的顾客，以某一假定概率购买 QQ 的虚拟产品，成为腾讯交费会员，就可以确保腾讯获得稳定的收益。该模型可以简化为如下表达形式：

$$S = P \cdot k \cdot M$$

式中：P 代表交费顾客的平均交纳费用，k 代表交费顾客概率，M 代表上网顾客数量。

显然，通过创新增加虚拟产品的趣味性，可以增加平均收费 P，而通过零收费的大规模需求搜集将更多的顾客锁定在腾讯队伍之中，以增加 M，实际上功能的创新也同样会影响到 M，使 M 不断增长。这样，需求搜集就成为企业实现盈利的重要基础，当 S 超过腾讯运营与开发成本时，企业自然会实现盈利。

（3）盈利转换成长能力的逻辑。

腾讯将从外部融得的资本用于 QQ 的持续创新之中，形成了初期腾讯顾客扩张的重要原因，在顾客队伍规模足够大并使腾讯能够获得足够的盈利时，腾讯可以依赖于自己的盈利维持持续创新能力。腾讯的成长能力是以创新为基础的，不论是其虚拟符号的不断设计和推出，还是不断与不同通信方式结合，或不断增加新型业务，都表明了其进取的创新战略，而这种战略的资源条件是盈利。前述表明，腾讯采取了顾客创新导向的创新措施，有着很好的创新节约倾向，但仍然需要大量资源给予支持。腾讯主动建立起创新—资源—需求搜集—盈利—资源的循环，是其获得快速成长的根本原因。

2. 腾讯商业模型条件

从前面分析可以看出，腾讯能够成功的重要原因之一是网络与即时通信需求的大规模增长。网络技术的普及为 QQ 初期技术模仿的对象，特别是国外同类技术的出现，启动了马化腾团队成员们的灵感，使他们能够抓住机会，开发出了自己所能够掌握和理解的即时通信系统；而移动和固定通信的普及为网络即时通信的理解和网络化创造了外部条件，使腾讯在开拓市场方面相对容易。

从社会福利角度评价，免费的即时通信系统，不论是单个用户间的通话还是群通信方式，数据储存与传输都给社会带来了巨大的福利。从福利角度评价，这一商业模型有着对社会多方面的正面影响，第一，提供了免费的即时通信，更重要的是 QQ 的即时通信系统并非建立在竞争战略之上，而是建立在其特殊的盈利方式上，这等于为社会提供了新的即时通信工具；第二，改变了社会成员的生活方式，特别是群概念、休闲游戏，让很多人能够用跨越时空方式实现会议、指导、讨论，可以安排自己的休闲。这种为人们提供的有效率的沟通方式，是对人们工作方式的一种解放，也是对工作压力释缓的方式。有相当一批忠实的顾客，在很大程度上已经受到 QQ 的左右和引导，不能离开 QQ 了。

讨论题：

1. 腾讯案例是如何说明给与取的关系的？
2. 腾讯商业模型对你最重要的启发是什么？

参考文献：

1. 腾讯的“无敌”模式．中国管理传播网，2007 – 10 – 15

2. 不为人知的腾讯创业史——一封腾讯内部员工的信，2008 – 09 – 09，Zend Studio，http：//www. it. com. cn/edu/messenger/qq/qqinfor/.

网络营销与实体店经营：梦芭莎商业模型

张耀辉

一、梦芭莎的创业故事

梦芭莎创立于2006年12月，总部设在广州，目前已在上海、北京设立分公司，员工近200人。这是一个由海外归国人员创立的公司，经营定位是致力于打造中国及全球领先的女性内衣直销品牌。他们有句名言——“让每一位中国女性更加美丽自信”，为女性提供健康、自然、舒适、时尚的内衣产品和服务。

问题1：为什么梦芭莎会选择这样的经营定位？

思考提示：中国的消费者已经到了追求审美的消费阶段。在经济发达程度达到温饱之前，内衣没有多少价值，但随着人们收入的提高，内衣变成了具有特别意义的消费品，在很大程度上，成为家庭内消费品。人们为了家庭而不惜支出，审美具有另外的意义。除此之外，以泳装为先导的消费也在很大程度上诱发了内衣消费，内衣外穿的机会增大，人体美概念在很大程度上得到普及的同时，内衣销量获得增长。正因为内衣具有这样的特征，梦芭莎做这样的产业形态选择显得非常合乎理性。

梦芭莎注重内衣的美体功能性，依据东方女性的身型特点，融合中国女性的裁剪工艺，实现美体效果。梦芭莎旗下品牌包括梦芭莎维纳斯和梦芭莎维多利亚两个各具特色的内衣产品系列，梦芭莎维纳斯是专业的塑形内衣品牌，目前已经推出了一系列符合现代东方女性体型特点的360度美体内衣产品线，包括美胸、美腰、美臀、美腿、全身塑形等内衣产品线；梦芭莎维多利亚是以时尚性感为特色的内衣品牌，推出系列不同风格、适合不同消费群体的文胸、内裤、家居服、泳装、时尚内衣等自然、舒适、美丽的产品。

梦芭莎理念认为“品质”就是高标准、严要求、零缺陷，视品质如生命，为中国女性提供高品质的内衣产品和服务，不断积累自己在内衣直销领域的实力，并逐步成为行业内的领导品牌。梦芭莎首先通过国际先进的OEM生产方式，为国际一线内衣品牌提供代加工服务，在从原材料到成品的品质监控把关过程中，实施高标准控制，以高端的产品质量体现梦芭莎内衣的完美主义追求。

问题2：为什么梦芭莎要采取完美主义的经营态度？

思考提示：任何一个企业都有自己的传统，完美主义这种传统可以在传统行业形成差异化，而内衣既是传统行业，又可以加入大量的品质信号和文化信息。审美需求的背后是完美主义，为了满足审美需求，这种需要具有极端性，无止境。所以，除了唯美主义的传统外，审美需求特点也决定了梦芭莎的选择。

梦芭莎以体验营销为主导，在广州、上海开设了多家直营零售体验店，目的是增强顾客对唯美的直感。这是梦芭莎赢得众多女性消费者的口碑的重要一步；梦芭莎还承诺给予消费者优质、高效的服务，他们的理念是“要以对待第一个顾客的态度服务每一个顾客”，良好的信用赢得了顾客口碑和信任。

问题3：内衣使用体验营销的理由是什么？它对需求搜集有什么影响？

思考提示：审美需求的重要特征是与人的配合，女性试衣对审美满足有着特别重要的意义，因为体验会给她们带来快感，增加她们自我欣赏机会。女性的自我保护意识要求试衣私密性，这也是一般服装难以达到满意效果的重要障碍。梦芭莎采取了特殊的体验营销，将网上的视觉感受与实体店的直接感受相结合，扩大了女性对企业的信任，从而提高需求搜集的可靠性。

梦芭莎进入市场，把自己定位于在中国领先的内衣品牌直销服务公司。梦芭莎作为国内第一家内衣直销品牌，价格比同类产品低40%～80%。他们的梦想是，把电子商务技术运用于内衣行业，为顾客提供物美价廉的产品。

但是，有数据显示，网购风险高于门店购买，网购的消费者实现购买行为时，看重的是网络卖家的信誉度。由于我国电子商务的发展远未达到成熟的程度，所以行业内的企业必须建立起值得消费者信任的良好的信用体系，在产品质量和售后服务上需要不断完善。网络直销服装的售后服务被称为此类电子商务的瓶颈和软肋，因为消费者没有亲身感受和现场体验，消费者对于所买的服装会形成主观上的差别，而消费者对于产品质量的谨慎态度，也会对品牌的售后服务是否完善提出更为严格的要求。

鉴于网上直销内衣退换货在所难免的事实，为打消顾客的后顾之忧，梦芭莎建立起支持全国多个重点城市“货到付款、快递上门”的物流配送体系，同时提供“30天无条件退换货保证”。梦芭莎负责人表示，目前我国的电子商务还处在发展阶段，建立消费者信任的良好的信用体系是当务之急，只有在产品质量上精益求精、在售后服务上不断完善，才能打造中国及全球领先的女性内衣直销品牌。

问题4：梦芭莎用什么方法打消顾客购买前对售后服务的疑虑？这与需求搜集是什么关系？

思考提示：完善的售后服务体系和顾客体验店为顾客增强了销售直感，直观和有实物接触可以增强顾客的信任感，也可以方便售后服务，如退货和调换。存在着购买疑虑，就不可能产生购买行为，需求搜集就无法实现。梦芭莎的这些措施可以推动需求显性化，实现需求搜集的现实化。

梦芭莎以会员制方式管理顾客，实现对消费者需求的个性化定制和优质服务保障。个性化定制有助于唯美主义，因为美在很大程度上是顾客的要求，如果企业能够为顾客提供基础设计，顾客在此基础上提出修改意见，设计师根据这些意见，形成建议或设计方案，这种美就是顾客所需要的，在这种情形下，顾客不再是选择，而是参与，而参与了的顾客有着对企业的热爱和对自己的产品的特殊感情，由此而产生特别的好感并可能在公众中传诵。梦芭莎运用会员制实现自己的质量保障，是一种可靠且较节约的质量保障体制。我们从以下网上投诉中可以看到网上销售与用户关系的特殊性。

投诉1：2009年6月3日我在网上下订单购买了梦芭莎的两件产品（订单号为XD00386695）：一条白色七分裤和一双香槟色女鞋。6月14日收到货品后发现，女鞋的颜色不对，为深灰色。于是我致电梦芭莎售后服务部表示发货不对，要求换回香槟色。被告知香槟色女鞋已无货。从3日下订单到14日拿到货物为止，我未被告知任何有关此方面的信息。包括我现在登录到梦芭莎的网站，上面所显示的仍然是香槟色女鞋发货，甚至，我今天收到的送货清单上，也清楚地标明货品为香槟色。当我说要退货时，梦芭莎的售后服务人员要求我将所收到的女鞋先寄回给梦芭莎才能给我办理退货。我希望对方能上门取货。以上为首次投诉内容。15日接到梦芭莎售后服务工作人员来电，同时，梦芭莎的工作人员否认是在无货的情况下擅自以其他货品替代，也否认是错寄了货物，她提醒我检查鞋盒的标签，表示有可能是对颜色认知的偏差造成了误解。（http：//www. 315ts. net/archive/tousu/2009/0620/399080. shtml）

投诉2：2009年5月3日某人订了梦芭沙的货（全国统一订购热线4007169898），说是跟浦发银行共同搞的一个小财大用活动，信用卡分三期购买，买了265块钱的衣服，5月4日9：41：44收到短信说已经发货，3~5天内送达。5月8日我打订购电话催问，他们说选择的是邮政速递，我让他把快递单号码给我，我来跟催，他们说这是他们的事情，催也是他们催，所以我也就不好说什么了，由于是用信用卡分期付款的，今早想起来，怕是被骗了，会不会把我的信用卡额度全部刷掉，所以我就打电话查询了一下，还好没有多用我的钱。（http：//www. 315ts. net/archive/tousu/2009/0509/372489. shtml）

问题5：网络购物的质量保障有什么特殊性？

思考提示：由于网络购物存在着信息沟通的问题，所以需要特殊的质量保障体系，其要求应该是细化信息，避免网页上信息与实物的差别；寻找有效率、有保障的物流公司，要明确清楚，合作伙伴的失误也是自己的失误。

目前，梦芭莎已经拥有超过100多万个会员，而且正以每月新增10万以上的速度递增，这种增长速度为梦芭莎提供了庞大的用户群体和消费受众依托，使之能够迅速赢得市场信赖；而梦芭莎不断升级的服务品质也正在证明这种信赖，使越来越多的顾客贴近梦芭莎。

仅短短两年多时间，梦芭莎成功地将国际先进直销理念结合国内购物方式发展方向，凭借高速的业务增长和优异的盈利能力，获得行业的认可。梦芭莎于2007年12月获得了瑞士信贷银行中国区战略投资伙伴崇德基金的首轮国际资本投资，使梦芭莎更加有实力为消费者提供更多优质产品和服务。

二、梦芭莎商业模型评析

1. 需求搜集

从梦芭莎商业活动中看到，其需求搜集由四个部分组成：

第一，奢侈品切入和唯美主义方式的满足。

梦芭莎是以产品为核心的需求搜集。吆喝什么卖什么是产品需求搜集的重要特征，梦芭莎吆喝内衣，卖内衣，与众不同的是，梦芭莎的产品具有奢侈品性质，而这种商品往往随着人们收入的提高，销量呈现不断增长的趋势。奢侈品的分类经常对营销有着思考的障碍，因为这种分类过粗，内衣虽然也是奢侈品，但是它在改善家庭关系、提升二人世界生活质量方面有着不可替代的作用，特别是当经济增长进入社会不稳定期，人们对婚姻的期盼超过以往，内衣迅速从奢侈品转换为必需品。一种从奢侈品迅速转换为必需品的商品，往往在人们满足虚荣方面有重要作用，人们会以支付必需品的心态（女性往往是家庭财务支配的主人）而购买了奢侈品功能（在欣赏者看来，功能多是奢侈品），这种不同人对待同种商品以不同产品定位的特征等于是在扩大购买者对此种商品的需求。而唯美主义往往又可以保持对这种背离的推动，越美，购买者越认为必须购买，以便让欣赏者获得赏心悦目的观赏效果。

与普通产品需求搜集不同，内衣产品的需求搜集在很大程度上出售的是家庭内关系和美，也在出售个人审美的满足。我们可以这样看待梦芭莎，它不是在销售产品，也不一定是在出售设计（至少不是出售功能设计），而是在销售新审美观，出售具有引领审美的符号。这样，它的产品就会让很多唯美追求者蜂涌而至，形成强大的购买群体。

第二，直销低价需求搜集。

直销可以减少环节费用，为客户创造价值，直接表现为向客户提供低价商品或服务。这样的销售方法，无疑有促进需求的作用。梦芭莎借助网络实现直销，这种方式通常可以节约40%的环节费用。如果有30%的价格折扣，企业还可以获得10%的利润，而事实上，梦芭莎直销为客户提供的产品价格要低于同类产品的40%～80%，这意味着，它不仅将环节费用全部返还给了顾客，还将自己的利润返还给了顾客。

他们这样做，如何产生利润呢？显然，其重要的目的在于把潜在顾客调动起来购买时尚内衣，而不是仅仅满足少部分人的奢侈需求，同时也将其他企业的顾客引导到自己的队伍之中。其实，对于大多数人来说，时尚内衣仍然是奢侈品，降低价格引导消费者进入消费，是对社会需求的满足，也对企业成长有着特殊的意义，因为它是在让更多的消费者满足这种过去不能满足的需求。

第三，体验营销强化感受。

体验营销既是网络直销的配合手段，也是内衣产品独特的营销手段。内衣因其私密性而需要一些特殊的体验空间，现实中试衣空间都十分窄小，它的前提是换上新衣后由外面的人来评价，但内衣是家庭内消费，或者自我欣赏，愿意穿着内衣到公共空间的顾客极少，大多数人会视其为完全私密，这样就产生了一个非常重要的试衣需求。所谓的体验营销，对内衣而言，就是能够让顾客可以方便、大方地试衣，从容地选择。这样，其更衣室与普通服装的更衣室应该有很大的差异，应该有足够的展示空间，可以自我欣赏和供亲密者欣赏，有足够的隐秘性，还要温馨，具有如家庭般的环境，才能达到真正的体验效果。

体验营销可以消除顾客的购买疑虑，因为试穿与衣服比试有着直观感受上的差异，虽然企业会增加成本，但在消除顾客购买以后有关无法退货、更换等方面的疑虑上有着重要作用，由此大大强化了顾客的购买信心，推动购买欲望的行动化。如果将购买疑虑设定为购买概率 P，顾客潜在购买量为 Y，现实需求为 D，降低购买疑虑相当于提高购买概率，它相当于把需求曲线向右侧平移 $\Delta D = \Delta P \cdot Y$。如图1所示：

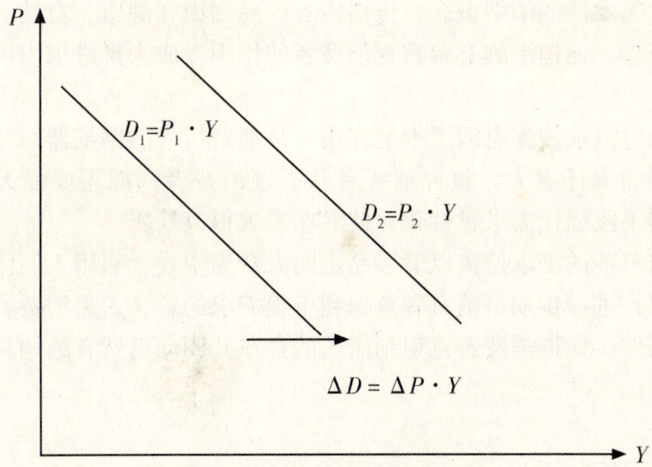

图 1　需求疑虑消除的需求搜集

体验营销是一个暴露自己需求的过程。在体验之前，人们多处在消费假设阶段，而检验过程是对这种假设进行求证的阶段，在很大程度上，如果消费假设得到证实，那么个人的满足感将会非常强烈。

从女性购买行动分析，以不同的体验来检验假设也是她们自我欣赏的过程，如果与朋友结伴同行，还可以产生为企业促销的作用。

第四，质量保障体系。

内衣因其对人体的特殊性固然是最需要品质保证的，而女性内衣的品质尤为重要，除去美体、塑形等附加作用，女性内衣对质量的要求近乎苛刻。

梦芭莎不仅提供性价比高的内衣产品，其 30 天“无条件退换货承诺”也有着让顾客放心的承诺意义。通过高效完善的配送服务系统，让顾客能够及时获取产品，这些无疑都成为梦芭莎质量保证的重要依托。梦芭莎以全球最大的内衣生产基地广州总部为基础，通过和法国、韩国的专业内衣研发设计机构的合作，建立起梦芭莎产品设计院和梦芭莎女性形体研究中心，为广大女性提供个性化的内衣产品定制和服务，其花色品种齐全，增强了质量保证体系的可信性。

与网络营销结合的体验营销也是为了显示网络营销的可靠性，因为体验店可以完成售后服务承诺，而网络虚幻成因较多，还不能建立起足够的信任。对于梦芭莎，体验店还有着担保网络直销质量的作用。

第五，促销推进。

梦芭莎为了满足不同消费者的需求，使用会员制来区分顾客，为会员消费者提供个性化的内衣产品定制和服务，推出了包括满 300 送 100、超长 90 天无条件退货承诺等各种优惠活动。毕竟梦芭莎还不算是一个成熟的企业，做这些促销活动的目的在于进一步确立自己在市场中的地位，引导和教育消费者建立如美欧日韩成熟女性的消费概念，传播内衣产品知识和健康、自然、舒适、美体的内衣新概念。促销措施有着教育消费者的作用，成为推进国内内衣消费市场的生力军。

促销对推进需求搜集有润滑剂的作用，是消费行为的助推器。对梦芭莎而言，开拓市场的责任重大，教育消费者和引领消费者，都需要强大的市场动员，运用促销手段强化需求显性化，使潜在需求得以暴露。

总之，梦芭莎的需求搜集以奢侈品走向大众为主线，利用人们已经形成的对内衣的认识，进一步动员消费者意识到审美需求的意义，为消费者提供消除消费疑虑的条件，促进消费者意识到需求的存在并调动消费者的购买欲望，完成购买行动。

2. 盈利设计

梦芭莎的盈利工具就是他们的产品——女性内衣。这也是产品盈利，与大部分商业活动并无差异，但为什么梦芭莎会发展得如此迅速呢？也就是说，是什么原因让他们的利润如此丰厚呢？

首先，梦芭莎建立了奢侈品大众化的理念，完成了女性内衣意愿价格抬高和需求曲线提升的目标。

中国女性在家庭的地位随着收入的提高而不断提升，在很大程度上，她们的意愿就是家庭的支出意愿，她们的决策就是家庭的消费决策，这可以从很多调查报告中获得类似的结论，特别是日用品消费决策方面，女性有着重要的支配能力和决策能力，而且家庭收入越高，男性对日常生活用品的决策意愿越低，女性决策自由度越大。这意味着，迎合了女性的需要，就可以在很大程度上实现需求的构成，甚至可以在一定程度上挤占家庭其他成员的消费，使女性奢侈品消费期提前到来。

收入提高和女性决策权力提升，给女性消费带来了预算约束下降，这样只要强化女性对某产品的认知，就可以在更高的意愿价格上形成需求。如果需求为 $D(X, M)$，当预算约束 M 放松，不构成对需要强度的约束时，提高消费的产品认知，可以提高 X 强度，从而增加消费者对产品和服务效用的期望，使需求曲线抬高。

其次，梦芭莎用网络直销方式为自己创造了利润空间，也为顾客队伍扩大创造了条件。

网络直销将环节费用与利润从产业链中去掉，可以大大降低销售成本，从而促进企业扩大销售规模。

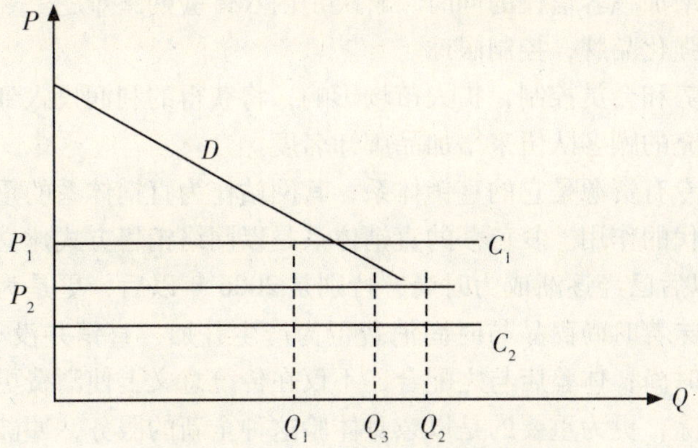

图 2　成本下降给顾客带来的影响

图 2 中梦芭莎以环节成本节约，使成本从 C_1 降至 C_2，然后，将价格从 P_1 降至 P_2，这样，原来有 Q_1 的顾客获得了产品，增加至 Q_3，使惠顾客户数增加，顾客还增加了一个梯形面积的消费者剩余。顾客队伍增加，无疑为企业带来了品牌效应，这是梦芭莎追求的长期收益目标；同时梦芭莎也获得了短期利益，即形成了（P_2-C_2）·Q_3 的利润增长，对企业非常有意义，因为利润增长是企业发展的前提。

最后，会员制下的差异价格，为企业提供了更多的利润。

会员制往往会形成歧视价格，这会为企业提供一种利益。由于不同会员存在着不同要求，梦芭莎以个性化定制来满足会员，从而产生了更加贴近消费者意愿价格的收费，由于产品差异并不特别大，因此产品比较接近相同成本，所以这种收费通常会更加大于成本，从而为企业提供更多的利润。比如，会员提出某种款式要求，并愿意以某种价格购买，但实际上，这种款式的产品在另外的销售中，是非常普通的商品。对顾客而言是特殊的服务，而对企业来说只是其他生意中的一个，所以，成本可能并不会增加，而利润可能会增加。

3．成长路径与资源培育

梦芭莎成立的时间很短，还无法完全确认其成长路径，但由于其快速成长为国内的知名品牌，也可以比较粗略地认识到它的成长道路的轮廓。

梦芭莎的成长路径大体上如下：

第一步，重新定义产品，确定市场定位。

将传统的产品概念重新进行诠释，形成新的产品概念，确定了自己的市场定位——以内衣为载体，出售美体服务。

第二步，建立直销体系，消除直销中存在的障碍。

直销实现了成本的节约，却存在不直观、难退换、少参与的问题，承诺和检验销售，在增加顾客信任的同时，解决了内衣体验购买难题。

第三步，强化品牌，控制眼球。

以网络优势和会员控制，扩大市场影响，将获得的利润投入到吸引眼球上去，以不断扩充的顾客队伍来增加品牌知名度。

梦芭莎的专有资源是它的直销体系，其网站作为直销体系的重要载体和渠道起着不可替代的作用。梦芭莎的直销体系是以网络销售方式建立的，这种方式在2000年以后已经逐渐成为时尚，特别是2006年以后，更是为大部分白领所接受。这意味着时尚商品与时尚消费行为产生叠加，直销并没有削弱时尚，相反还在加强时尚；体验店与之配合，不仅在传统意义上使消费更加可靠，顾客疑虑有所消除，更为重要的是以亲身体验这种全新的服务，冲破了内衣在试穿方面的障碍，建立起更加贴近顾客的销售体系。此外，梦芭莎围绕着直销而建立的客户保障体系也是配合网络营销而不断完善的，如退换时间长达30天的承诺，在很大程度上是因为存在网络交易成功以后的物流配送时间长和存在着某些不确定性因素。梦芭莎几乎没有做广告，他们把大量精力投入到网络销售的保障上，以高质量的承诺体现产品的物美价廉。这样，当人们关注它的网站时，也是最大限度地关注他们的品牌；维护好这个网站形式体系的企业，就是在维护这个企业的品牌。

实际上，梦芭莎的成功是将国际先进直销理念与国内购物方式发展方向相结合的结果，他们的直销体系具有中国特色，也具有女性内衣特色。内衣的体验营销是内衣销售的难点，梦芭莎能够突破这个难点，顾客对这种特别的营销手段口口相传，所产生的品牌效应要比广告建立的品牌效果强得多。

梦芭莎以OEM生产基地为基础，建立直销体系并获得盈利，此后，梦芭莎这个全球最大内衣生产基地，建立了与世界先进内衣设计国家如法国、韩国的专业内衣研发设计机构的合作研发机制，成立了梦芭莎产品设计院和梦芭莎女性形体研究中心。在很大程度上，它也成为梦芭莎成长的专有资源，因为梦芭莎的目标是为广大女性提供个性化的内衣，定制和服务不可缺少，没有紧跟世界时尚的内衣设计能力，很难成为国内知名品牌，更难走向国际。

有人把梦芭莎的专有资产看成是顾客，应该说，这是他们使用自己专有资产经营的结果，也是企业战略完善市场机制的结果，其真正的专有资产是企业能够控制且对其战略有根本影响力的硬件和软件。围绕直销体系建设而形成的网络、体验、创新三位一体的资产架构成为梦芭莎赖以快速成长的特有资产。

梦芭莎成长的逻辑是将盈利换市场，让顾客认知内衣时尚，形成快速需求成长，在市场快速成长的过程中，获得顾客对自身品牌的认可。

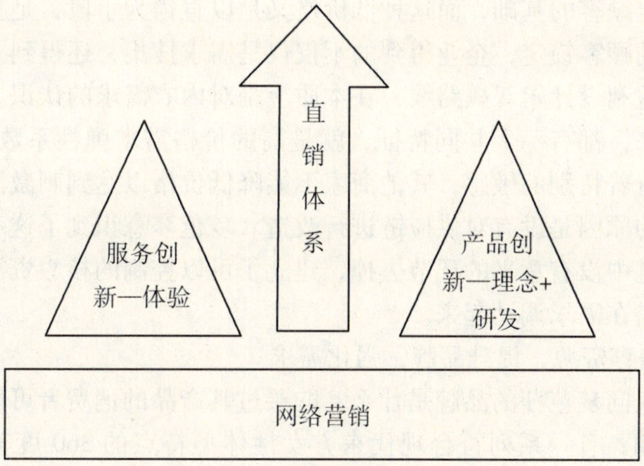

图3　梦芭莎专有资产：直销体系

三、梦芭莎商业模型实施条件

1．梦芭莎商业模型总结

梦芭莎的商业逻辑可以概括成下列三个方面：

第一，强力推进内衣美体概念，以创造新的需求。

梦芭莎系列内衣被称为“看不到的诱惑”，是朦胧美和内在美的结合，其设计理念是“让女性更加美丽自信”。它的主题鲜明，曲线圆滑、时尚温馨，是对女性身体的完美展示，挖掘全新的审美对象，调动中国人压抑多年的女性自豪感，形成强烈的需求。在服装领域，内衣因其对人体的特殊性是最需要高品质保证的，而女性内衣的品质尤为重要，除去美体、塑形等附加作用，女性内衣在材质上的苛刻要求、产品质量达到保与健的结合。因此，梦芭莎把“健康、自然、舒适、时尚”作为自己的内涵，不追求单纯的时尚，而是把美与健整合。梦芭莎将国际流行的时尚概念以中国式的古典美表现出来，引领了对女性认识上的新风尚，成为符合中国人口味的国内第一个内衣品牌。正如一些评论所说，“梦芭莎正与众多消费者一起缔造完美的女性内衣王国”。

这是梦芭莎商业模型的逻辑起点，它深刻地意识到了中国人，特别是女性的潜在需求，认识到这种需求体现出来的载体——内衣。

第二，节约费用以锁定需求，创造盈利。

为了推进中国女性快速进入自我实现的消费境界，梦芭莎采取了直销进入市场的战略，其好处一是直接面对消费者，二是减少中间环节费用，因此，可以降低成本，返回一部分利润给消费者，也为自己创造盈利，达到双赢。梦芭莎能够在价格上比同类产品低40%～80%，两年内会员达到100多万人，确实说明了直销进入的优势。有即将到来的未来需求，有低价格的市场推进策略，可以成为锁定顾客的基础，而这种低价格又是以直销为手段，是在增加盈利的前提下实现的顾客锁定，企业得到的不仅仅是需求搜集，还得到了利润。

梦芭莎盈利设计走双赢路线，在本质上是对内衣需求的认识。通常一个全新的需求到来，都有一个共同特征，就是高的价格需求弹性系数，这意味着，顾客对价格有着特别的敏感，其他商家不能降低价格以达到刺激消费者大量进入现实消费的原因是没有对供应链进行改造。梦芭莎意识到了这一点，以直销形式将供应链中没有意义的环节去掉，建立了可以控制的核心资源——直销体系，将大量潜在需求调动起来。

第三，培育资源，提升品牌，强化需求。

如果有人问梦芭莎的品牌是什么？购买过其产品的消费者可能会从多个角度描述，比如，有一系列符合现代东方女性体型特点的360度美体内衣产品线，可以达到美胸、美腰、美臀、美腿的效果；有适合不同消费群体的文胸、内裤、家居服、泳装、时尚内衣的产品；有让女性不再羞涩的体验销售和可靠的质量保证；有价格低廉的直销和促销活动，等等。这些综合起来，构成了梦芭莎品牌内涵。当人们想到购买梦芭莎产品的时候，首先想到的是购买中国女性美、方便的直销、有保障的质量体系和价格适中。从梦芭莎成长的经历看，它的目的是与消费者共同创造这样一种氛围，实现顾客对自己设计品牌的认知。

梦芭莎品牌会带来什么呢？带来顾客的信任和更多顾客的青睐。也就是说，当专有资源投入于企业之中，企业应该得到更大的发展。梦芭莎和几乎所有企业一样，将专有资源集中到品牌上，再通过品牌产生需求搜集效应。

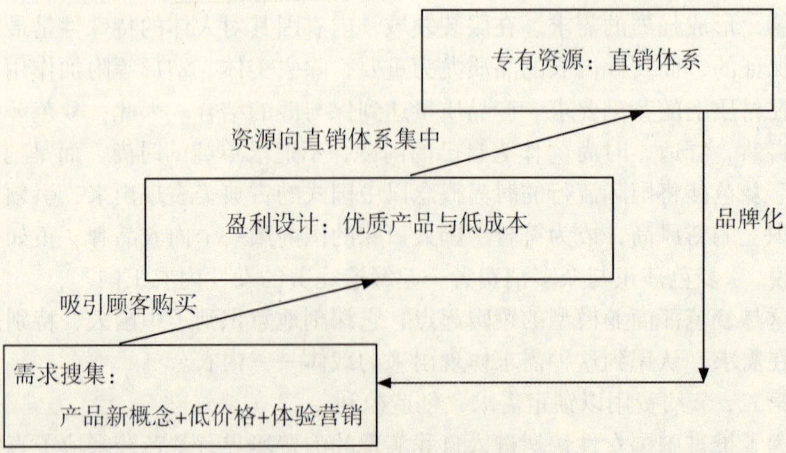

图4　梦芭莎的商业逻辑

2. **梦芭莎商业模型实施条件**

梦芭莎商业模型是电子商务与传统商业模式的整合，但最为特殊之处是它在起点处找到了一个新的产品概念并根据梦芭莎对这一产品的理解，建立起自己的商业逻辑。其实施条件由四个部分构成：

第一，对市场的重新认识能力。

由于人们收入提高和家庭消费支配权转移而产生的奢侈品向必需品转换，从而需要对旧产品给予新的理解和市场定位。任何时代都会存在着这种由于收入提高而带来的产品性质变化，使原来不能消费的商品转变成人们可以消费的商品，企业的商业思维水平决定了对产品内涵转变的理解能力。如果能够建立起对奢侈品转换为必需品的理解能力，找到一个合理的切入商品，就初步找到了新商业模型的逻辑起点。

第二，电子商务条件。

梦芭莎依赖于电子商务实现了自己需求搜集的低价策略与盈利设计。电子商务正在走向成熟，2000 年以后，逐步克服了速度与信息可靠性问题，多采取服务器委托运行来实现安全可靠运行，市场演化出了物流与结算一体化的配送体系，为大量的电子商务企业服务。虽然仍然存在着商品销售中的各种障碍，但从趋势上看，这些障碍正在逐步消除。梦芭莎就是在这种背景下，以电子商务形式进入市场的，把握这个时机需要有先见之明。过早进入，会因为电子商务不成熟而导致企业专有资源无法建立；过迟进入，有可能会被其他企业抢先选择这种模式。就这一点来说，梦芭莎的商业模型具有独特性，也有可能不能被复制。

第三，体验消费概念的传播。

在梦芭莎的需求搜集中，体验消费占有重要地位，它是内衣产品在服务方面的一个重要商业障碍，也是电子商务难以解决的困难之一。梦芭莎以中心城市的体验营销方式将正在开始流行的体验，特别是将消费者求美、求新的心理转变成商业模型的组成部分，实现了体美欣赏的直观化。随着时间的推移，这种求美的心理会越来越强烈，所以提升检验，以自我满足审美需求应该成为一种趋势，这种趋势也会改变人们的表现形式与观念。

第四，研发与生产能力。

梦芭莎运用大量资源集中于研发和生产，以世界上最庞大的内衣生产基地为依托，与欧洲和韩国建立研发联盟，建立了适合自己的研发与生产体系。虽然其体系不完全独立所有，但梦芭莎以“商”为主导，以联盟方式建立的生产研发体系仍然可以保证其成长，特别是梦芭莎将资源投入到自主研发能力的培育之中，使之成为控制市场能力、强化品牌的重要基础。

梦芭莎以产品为主线的商业模型相对简单，但其使用了电子商务直销，建立了以直销体系为核心的专有资产，这种商业模型有其特殊性，特别是它通过网络销售所产生的网络效应，可能会因为先入为主，而在女性内衣产品市场产生赢者通吃的效应。从这个意义上说，其商业模型的可复制性不会太大。

讨论题：

1. 从梦芭莎案例看，它以何取胜？你如何理解“商”？
2. 如果你是梦芭莎的管理者，将如何进一步发展梦芭莎？

参考文献：

1. 梦芭莎简介，http：//baike. baidu. com/view/1823963. htm
2. 梦芭莎主打高品质，http：//www. sina. com. cn，2009－08－13
3. 梦芭莎引领女性内衣直销新潮流，http：//www. e23. cn，2009－09－02

网络盈利的新模式
——校内网新商业模型与创业案例

张耀辉

一、商业故事——校内网跃迁记

校内网（xiaonei. com）成立于2005年12月，是中国最早的校园SNS社区。2006年10月，千橡公司收购校内网，同年底，完成了千橡公司5Q校园网与校内网的合并，并正式命名为校内网，域名为：www. xiaonei. com。至此，校内网成为中国大学生市场具有垄断地位的校园网站。

1. 最初创办

校内网的创办人是来自清华大学和天津大学的王兴、王慧文、赖斌强和唐阳等几位大学生。

王兴是校内网的主要创始人。1997年，王兴被保送到清华大学电子工程系无线电专业，毕业后拿到全额奖学金去了美国特拉华大学，师从第一位获得MIT计算机科学博士学位的大陆学者——高光荣。

2003年的圣诞节，王兴带着明确的创业计划回到国内。看到SNS（Social Networking Service）网站friendster. com在美国的成功和这种模式在国内的空白，他和同伴一起创建了好几个SNS网站。

2005年秋，王兴决定要专注于一块细分市场——大学校园SNS。他们研究和学习美国在这一方面的成功例子facebook. com，总结了之前在SNS领域的经验和教训，并结合国情，开发出校内网xiaonei. com。在SNS领域耕耘多年，校内网也算是“三年乃得”了。

发布三个月来，校内网（www. xiaonei. com）就吸引了3万用户，增长迅速。

问题1：校内网为何会在发布后很短时间内吸引到如此多的用户？

思考提示：校内网确定的客户对象是特殊的消费者群体，既集中，又时尚，是网上消费的主力，很容易网外传播，因此，可以得到快速成长。

问题2：他们几位同学是如何获得技术，又是如何将国外的成功商业经验提升为商业模型的？

思考提示：直接运用国外已经进入成长期的产品技术，只要不存在侵权，就可以大胆使用，这是技术创新的重要模式，也是中国人特别容易采用的模式。他们通过在国内的工作和实践，对技术有了较深刻的把握，并把国外商业实践提炼为经验转移到国内，变成自己的商业模型。

问题3：在你看来，他们是如何结合中国国情的？

思考提示：对校内网而言，中国国情是，大学生多且集中（学校规模较大），学习压力不大，有充足的时间上网，有着强烈的交友需求，也有强烈的对国外信息的需求。

问题4：你认为他们4年的准备是否合理？原因是什么？

思考提示：相对合理。一是掌握了比较充分的技术；二是国外对市场的开拓，使商业模式较为成熟，转移到国内有着独特性；三是国内网络环境比较稳定，大学网络非常普及。

问题5：你认为，他们如何才能获得利润？

思考提示：选准客户、建设网站，是搜集需求，也是商业模型构建的第一步。盈利设计应该从大学生的需求入手，可以使用电子商务，也可以出售信息。

2. 第一次跃迁

2006年10月24日，千橡互动集团宣布收购校内网，并与千橡旗下校园社区5Q校园网结合。

千橡互动集团是集互联网社区、移动增值服务、互联网多媒体内容传输等多元化业务为一体的综合性互联网集团公司，该企业致力于打造中国下一代最大的多媒体娱乐互动传输平台。千橡的目标是借助高速增长的中国互联网市场，发展顶尖的、可持续发展的事业。

目前，千橡互动集团的投资者包括世界五大风险投资公司之一的Accel Partners、顶级的资金管理公司DCM，以及Itochu Technology Venture和联想投资。千橡互动集团拥有丰富经验的运营和管理团队，创始人曾创建了全世界最大的虚拟社区ChinaRen. com。在短短的发展时间里，千橡互动集团依托先进的技术革新实力和一流的市场开拓能力，迅速赢得了青少年娱乐互动门户、内容传输网络及宽带应用等诸多领域的领先地位。

在收购校内网时，千橡互动集团旗下拥有猫扑网、DuDu. com、魔兽世界中国、RENREN. com 等网站，并购了以“社会网络”（Social Networking）交友服务著称的 UUME. com；2005 年 12 月，千橡互动集团宣布广州分公司正式开始运营，全面负责华南地区的娱乐互动业务拓展。

千橡的收购给校内网提升了管理内涵，也扩大了经营视野。2007 年 3 月，校内网首家开通港澳台所有大学，共计 55 所。加大了内地与港澳台学子之间的文化交流。通过校内网的信息分享平台，内地与港澳台的大学生将可以共享资讯，就彼此关心的话题进行热烈讨论。

2007 年 7 月，校内网作为国内首家开放海外大学的大学生互动社区，靠精准定位获得了成功。此次共开通了包括美国、英国、加拿大、新加坡等国家的 500 余所大学，很多海外的大学生都在校内网找到了国内的同学，其他没有开通的学校也纷纷致电希望尽快开通，以便能更加畅通无阻地与国内的同学进行交流。

2007 年 11 月 20 日，校内网宣布正式进军白领、高中市场。校内网继在大学生领域取得相对垄断地位之后，开始致力于成为跨行业、跨年龄的 SNS 网络巨头。

2007 年 12 月 20 日，2007 中国商业网站排行榜暨中国互联网企业 CEO 峰会在北京隆重举行。校内网进入中国商业网站百强之列，并在 2007 中国商业网站综合社区类网站中排名第七。

2008 年 1 月 28 日，“2007 年中国空间社区（博客）研究报告”显示，校内网的流量和访问用户量超过新浪、搜狐博客，排名第三位。

2008 年 4 月 8 日，校内网获得 2008 艾瑞新经济年会 2007　2008 年度最具发展潜力企业奖。

问题 6：校内网接受千橡集团注资以后出现了什么变化？这些变化是否与千橡集团注资有关？

思考提示：资源注入可以使企业产生整体战略上的改变，具体可以根据上述内容分析。

问题 7：校内网一定要接受千橡集团的注资吗？接受以后校内网获得了什么？千橡集团为何要注资校内网？

思考提示：注资经常不是由被注资方决定的，当投资者认为一个项目有前景时，会主动为其提供注资，进而促使其转型和快速成长。

问题 8：获得千橡集团注资是一件容易的事吗？需要什么条件？

思考提示：校内网自身商业模型逻辑清晰，有说服力，投资者对其理念肯定并认可未来前景，推进其进入收获期。

3. **第二次跃迁**

2008年4月30日，千橡互动集团（下称“千橡”）确认，该公司将获得日本软银总额400亿日元（约合3.84亿美元）的投资。交易完成后，软银将持有千橡约35%的股份，这极大程度地鼓舞了国内社交网站（SNS）的士气。

根据协议，软银于4月7日向千橡注资100亿日元（约合9 600万美元），获得14%股份。1年后，软银可行使300亿日元（约合2.88亿美元）的认股权证，将持股比例增至40%。

千橡总裁陈一舟本人确认，千橡本轮融资总额为4.3亿美元，除了来自软银3.84亿美元的投资外，还有Joho Capital和SBI的战略投资。不过他强调指出，软银此次是“注资”千橡，而不是“收购”千橡。

也许我们可以从千橡三周年纪念活动中看到这家公司的变化。

校内网在三周年纪念活动的几天前打出了纪念的页面，除了颜色有所改动，功能似无变化。用户在校内更改签名时可以手动加一个三周年纪念图标，校内启用了全新的logo。

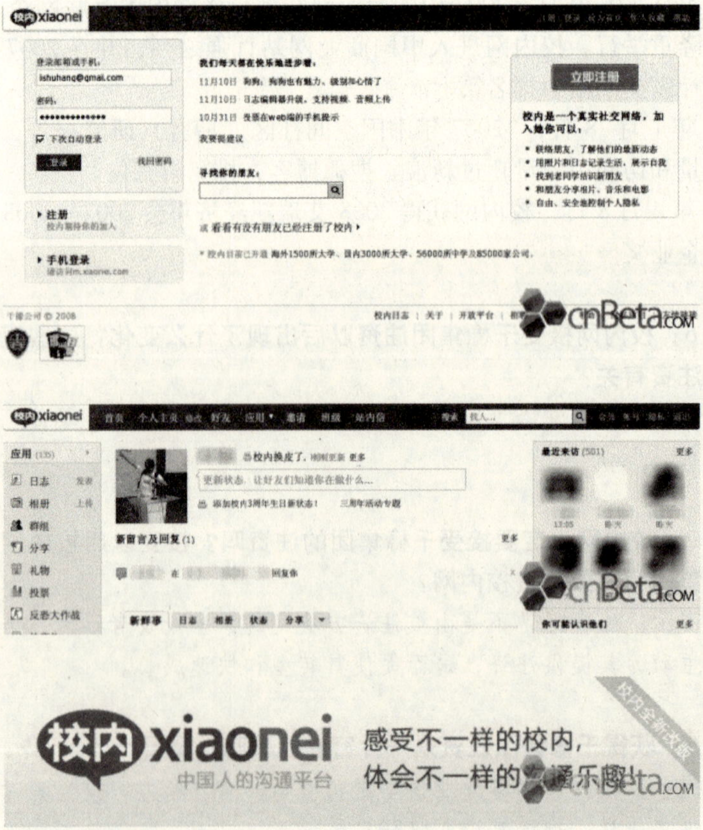

图1　校内网

总裁陈一舟在致辞中说："从今天开始，我们不仅仅是一个校园学子热爱的网站，更是一个'走出'校园，深受上班族喜爱的互动沟通平台。"校内要借助已经发展起来的人脉，把产品线延伸到白领阶层，与开心网等 SNS 展开短兵相接的竞争。

千橡总裁陈一舟致全体用户的公开信全文如下：

亲爱的校内网用户：

转眼，校内与大家一起已走过三个春秋。在这三年里，校内每个员工与每个用户一起，见证了中国互联网 SNS 的奇迹。在三年时间里，我们一起无数次听见用户惊呼在校内找到失散多年的同学，而校内也伴随无数的年轻人度过了人生最美好的大学时光。而今，校内已经成为一个拥有 4 000 万注册用户的 SNS 沟通平台。

校内相信每个人都有朋友，有了朋友就需要沟通与交流、表达情感。诚然，"沟通"自古以来就是人类生活的重要需求。而校内的存在，就是为了最大限度地降低朋友、同学之间的沟通成本，让"沟通"真正做到无远弗界。

在三年时间里，校内时刻将"沟通"使命背负在肩，从各个方面去优化产品，提高用户感受。同时，在这三年时间里，校内号召用户积极参与了各种公益慈善活动，时刻将"社会责任"牢记在心，我们在青海已经有了第一所以校内命名的希望小学，在 2008 年的雪灾、地震灾害期间，校内与用户的善举都引起了社会人士的广泛关注与支持。在这三年里，校内与用户一同感受 SNS 带来的惊喜与奇迹，校内也为能给广大用户提供一个参与公益、慈善活动的平台而感到骄傲。

三年时间，校内结出硕果累累，获得奖项无数，包括"最佳 web2.0 社区网站"、"互联网最具商业价值奖"、"风尚·潜力新媒体奖"、"中国商业网站综合社区奖"等，作为一颗互联网新星，校内获得了数不尽的殊荣。

转眼三年时间已过。很多校内最初的用户，已经跨过大学生活阶段，进入社会工作阶段，而校内也已经成长为一个多年龄层用户聚集的网络平台。但是我们所承载的使命从未改变，"沟通"依然是校内产品专注解决的问题，"沟通"也仍然是我们致力于为大家提供的服务。

在三周年到来之际，校内将以全新界面与新 logo 向用户展示一个全新的"校内"新形象——从今天开始，我们不仅仅是一个校园学子热爱的网站，更是一个"走出"校园，深受上班族喜爱的互动沟通平台。

责任、使命、信念、专注。校内真诚相约，我们一起为校内发展继续努力，校内因你而变，校内因你而精彩！

千橡集团董事长兼 CEO 陈一舟

在三周年的时候，校内网已经在 2 200 所大学开通，拥有 2 200 万用户，

1 800万在校大学生用户，880 万活跃用户，是中国 web2.0 时代最具影响力的大学生互动社区。

不仅如此，校内也是行业内行为的领导者。2008 年 5 月 12 日四川汶川县发生地震，作为全国最大的 SNS 网站，也是最大的中国校园 SNS 网站，校内网迅速启动捐助方案，千橡集团 CEO 陈一舟前往共青团中央，代表校内网向地震灾区捐助 100 万元人民币，用于地震灾区的重建和青少年群体的救援。同时，校内网联合团中央下属中国青少年发展基金会举办的赈灾募捐大型公益活动——《心系震区　为川募捐》上线，校内网用户可以为地震灾区人民祈福、募捐。校内网号召大学生及全体用户全力赈灾，募捐的物品由校内网及共青团共同送往灾区。

至此，校内网完成了第二次跃迁。

问题 9：校内网与千橡是什么关系？

思考提示：千橡是校内网的投资者，也是战略合作者，进而成为一个可获得更强融资能力的投资者。千橡与其他投资企业不同，注资是为了参与管理，保留外壳以扩大融资。在注资以后，千橡与校内网融为一体，在很多客户看来，企业强大而资源丰富。

问题 10：陈一丹的表态意味着什么？

思考提示：这是企业家的一次公关活动，意味着他们可以向世人宣布自己的业绩和未来追求了。

问题 11：校内网向灾区捐款表明了什么？是因为他们钱多吗？

思考提示：这也是一次公关活动，因为校内网客户多有此愿望，他们是代表客户做的一次社会公益活动。

问题 12：校内网第二次跃迁的标志是什么？

思考提示：因为有了资源支持，形成了自己未来战略蓝图并向社会公告。

二、校内网的商业模型分析

有人说校内网是一群聪明人做起来的事业，意思是校内网做成了，是因为他们的天赋，而不是因为他们审时度势，及时进入一个全新市场。如果说校内网有很多技术，这不可否认，但是他们成功的原因是什么呢？笔者认为是商业模型的选择正确。

1. **基于特殊顾客的需求搜集**

校内网，顾名思义是针对学校学生的网站型企业，是一个细分市场，但是，这个细分市场顾客的特殊性是什么呢？从校内网经营内容看，他们认为，学生的需求主要是学习沟通、校友寻找、网上社团、出国咨询、国际交友、语言训练、故旧回忆等，即存在着在课堂以外的社会交往与发展成长的需要，这些需要隐藏在学校的学生社群之中，只有通过专门的交流工具才能将其暴露出来。其原因是，被不同学校隔离的分散人群，如果没有专门的交流工具，大家仍然处于被隔离的信息分散状态，相当于个人信息被隐藏。

个人信息是私人信息，而私人信息对交友等需求来说又是必需的信息，这样就形成了一个矛盾，如何在保护个人信息私密的前提下，让个人信息得到充分的披露，进而让那些希望搜寻到信息的其他学校的同学能够获得这些信息。注册便是解决这一矛盾的办法。

校内网的需求搜集是通过两个活动完成的，一是设置专门的网站，名称就是校内网，通过名称将自己定位于内部联络，类似于每个学校的网上社区；二是通过注册将私人信息的登记以进入资格进行上传，承诺并采取措施使个人信息处于相对私密状态，即只满足于在被寻找时使用，而不会成为公开信息。网站是为了专门满足以寻访校友为目的的平台，这成为需求搜集器，或者说是为了满足基础性需求的功能装置。以此功能为核心，向周边功能扩展：一是长距离的网上沟通，这又会产生大量的新需求，如不同学校学生的交友、学习内容和方法的交流、学校情况介绍及考研信息，学校管理与风格评价，在校生活经验交流等，不论是有目标的寻找，还是无目标的寻找，在核心功能设置上，都可以得到满足。二是网上社区建立，成员在网上发起成立的社区，这是在目前高校管理条件下隐藏着的需求，建立并监控社区，引导人们通过社区实现经验的分享，可以大大增强学生对网站的依赖，通过平台社区可能会激发出新的需要，并使网站功能增加和丰富。

由扩展功能进一步发展，产生了同语种的交流，最重要的如内地与港澳台学子之间的文化交流、国内学生与国外学生的交流。通过信息平台，内地与港澳台的大学生可以共享资讯，就彼此关心的话题进行讨论，分享来自不同国家或地区背景的观点，这又会产生对网站的更大吸引力，拓展需求。

校内网作为国内首家开放海外大学的大学生互动社区，开通了包括美国、英国、加拿大、新加坡等国家的大学，为海外的大学生找到国内的同学创造条件。

白领是大学生的未来生活方式，他们退出大学生活以后，仍然会保持原来培养起来的习惯，可以通过他们将白领也吸引到网站之中；高中生是准大学生，他们充满对大学生活的向往，这也是一块重要的市场，并且可能会强化他们对交流社区的忠诚。校内网在大学生交流领域取得控制地位以后，成为跨行业、跨年龄，不断扩张需求，使需求者数量不断成长的SNS网站。

简单地说，校内网的需求搜集是通过细分市场，明确自己的客户，并对客户的基础性需求集中满足；与同类社区相比较，他们无法采取收费的经营方式，这是一种需求习惯的外延。如果上网收费，会给需求者带来较大的不方便和实际的使用成本，这会排斥需求。在很大程度上，校内网必须借助于人们的习惯，使人们转移目光，使之成为自己的顾客。其实，如果校内网收费，不仅会导致用户的转移，也会启发竞争对手，培养竞争对手打败自己，最后的结果仍然是不能收费。在基础性需求满足的情况下，不断拓展，形成需求的循环扩展，使学生不断加深对校内网的依赖；依靠这些用户，通过协议方式进入新的华语人群，进入境外和国外的高校，为这些人群提供更多的边际效用；再向更大的潜在顾客群扩展，向白领扩展，将原始的需求贯穿终身，向高中扩展，为未来用户提供引导性服务，激发未来需求。

可以把校内网的几次需求拓展做成多段的网络外部性曲线，形成连续加速扩展的用户数量变动。如图2所示：

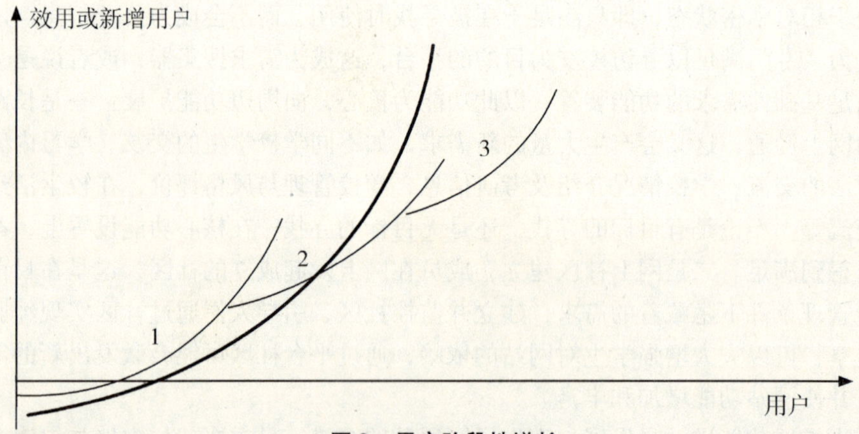

图2 用户阶段性增长

图2表示校内网针对不同用户采取了推广措施以后，新的用户曲线开始发挥作用并与前期用户曲线相叠加，使全部用户曲线上升速度进一步加速的过程。校内网之所以能够快速成功，与他们这一客户策略直接相关。

2. 校内网盈利设计

如果说第一波网络创业潮中，诞生了腾讯和百度两家市值逾百亿美元的公司和阿里巴巴、搜狐、网易、携程、新浪、盛大六家市值超过十亿美元的公司，那么到今天，恐怕最乐观的预言家也不敢宣称，五年内会再有类似规模的八家中国互联网公司出现。

"上一波创业时，哪里都是空地，你占一片就可以。但现在，已经有几个大城市了，我们只能做游击队，一边找几片相对肥沃的草地，逐渐变成小村庄，再变成城市，一边寻找其他草地。"这是千橡集团创始人陈一舟的判断。马化腾承认："现在很多人还想在网络上打造10亿美元公司，已经比较难了。"网络的核心产品——门户、即时通信、搜索引擎和电子商务——已经被割据，未分胜负的只有两个：视频和SNS，但也都有了很高的门槛。但校内网是SNS领域一个很特别的例子。

显然，校内网仍然没有离开传统电子商务企业的盈利方式，捕获用户，控制眼球，争取风险投资，上市兑现企业价值、获得创业利润。按此逻辑，校内网是在用4亿美元从风险投资那里获得融资来维持运转，并在谋求未来的上市兑现创业利润之路。

校内网的市场开拓主要依靠的是新用户寻找，例如与国外学校签订协议，这些费用并不低。此外就是维护老用户，这要通过网站运行流畅和顺利的技术来保证，需要不断投入新的设备，开发新的功能，这些成本支出都需要有实际的现金来支持。王兴说："因为现在需要资源，需要各方面的帮助，需要人力、物力、财力。现在每个团队都有一笔初始的启动资金，这个事情有很好的增长，我们希望可以做得更快更好一些，那么我们需要有投入。"只要融资问题解决了，成本的问题也就好解决了。

现在校内网仍然处于烧钱阶段，没有多少盈利。校内网基本没有广告，它主要靠卖校内豆来赚钱。

校内网的收益设计主要包括：

（1）校内招聘平台。这些是真正的盈利平台。由于校内网几乎掌握了全国所有大学生的信息，因此做起招聘来是顺理成章的事情，盈利颇丰。

（2）与战略合作伙伴共生。例如可口可乐公司可能是他们的长期合作伙伴，通过网上独家广告获得跨国公司的资助。

至于目前的广告和会员费（也就是紫豆用户）所产生的盈利几乎可以不计。当然可能拿出来也有几百万甚至是上千万，但是和这个平台比起来，就微不足道了。

王兴说："互联网盈利目前无非广告、无线增值、会员费几种模式，现在最重要的不是盈利模式，而是为用户创造价值，只要做到了这点，可以借鉴别的网站的盈利模式，因为只要你创造了客户价值，他们就会有参与感。"

股票市场特别青睐高速成长型的企业，这些企业通过为客户增加价值将用户锁定在自己的顾客队伍之中，这种垄断眼球的企业靠什么盈利呢？主要是眼光之外的广告收益，腾讯QQ如此，校内网也是如此。

3. 核心成长能力

校内网开通以后，同类型网站不断涌现，如露脸网、饱蠹网、谊多网、亿聚网等，但是其他各种后期涌现的大学生交友网站的功能、页面都没有太大的突破。校内网在SNS领域处于主导地位，这一主导地位产生于它最早引入概念并加以实施，同时也在功能上不断加强，在技术上处于领先地位，这也是它的竞争优势。

校内网的发展经历了学生群体的从无到有——从现实人脉走向SNS交互，如今校内网已经是校园社区的最大品牌，成为一个社会品牌，其成长的路线是比较清晰的：

第一步，早期校内网定位在大学生群体，校内网的核心顾客或者说最忠实于校内网的顾客是谁？这是网络企业必须回答的问题，是校友、同窗、同学，是校内情结。为了他们的需求，要不断扩展功能，将其牢牢地吸引在自己的周围，通过功能的不断强化，而吸引更多的校友成为用户。

第二步，在为老用户提供强大的功能吸引他们的同时也完成了对新用户的吸引，这是网络企业最重要的特点。这些新的用户就是华语范围内的学生，他们虽然是学生，但毕竟文化不同，与内地有着极强的文化差异，他们之间的沟通形成了网络服务内容的独特性。

第三步，社会品牌化。学生，校园，是每个人都经历过的一个阶段，无论是工人、农民、知识分子还是商人，每个人都有自己的学习经历、校园经历。大学是一个培养白领的家园，当一个社区覆盖了全国所有高校，成为一个校园的社会化品牌之后，他就已经成了一种情结，校园情结、校友情结、同窗情结，情结让越来越多的社会群体登录校内网。曾经有人说过，谁可以覆盖现在的大学群体，他就已经覆盖了未来的白领群体，校内网正是因为看到这一未来，才将注意力扩大到白领，充分利用部分已经成为白领的老用户，将自己引导到了新的领域。应该说，校内网社会品牌的造就是自然而然的，校内网通过自然的用户身份转变，吸引了越来越多的大龄白领通过网络去寻找他们的老同学。

校内网已经不是人们印象里的校园SNS，而是成长为一个覆盖多年龄层的SNS网站，就像校内网宣称的："校内网是你一辈子跟朋友保持沟通的桥梁。"平台化概念的放大有利于校内网的发展，这一定位让人们以全新的视角看待校内网。

校内网虽然还没有实质性盈利，但是从其成长的路线来看，他们走了一条比较通行的道路，即捕获市场需求—为投资者所承认—经营对象扩张、维持需求增长。如果说，一般的商业模型走的是需求搜集—盈利—资源培育的道路，校内网则走了一条需求搜集—投资者承认—资源培育—需求搜集的道路。所培育的资源是什么呢？就是如何吸引知识阶层的眼球，以此控制未来、控制市场，培育商业资源。正如校内网领导层预计的，未来可能要利用人们的关注，其间存在着巨大的盈利空间，但它是什么，还不得而知。

三、校内网商业模型的实施条件

1. 商业模型总结

校园网的创立，经历了探索、尝试、融资、做大和转型，是新商业模型下一个典型的创业案例。如果某个寡头垄断格局已定，那么创业机会已经不多；有人预计，中国的网络用户将在3年内达到5亿级规模，这是一个临界规模，在这个规模上，仍然按照既有打法——将美国模式本土化，还有多少的创业机会？绝大多数风险投资机构已经不再将网络创业公司视为自己的考察重点，就是一个证明。但是，王兴等人创业的成功来自借鉴和创新，用新的视角看问题，建立新的商业模型，发现新的市场空白，在中国SNS这一新领域占得先入为主的优势，并且将自己获得的资源投入捕获新的需求之中，这一需求成长的线索还是不断扩展的，表明了这一商业模型的成功。他们现在仍然专注于市场需求的捕获，表明他们非常害怕一旦松懈就会前功尽弃，竞争者乘虚而入。

校内的商业模型是一种包含了一系列要素及其关系的概念性工具，用以阐明某个特定实体的商业逻辑。主要有以下几个要点：

第一，在一个技术成熟以后，用细分市场的方法实现需求搜集应该成为商业模型建立的重要方法。换言之，可将需求搜集活动分为技术创新与市场开拓、市场细分与技术细化、市场转移、过程创新与服务创新。在相同的市场上，市场细分是重要的商业谋略和需求搜集的方法。校内网将用户最集中的高校学生作为网络技术的服务对象，细化出他们的特定需求，用产品满足他们的要求，完成了需求搜集的启动，并获得外部资源支持的认可。

第二，以可靠的用户锁定为前提，为其提供边际效用、实现新的需求搜集的同时，完成对新用户的搜集，即在纵向需求搜集实现的同时，完成横向需求搜集。校内网从校园内学生对国外同类高校情况了解的需求出发，拓展了校内网用户的需求满足，也为境外高校进入校内网提供了平台。

第三，成长并非仅仅依赖于资源投入，而是能够不断描绘更宏伟的蓝图。校内网资源投入者是千橡集团，表面上，千橡集团的进入，使校内网呈现出脱胎换骨的变化，真实的情况是，校内网不仅有一定的用户基础，越过了网络阈值，而且提出了使用资源的计划。这个计划就是未来需求在哪里？用什么办法搜集？也许这是一个互动的过程，是校内网与千橡共同价值取向的结果，但如果校内网没有这种抱负和设想，千橡作为局外人，有这种未来想法的设计应该是偶然的。由此，我们注意到创业的进取心是什么？应该是在商业模型的逻辑循环上不断加强，一直有未来的需求搜集或盈利构造设想。

第四，成长所依赖的资源并非是外部的不断注资，而是沿着自己的市场认可方向，不断增强资源自我创造的功能。对校内网来说，很明显，其资源导向是通过对用户需求受到技术、文化、制度、年龄等因素的影响，用技术和产品（服务）去发掘，使之成为某一市场需求的控制中心，并且以“名”的影响将其资源化。未来，校内网可能会获得利益，这种利益来自资源。

人们愿意把商业模型描述为公司所能为客户提供的价值，以及公司的内部结构、合作伙伴网络和关系资本等用以实现（创造、推销和交付）这一价值并产生可持续盈利收入。这个概念过于简单，校内网没有盈利，却也可以运行，并且有着很高的人气，即使上市也不会估值太低，这需要用新的视角去解释。

2. 商业模型的预期

细分市场是一种增加社会福利的商业行为。人们需要沟通，校内用户需要的是与公众不同的沟通。如在火车上，因为下铺的人暂时还没有来，我利用这个空闲打开电脑工作。到站后，操四川口音的女子对她的孩子说，叔叔在玩。我怔怔地看着她，不懂她的意思，因为在我看来，电脑主要是为了工作。现在我明白了，在很多人看来，电脑就是一种游戏的工具。与此道理相同，校内用户与一般用户的差异是存在的，只要将这种差异突显出来，就可以将需求的满足细致化，从而产生更大的社会福利。

校内网正在更新自己的业务，主要是第三方应用程序：阳光牧场，如种地、养鱼；未来宝宝；手机上网等新业务。

校内网不断寻找新的用户，在目前情况下，还看不到对其约束的顶点，同时他们也不断寻找纵向需求，注意到新的技术和环境变化给用户带来的新需求。这意味着，其资源集中的方向仍然有着重要意义。由此推论，未来的校内网仍然可以按照目前的商业模型运行。

校内网还没有确定自己的盈利模型，原因有二：一是现有网络企业的盈利模型多是广告收益，这是由眼球吸引的外部性决定的，在众多媒体分散的条件下，广告商正在走向短边，广告商的垄断将会使投入巨大的网络不能回收成本。因此，需要探讨新的盈利模型。二是如果现在确立了盈利模型，有可能招致竞争对手的模仿，既然有足够的资源投入使企业能够继续积累资源，就可以暂时不依赖自创收益建立和维护资源。如果真是这样，我相信校内网盈利模型一旦确立，就可能是巨额收益。

3. 商业模型推广的可能性

在很大程度上，校内网的商业活动是通行的商业模型。据说，国内的很多门户网站都是靠概念做起来，没有实际的盈利，只是靠外部资源投入来维持。这些网站对社会的好处自不必说，它们能够创造价值，却不能够创造利润，因此，很难说它们是一种可靠的商业模型。所以，这种模型的推广难度在增加。

如果说这一商业模型的特点，正如前面概括的，主要是利用细分市场和能够专注于校内用户需求开发上，建立起纵向需求搜集和横向需求搜集的资源利用机制，而这是其他多数网络类企业所不具备的。如果说，有两条可供其他企业借鉴的模型推广经验，一是通过较窄的市场，稳固地建立起自己可靠的需求，这需要先动手，不管别人是否理解，都应该进入这个市场；二是以稳固的需求为基础纵向和横向搜集新的需求，而后者是获得资源支持的重要前提。

讨论题：

1. 如何才能细分一个成熟的市场？何时需要开始考虑细分市场？
2. 如何能够找到并说服外部资源支持你？
3. 很多人认为，网络主要靠技术，校内网的技术体现在哪里？它的重要性体现在什么地方？
4. 重新描绘一下校内网的商业逻辑。

附：一个大学生对校内网商业模式的感想（暨南大学2007级鲁永伟）

第一，主页的广告收入。校内网有着庞大的潜在高端用户群，因为校内注册的用户基本上都是大学生，他们是社会的中坚力量，该群体是很多公司的潜在客户群，所以校内网的广告主自然是大牌企业。而且，校内网“从认知到欲望、从欲望到行动或搜索、从搜索到分享，分享就是SNS存在的最大价值，而分享的过程就是产品购买满意度最大化实现的工程”。分享作为口碑营销的最大化手段，让校内网这种能够直接影响购买人群的平台更具有营销价值。

第二，互联网增值服务。校内网开通了网页版的游戏，如猫游记。给校内网的用户提供了更好的上网选择，大大增加了校内网的黏性。在游戏中再添加相应的增值服务，这自然是校内网的盈利之源。

第三，虚拟礼物赠送。这种盈利方式有点像腾讯的QQ，但是，在校内网上的用户资料基本上都是真实的，校内网的每个用户都有真实的档案和好友关系。作为真实的好友之间表达情意的方法，礼品受到了很多用户的欢迎。

第四，校内网现在已经推出了二手交易平台，为校内用户提供一个C2C交易平台，按此趋势，未来校内网应该会向前景广阔的电子商务市场挺进，凭借如此强大的校内用户，电子商务市场还是很大的。

第五，校内网现在已经可以分享优酷网和YOUTUBE网站的视频了，那未来校内网是不是也可以建造自己的播客平台呢？这应该是一个利润增长点。

第六，校内网有一个专门的电影板块。校内网凭借其用户资源，将来一定会成为电影厂商的宣传平台的，既然有合作，利润自然是不可少的。

第七，校内网应该打造一个招聘平台，为广大毕业生提供更好的招聘信息，增加校内黏性，更好地为用户服务。

感想：校内网能盈利是因为后面有一大群人（主要是大学生），为何有那么多人呢？因为校内网为他们提供了方便，可以真实地和朋友交流，还可以认识一些新朋友（有共同的语言），还提供了大学生喜欢玩的东西，主要是游戏（但不是它开发的）。做网络就要看清未来的动向，哪里有需求，哪里就有商机。

参考文献：

1. http：//reg. renren. com/xn6212. do？ss = 10113&rt = 27
2. http：//www. wabei. com/news/200805/112790. html

索尼公司案例评析

朱 峰

2006年5月7日，是索尼的60岁生日。60年前，井深大和盛田昭夫创立东京通信（索尼前身），并定下了“绝不模仿他人”的原则。创新精神伴随索尼拼搏至今，开辟了索尼的天地，惠及了一代又一代的消费者。

然而2000年后的索尼却一蹶不振，业绩连续下滑，2008年严重亏损，难道索尼老矣？让我们从索尼的发展历程来追寻索尼的灵魂及它失败的原因。

1. 索尼的创业者：井深大和盛田昭夫

1946年5月7日，在满目疮痍的东京，20多个人挤在白木屋百货公司一间33平方米的房间里，听39岁的井深大宣读一份他花了三四天时间准备的“创业计划书”：“建立一个自由豁达、轻松愉快的理想工厂，技术人员应以执著的信念淋漓尽致地发挥他们最佳的技能……”

力求建成“工程师的乐园”的东京通信工业株式会社（索尼的前身）从此成立。井深大是一位视技术为生命的人，充满了工程师的冲动与天真。早在早稻田大学科学工程学院读书时，他便以天才发明家而闻名。

井深大的幸运在于，找到了比自己小13岁的盛田昭夫搭档。盛田出生于一个家财殷实的日本传统酿酒世家，散发着贵族气息。10岁就开始旁听自家公司枯燥无味的董事会议的他，虽然毕业于帝国大学物理系，却有着灵敏的商业嗅觉。

天才工程师和国际商人的搭配，奠定了索尼的灵魂，那就是科技创新至上，营销策略辅助。

而此后的大贺典雄将两种风格合二为一。

当大贺还在东京艺术大学声乐系学习时，就被盛田看中，盛因6年的穷追不舍最终让他放弃音乐而选择索尼。大贺热爱技术，读中学时曾想当一名机械工程师，以找出产品在技术上应改进的地方为追求。同时大贺又是一流的营销家，从1959年进入索尼开始，他塑造了我们熟悉的索尼产品的形象：黑、银色，精致时髦，富有高科技感。

问题1：索尼公司是一个有着什么样个性的公司？

思考提示：这个问题可以这样问，索尼公司是靠什么立足的？索尼公司具有什么样的灵魂？在发展到60年之后，我们回溯索尼，索尼公司有怎样的DNA？

所有这些问题的寻找思路，都是从它的创始人开始的。创始人的个性和早期创业的行动决定了他们公司的个性，决定了它以后得以立足的价值。

它的创始人是井深大和盛田昭夫。这是天才工程师和国际商人的合作，索尼的灵魂就是“科技创新至上，国际化营销推动”。后来相中大贺典雄，是因为在大贺那里，他们看到了他身上具有的两种气质。

索尼公司的发展史就是不断建设和完善这种个性的过程，当这种个性和灵魂被丢弃时，索尼公司就会一蹶不振。

2. 做别人没有做过的事

“做别人没有做过的事”（井深语），“我们要开创一个市场，而不是去附和既存市场”（盛田语），两位创始人的话就是索尼成功的秘诀。

公司在成立初期，规模小、资金少，只能从事科技含量低的电饭锅乃至电热毯的研究与生产。即便如此，他们依然固执地认定：把发展技术作为重点，绝不模仿其他公司的技术和产品，并在以后一直忠实地遵循着这个原则。

也正因为如此，在20世纪60年代初，索尼被称为“土拨鼠般的企业”，意思是指作为小企业的索尼不断地推出了很多以前市场上从未见过，实际上也没人制造过的东西。当索尼生产出一种新产品后，同行的巨头们就会等着看是否会成功。如果成功，他们就会向市场上推出大量的相同产品，分享胜利果实。很多年里总是首先出场的索尼就像是用于实验的土拨鼠。如在晶体管方面，索尼原先是领先的，但后来东芝投巨资建立工厂，产量一下子就超过了索尼。与那些资金雄厚、已有数十年历史的大企业相比，根基尚浅的索尼自然处于弱势。

起初，井深对于“土拨鼠”这种称呼非常气愤，但多年以后，他的态度变了。“作为电子企业，最重要的是不断将新的科研成果商品化，探索新生事物是理所当然的事，墨守成规是落伍的表现。如果灵活地运用商品化方面的土拨鼠精神的话，就会涌现出大量的新生事物。”

在井深的办公桌上，一直摆放着员工送的土拨鼠泥塑。

问题2：索尼公司的本质是什么？

思考提示：索尼公司的本质其实就是井深大说的“做别人没有做过的事”，索尼靠着不断的科技创新立足于世，获得生存。而这种不断的科技创新就是“不断将新的科研成果商品化”。

3. 世界的索尼

如果只有技术,“技术的索尼”绝不可能成为“世界的索尼”。

“索尼必须向世界范围拓展,这是我们的宿命,是我们必须要走的路。”盛田昭夫坚定地表示,因为他体会到技术之外的另一种创新需求,那是一个突破日本,走向世界的梦想。

在索尼成立初期,“Made in Japan”几乎就是廉价、假冒伪劣商品的代名词,这让盛田心里非常不舒服。他暗暗下决心,一定要改变世界市场对这个词语的看法。在他看来,推行国际化,将企业展现给世界是改变这一现状的最佳途径。

这位天才的经营者为了实现公司尽快融入国际化的目的,甚至创造出一个具有国际化发音却没有实际意义的新公司名称。

当“东京通信工业株式会社”逐渐迈入国际化之时,盛田感觉公司名称太冗长,对国际化的脚步有所阻碍。

盛田昭夫和井深大翻遍了4本英文字典,寻找了不少典故,最后决定将拉丁文的“Sonus”(声音)、英文的“Sunney”(可爱的孩子)组合成“Sonny”,意指以声音起家的可爱顽皮的孩子。但“Sonny”在日文词汇里的发音不吉祥,最后决定去掉其中一个字母“n”,“Sonny”变成了“Sony”,一个日式的英文。

1958年1月,公司抛弃了在英语中拗口的原名,东京通信工业株式会社正式改名为SONY(索尼)公司。

1960年2月一个寒冷的冬日,在纽约,盛田等人从Delmonico国际公司运回了请其代销的3万台收音机,转入自己公司销售。那一天,索尼美国有限公司正式成立了。

之后,索尼开始了疯狂国际化的道路。1961年,索尼成为第一家在美国发行ADR(由美国银行签发的代表外国公司股票,在美国市场上发行和流通的存托凭证)的日本公司;1970年,索尼在纽约证券交易所挂牌;从1972年的美国圣迭戈工厂起,索尼开始了海外制造的布局。

根据索尼2005年财报,在总营业额中,日本、美国分别以29.01%和26.19%成为索尼最重要的两个市场。

问题3:索尼公司国际化对于索尼的发展有什么决定作用?

思考提示:索尼的精神是创新的精神,但这一创新如果没国际化发展,它也不会有很好的发展。所以索尼的国际化是创新体系的一个重要方面,它的创新体系的核心是创新,但整个体系的建设,就是使创新更好地走向市场,创新产品市场化、国际化,建设创新的氛围有利于创新的组织、创新的领导等。这样创新才能得到较好的发展。

4. **Walkman：应用创新**

索尼刚成立时，各方面都比较薄弱，那时拿来主义是索尼的强项，即用自己的想法把更多的技术组合起来进行应用创新。索尼的第一桶金是晶体管收音机，晶体管技术就是他们买下后重新设计和制造的。

Walkman 是索尼最经典的应用创新范例。

1978 年的一天，井深带着一台索尼的便携式立体声磁带录音机和一副标准尺寸的耳机，一脸不高兴地来到盛田的办公室："我想听音乐，又不想打扰别人。我不能成天坐在录音机旁边吧，但要想把音乐随身带着，这个机子又太重了。"

井深的抱怨让盛田思考了很久。他早就发现年轻人都十分喜欢音乐，甚至有人肩上扛着大型磁带录音机，放着震耳欲聋的音乐招摇过市。

一个巨大的市场呈现在盛田眼前，他命工程师将一种小型盒式磁带录音机的录音功能去掉，换上非常轻的头戴式耳机。

固守技术创新的索尼人似乎并不喜欢他的想法。一位工程师说："听起来像是个好主意，但如果没有录音功能，还会有人买吗？我看不会。"

但大家只能服从命令。Walkman 之父高篠回忆：盛田命令首批生产 5 万台，但当时卖不掉的产品就会被装在船上扔到东京湾，大家没有信心，就偷偷只准备了 3 万台。结果 Walkman 刚一问世就大获全胜，很快就难以跟上潮水般涌来的订单了。

这个"小玩意"名副其实地改变了成千上万人听音乐的习惯，也为索尼取得了巨大的商业成功，到 1999 年 3 月，已累计售出 1.86 亿台。

事实上，Walkman 只是把原来的磁带录音机微小化。这次成功证明了通过对市场观察得到的应用创新，和技术创新同等重要。

同样的经验，在 1996 年 9 月也取得成功。

索尼推出的第一台 VAIO 笔记本电脑 PCG－505，采用了当时极为罕见的金属材质机身和银＋紫的配色，就算以今天的眼光来看，也是一款非常轻薄的小机器。由于突破了当时市场上笔记本电脑的呆板设计，没有核心技术的 VAIO 大获成功。

问题 4：Walkman 代表了索尼创新精神的哪一面？

思考提示：毫无疑问，Walkman 代表了典型的索尼创新精神，这就是对于科技创新的商业化。它不是对创新的录音技术形成的产品增加新功能，而是一个反向的思路，对新产品做减法，减掉喇叭、录音功能，便成了 Walkman（随身听），这让索尼创造了一个非常大的市场。

从这里我们来理解索尼的创新，不是技术主义的，而是适于用户和创造市场的，特别是早期，他们的很多技术是拿来主义的。这些创新的哪些方面有价值，需要经过市场的测试和改进，不论是加法还是减法。

这就是索尼应用的创新。

5. 特丽珑：独特的核心技术

但是正如 Walkman 后来被大量仿制，如今 VAIO 与其他笔记本的差别也越来越小。长久的优势必须源于核心技术的掌握，就像索尼在彩电时代由于特丽珑显像管而持续了长达 30 多年的霸业一样。

1961 年，索尼在黑白电视机市场上明显落后，而美国已经有了彩色电视机。在市场压力之下，销售部门打算采用 OEM 方式生产彩电，但井深不同意。

随后，在购买技术寻求研发机遇的尝试失败后，索尼转为开发自己的彩色显像管。技术困难，再加之不断投入给公司造成了巨大亏损，研究项目变成了一个资金黑洞，研究人员的士气低落。

井深和盛田原本亲密的伙伴关系在这一时期变得对立，盛田想要减少亏损，而井深则坚持不放弃。一次会议上，盛田公开指责工程师们利用井深对技术的承诺，沉湎于问题解决的过程之中，以满足自己的好奇心，令开支超出了公司的承受范围。

对朋友的尊重与信任令盛田最终还是站到了井深这一边。当项目研发出现危机时，盛田及时申请到了约 200 万美元的研发贷款，并在随后的日子里与战友一同奋斗着。

1968 年，当首批 12 英寸单枪三束的特丽珑显像管下线时，井深对研发小组深深地鞠了一躬，只说了声“谢谢”，眼里已噙满泪水。而倾注所有科研人员心血的特丽珑，给索尼带来的绝不仅仅是市场与金钱，还有同行们折服的目光。

盛田则说：“特丽珑显像管是仅次于索尼商标的宝贵财产。”

问题 5：特丽珑显像管的创新与 Walkman 有什么不同？

思考提示：索尼特丽珑显像管技术的研发令索尼电视机具有了领先的核心技术，这使得索尼在这一行业高端市场独霸 30 多年。

技术创新在公司里，既要有快速的技术应用的创新，也要有核心技术的创新，这是公司注重战术和战略的发展必需的创新策略。

6. PS：索尼的摇钱树

不论怎样，技术都是索尼的根本，但成功需要的元素不仅仅是技术。索尼在领会“最先进的技术不一定是最受市场欢迎的技术”理念时学到了经验。

1950 年，索尼制造出了日本第一台磁带录音机。但当井深和盛田扛着重 35 千克的产品向无数客户展示却无人问津时，两人沮丧了好久。

盛田认为，索尼缺乏市场开拓的行动力。总结经验后，索尼便投入到积极的营销模式创新之中，并在随后的市场攻击战里，取得良好成绩。

被誉为“索尼摇钱树”的 Play Station 游戏系统就是一个典范。索尼内部流传着这么一句话：“Play Station 成功的背后靠的是两位天才：技术专家久多良木健和销售专家佐藤明。”

1993 年，在认真研究了电玩巨头任天堂 10 多年的成败得失后，负责流通渠道的佐藤明发现对方最薄弱的环节在于流通体制的混乱：通过大批发商向零售店发货，极易造成商品的价格混乱和流通延迟。而且任天堂系统使用卡带作为软件载体，制造周期长且价格高昂，消费者叫苦连天不说，也让第三方软件商经营风险扩大，几乎每次推出大规模软件都犹如一场生死豪赌。

对着一枚 CD－ROM（Play Station 即将采用的游戏载体）良久沉思，佐藤明决意发动一场完全颠覆以往的流通革命。

索尼跳过批发商采取直销策略，发明了一种名为“采购转售”的经销模式，由身为硬件开发商的索尼电脑娱乐公司充当批发商，先向游戏软件开发商采购，再转手卖给零售店，这样可以防止出现经销商倒货和存货的问题。同时，由于 CD－ROM 制造容易，厂商可以在数天内根据市场实际状况及时调整产量，基本解决了库存积压的问题。

在最初 2 年里，索尼巧妙利用价格杠杆，连续 4 次对 Play Station 进行大幅降价，通过不断变幻的营销策略赢得了大片市场。经此一役，原本在游戏领域已准备退出的索尼成了电玩巨人，而 Play Station 甚至成了游戏的代名词。

问题 6：从 PS 的成功看索尼是如何把创新与市场结合起来的？

思考提示：PS 是索尼另一款成功的产品，但它的成功不仅是技术创新，也是把这个创新进行更好的商业化推广的结果。这说明成功不仅是要创新，还需要做的是在技术创新的同时进行创新的市场推广。这样的创新公司才更能赢得市场。

7. 索尼娱乐：新的利润来源

一系列的成功，让索尼的眼界变得更加开阔，企业发展的魄力也越来越大。

1988 年 1 月，索尼以 20 亿美元收购了哥伦比亚广播公司属下的 CBS 唱片公司。2 个月后，盛田当众宣布：“只有软件的发展，新的硬件才会发挥作用。我想不仅是音乐，还包括电影在内，索尼要确立更大、更广的软件业务。”

为了实现更宏大的“硬件＋软件”计划，平复在家用录像机格式大战中落败的灰色回忆，索尼的目标指向了哥伦比亚影视公司。

这个拥有 2 700 部库存电影版权、2.3 万集电视剧的公司，让索尼总共花费了将近60亿美元，才如愿以偿。

在收购哥伦比亚影视公司举行的新闻发布会上，满头银发的盛田说："硬件和软件是索尼集团的两个车轮，必须使之同时运转。"索尼集团通过这两宗兼并，终于在电影、音乐两个领域拥有了大量软件资产及全球性的经营基础。

其实，这样的布局早在当初为索尼起名字时，就初现端倪。当初更名时，盛田执意不愿在SONY后加上"电子"等字眼，就是不想限制索尼的发展。

1997年，索尼第3代领导人出井伸之选择了斯金格作为索尼美国公司的董事长，并赋予他一项重要任务：在索尼电子和娱乐业之间建立起一种战略性的合作关系，并将其整合进索尼新的价值链中。

现在，布局开始在竞争中发挥出得天独厚的优势。

在下一代DVD格式标准的残酷大战中，以索尼为首的蓝光阵营，和以东芝为首的HDDVD阵营正在展开激烈的搏斗。挟CBS唱片公司和哥伦比亚影视公司在内容方面的坚强后盾，索尼似乎略胜一筹。

如果蓝光最终获胜，曾饮恨老的DVD格式大战的索尼算是在软件的支持下报了一箭之仇。

问题7：如何评价索尼进入娱乐业？

思考提示：索尼进入娱乐业的逻辑，正如盛田所说，"只有软件的发展，新的硬件才会发挥作用"，也就是说现有索尼的产品（硬件）过去是靠创新来带动的，其附加值是创新，而现在可以由娱乐业来带动。这就是多元化发展的一个重要策略，就是从发展多元业务协同，而从中得到更多的附加值。

用传统的相关多元化的业务模式——共享、核心能力的传递及多点竞争——都不能解释这个问题。其实相关多元化业务背后的逻辑根本是业务协同。所以它不是看单个的业务的发展，而是从协同的角度来看每个业务，有些业务不赚钱，但没有了它，其他业务也不赚钱。所以这个业务是支撑式的，离了它是不行的。而盛田说的正是这个道理。

那么，我们评价娱乐业也应有三个标准：第一，这个业务自己能不能赚钱；第二，这个业务开发之后，它所支持的业务是否能赚钱；第三，综合评价，把这个业务和它支持的业务放在一起看是不是比以前更赚钱。如是则是，否则则否。

首先，索尼进入娱乐业的逻辑是没有问题的。娱乐业和它过去的产品业务是密切相关的，这是相关多元化的发展。从多点竞争的理论可以解释。

但是在发展的过程中，索尼进入娱乐业付出了非常大的代价，而以前的索尼电子产品与娱乐业的整个价值链体系有非常大的不同。因而，他们的业务协同效应较差，娱乐业的产品如他们的节目与他们的产品的联系较差（相比较而言，苹果的iPod和它的音乐网的联系就非常紧密）。

其次，娱乐业是一个与制造业几乎完全不同的行业，进入的成本很大，没有相关业务可以在价值链中支持，所以，核心能力也很难传递。索尼的创新在产品方面建立了一个完整的体系，但这与娱乐业的创新是不同的。这也是索尼进入娱乐业的困难之一。

再次，索尼进入娱乐业花了很大的财力，也花了很多的时间，但在这段时间里，世界的电子数码化加快了步伐，使索尼应接不暇。

所以，也有人说，如果索尼当年不断创新，在数码化方面不断努力，在 Walkman 之后有 Deskman，会不会有索尼的 iPodman 呢？若果真是那样，今天的索尼就不必沦落如此。

8. CELL 模式：索尼的创新式生产

在索尼生产液晶电视的稻泽工厂，其生产车间采用了一种叫 CELL 的生产模式。CELL 模式将工作台分成若干方阵，每个方阵相对独立，有两到四个工人组装零部件。它可以使工人掌握多样化的技能，接触生产各环节。以往在流水线上，工人一般只接触一个环节，现在工人能接触生产全貌，有把整个产品生产出来的感觉，非常有成就感，其生产积极性和效率因此大幅提高。

CELL 生产模式容量大、灵活，在型号和产量发生变化时，能迅速调整，非常适应快速变化的市场。当然它也有缺点，在刚起步时，它要求对工人进行再培训，进入比较慢。但一旦完成培训，长期效率非常高。

在 1992 年前，索尼生产数码相机的幸田工厂采用的是流水线操作，虽然有利于大批量生产，但很难适应变化，设备投资也很大。1995 年，幸田工厂开始采用 CELL 生产模式，提高了工作效率，员工也能参与改进生产。

后来，幸田工厂发现了 CELL 模式的不足之处，于是把 CELL 与流水线大规模生产相结合，以最大限度地发挥人的优势。

由流水线转为 CELL 生产模式，不仅使效率得到了提高，同时，在空间的利用上也比较经济，索尼经过测算表明，CELL 模式比流水线操作大幅减少工序，空间利用仅为原来的 1/5。

问题 8：为什么索尼公司要实行 CELL 生产模式？

思考提示：这是因为索尼公司是强调科技创新的公司，所以他的生产也要适应创新模式。创新模式在生产上表现为产品的变化快，所以，生产需要适应灵活多变的产品制造。因而，CELL 生产模式在索尼应运而生。

这是索尼形成他的创新体系的一个部分。

9. 索尼的创新文化

索尼中央研究所（拥有 250 位研究员，其中 60 位为顶尖的外籍科学家）

前所长菊池诚博士指出一大关键："让研究人员、开发工程师与产品经理人尽可能地接触，让能力与技术知识可以在全企业内自由流通散布。"具体做法如下：

第一，索尼公司中职位最高的十八巨头每周参加中央研究所的"研究企划与协调委员会"，并且每周向社长报告公司的技术策略方向。每周二早上，此委员会安排十八巨头到各实验室实地参访一两项索尼公司最近运营中最有意义的研究专案。

现场参访后，十八巨头一起享用工作快餐。下午一点，举行两场会议以听取设计所/实验室所提的研究报告。

第一场会议在一点钟开始，首先由开发部经理在十五分钟内提出特定开发成果和产品应用的可行性。报告是非技术性的，重点在于协助十八巨头作出战略性决策。第二场会议在三点钟开始，并且开放给更广泛的研究人员、高层经理人及研究主任参加。讨论内容比较具有技术性，且没有会议结束时间的限制。

菊池诚博士将周二的"研发企划与协调会议"，作为研究单位与各事业部之间接触的桥梁。他在这些类似于技术市场（Techno Mart）的场合担任技术推销员的角色，即将各研究所的成果向各事业单位推广。

第二，中央研究所定期举办每年两次每次两天的成果展示大会（Open－house Meeting），大约有一千位全索尼公司各主要事业部的主管（年龄三十到四十五岁）参加。中央研究所所有的房门都打开，让这一千位主管可以完全自由地走动参观，自由访问每一位研究员，自由提出任何技术性或市场性的问题。大会每次都由索尼的会长在第一天早上致开幕词，第二天傍晚结束前，所有人聚在三间大厅内举行名为"立吞"的啤酒大会。这个大会让索尼产品创新流程全过程的相关人员（从开发到产销服务）每年有两次相聚的机会。

第三，每年举行一次的技术流通论坛（Technology Exchange Forum）联系了索尼的技术创新与市场需求。这个技术论坛在索尼东京品川总部大楼举行。中央研究所、总部研究所（600 位研究员，分属五个研究室）、各产品开发部均展示其开发成果，向开发专案的潜在用户（即各事业部）推销技术。而索尼各销售公司也设立展位，展示各产品的经营状况、未来趋势展望。索尼公司认为这样的技术论坛向公司开发工程师强调了接近市场需求的重要性，技术知识必须与市场知识交会才能孕育出产业创新的丰饶果实。

第四，索尼公司每季度举办以技术性为主的"技术研讨会"，将已取得的科技成果整合进公司产品的创新流程内。研讨会每次的焦点大致有三到四个技术课题，参加人数为 150～180 人，由索尼中央研究所内顶尖的化学家或物理学家主持讨论。会议时间由下午一点到六点。最后也是以"立吞"的啤酒大会结束。

第五，菊池诚立下了“三通论”的规矩。菊池博士相信技术的研究、“技术网络的布建”（global know - who）比单纯的“专业科技知识”（individual know-how）更重要。因此，索尼公司要求任何一个新开发专案的领导者或成员在开始专案前，至少要打三个电话请教三位在此专案领域内有相关经验的同事。这些电话通常会启动一连串重要的连锁反应，让新开发专案的成员从相关的经验中获益良多。

第六，索尼公司历代高层领导人对技术成就和技术者表示发自内心的欣赏和关怀。“创新的索尼”最主要的创造动力源自公司策略层那种发自内心，对产业技术开发的热情、执著与毅力。索尼公司创办人井深大先生直到20世纪80年代退居二线担任SONY名誉会长时，仍然常常到开发实验室视察。他不时在打完高尔夫球之后，顺道到附近的研究中心实验室巡视。他想看一看索尼最近的开发项目。有一次到实验室时，井深大还亲自试过一种新化合物，离开时显得相当高兴。再比如索尼第三任社长岩间和夫，本身的专业是物理。他绝顶聪明，记忆力超强，能记住索尼成员的所有特征，对索尼技术人才的结构特别熟悉。索尼所有开发专业的领队或经理人都由他本人亲自挑选。被岩间社长挑选上的人才，不论在索尼全世界哪一个城市哪一个分公司，都会在两周内被动员到新开发专案组报到。

问题9：索尼是如何进行“创新的索尼”公司创新体系建设的？

思考提示：如上所说，召开每周的研究企划与协调委员会、技术流通论坛和技术研讨会，并向高层提出技术策略报告。因为“创新的索尼”的生存之本，是索尼的立足之本。为了更好地创新，索尼必须建立使企业员工能更好创新的条件，这就是公司内部创新体系的建设。

创新作为一个体系、一个环境，关联的因素是复杂甚至矛盾的。作为全球最著名的电子企业之一，索尼在创新过程中是如何把握各种关系的？上面所述仅是一斑，更多的建设方面和方法可以参见《索尼源流》的部分章节。

创新是国内近期谈论最多的话题。但是很多仅流于形式，真正的创新需要一个好的企业创新体系及一个好的创新环境和氛围。

10. 创新的盲点

索尼人对特丽珑显像管的感情是很特殊的，凡参与过研发的人员都把这种经历看成是毕生荣耀，而对特丽珑显像管所带来的辉煌，又产生出无比的自信。也正因为如此，他们极端相信自己的眼光，执著于自己的科研。

对技术的执著成就了索尼CRT时代电视的王者地位，但也造成了其在平板时代的被动。

盛田在其自传中提到，曾有一名年轻研究人员提出了等离子方向，但索尼并不看好等离子，那名年轻人被迫离开了索尼。后来，索尼沉迷于自主研发的OLED技术（自发光平板有机光放射二极管，下一代的显示技术），不相信等离子和液晶会是CRT之后的下一代电视技术。

但市场却和索尼开了个玩笑，等离子电视和液晶电视竟然难分伯仲。索尼看重的OLED虽然是最理想的显示器，但实用化问题迟迟没有解决。最后，索尼只好选择了液晶，并和三星联手建立面板厂。

Betamax对索尼来说是一项非常重要的技术，是索尼今天在影像市场成功的技术原点和基础，却在家庭录像市场中败走麦城。让索尼人若干年后仍然如鲠在喉的是，输掉的Betamax在技术上领先于VHS，却在家用市场上毫无建树。

1975年，索尼推出Betamax录像系列。盛田设想了一个巨大的国内广告攻势和促销运动，打算不惜成本地付诸实施，还将1976年定为后彩电时代的“录像机元年”。

当索尼美国公司的总裁不愿服从时，半夜时分在床上翻来覆去睡不着的盛田给他打去电话，他在电话中怒吼：“你如果在下两个月内不为Betamax的促销花掉一两百万美元的话，我就开除你!”

然而，市场是无情的。日本的JVC公司公布了与索尼抗衡的VHS规格。随后，松下、夏普、日立、三洋等大型企业相继倒向VHS。

VHS阵营巧妙地采用了向欧美大型家电厂商提供OEM服务的战术，这样Betamax阵营的厂商在对外出口时，也不得不采用兼售VHS的策略。

画质清晰且在开发和发售方面抢占了先机的Betamax逐渐被挤出市场，这是注重技术的索尼最不愿意接受的事实。他们无法释怀，凝结最先进技术的产品竟然被市场淘汰了。

在Walkman的辉煌之后，索尼内部已经形成了一种太过自信的文化，即索尼在产品规划阶段不必倾听客户的意见。

“我不相信任何市场研究会告诉我们Sony Walkman将要取得成功，更不用说成为一个大热门，引起了众多的仿造者。”“我们的计划是用新产品引导公众，而不是去问他们需要什么东西。公众并不知道能够买到哪些东西，但我们知道。所以我们不要搞大量的市场研究，而应该改进我们对产品和产品用途的思想，再通过交流来教育公众，从而创造出一个市场。”创始人盛田的话在索尼被奉为金科玉律。

于是，出现了顾客不知道有什么用的机器狗AIBO和机器人QRIO。现任SONY集团总裁兼电子事业执行长的中钵良治谈及这个市场失败时说：“我们有时也会怀疑，顾客真的需要机器人吗?”

“顾客真的需要吗?”这才是真正的金科玉律。也许，一次痛定思痛的总结比固执己见的成功更有意义。

中钵出任总裁后，要求各部门员工从顾客角度出发来思考问题，抛弃无须征求客户意见的傲慢态度。这一想法公布后，他便收到了公司内部很多反对的邮件。

问题 10：索尼对等离子、液晶的发展方向的判断和 Betamax 的产品没有得到市场的认同，说明了什么？

思考提示：索尼在前行路上曾出现过重大的失误，最大的就是 20 世纪七八十年代在录像机市场的 Betamax 的溃败和 90 年代在电视机市场中对于等离子、液晶市场的误判，导致这些市场份额急剧缩小。

这些都是在成功之后导致自我认识错误，形成故步自封的自傲心理所致。所以创新是一个持续不断的过程，如果有人认为创新只是一招鲜，吃遍天，那就是完全错误的。所以，不断创新是创新的源泉。

11. 2000 年后的索尼

索尼现今危机的出现正是“索尼梦想家”出井伸之的任期。

当时，数字化与 IT 产业成为市场最朝阳的趋势与方向。不可否认，出井伸之是索尼第一个重视并提出“数字化和 IT 产业是‘新索尼’未来方向”的人。只可惜，出井的创新与索尼原有的精神有所冲突，而且常常超前。

在 1998 年 10 月索尼的技术节上，出井断言，在网络时代硬件已无关紧要，“重要的是内容”。这番完全颠覆索尼优势的发言，令包括特丽珑显像管开发者在内的所有听众瞠目结舌。“出井先生的思想太超前了，我们常常跟不上他。”一位索尼员工无奈地表示。

盛田曾说：“绝对要保持公司的本质不变，一定要认清什么是可变的，什么是不可变的。如果你做不到这一点，就有可能在创新这个借口之下，改变本已树立起来的公司最为重要的本质。”公司的本质到底是什么？索尼人都坚持一个观点——创新。那创新又是什么？盛田早在 1985 年 12 月就总结出答案：工业界关键的因素是创造力。创造力有 3 种——技术、产品和市场。要想在商界立于不败之地，三者缺一不可。

索尼不需要跟着别人跑，也没必要丢弃自己的优势。这个巨人需要的，不过是在保持传统优势的同时，更好地结合技术、产品规划与市场之间的关系。

也正是遵循这一原则，索尼拉来了英国人霍华德·斯金格接任出井伸之。就是这个人，被众多索尼人认为是个有着良好人缘与变通能力的国际商人。

同时，为了传承索尼的传统文化——重视工程师与技术发展，中钵良治这位纯粹的工程师被任命为新的索尼总裁。这是一位曾负责过如 CCD、LCD 等产品的关键器件研发管理的科技重臣，如今又身负重振电子业务的重任。而索尼已经很久没有由工程师担任最高领导了。

2005年9月22日，索尼的新领导班子发布了中期策略，称索尼将集中在三大核心业务领域——电子、游戏、娱乐，并通过重振电子业务来强化集团业绩。目标是在2007财年结束时，营业额达到8兆日元，利润率达到5%（电子业务为4%）。

但在2008年10月至12月的第三财季内，该公司盈利104亿日元（1 140万美元），同比下滑95%。索尼发言人还强调，由于受金融危机和日元升值等因素的影响，公司2007年的营业亏损额预计高达11亿美元。

《华尔街日报》认为，索尼近期利润下滑的主要原因在于产品线的盈利能力全面下降。近年来，该公司在电视、游戏机等主要产品市场上一直处于亏本经营的状况。

液晶电视是索尼最大的产品线。著名商业调研机构Display Search提交的一份报告显示，按收入计算，索尼是全球排名第二的液晶电视生产厂商，仅次于韩国三星。在2007财年，索尼电器部门23%的利润来自电视业务。但从公司报表来看，自2003年以来，索尼的电视业务就陷入长期亏损状态。据日本大和研究所预测，2008年全球平板电视的销售额可能出现10年来的首次下滑。这一预测无疑让人们对2009年索尼的电视机业务更加不看好。

索尼视频游戏业务的现状比电视业务更能说明公司所面临的困境。资料表明，在索尼的总销售收入中，大约有13%来自Play Station游戏机产品。但在该领域中，面对任天堂和微软的竞争，索尼也未能逃脱亏本的命运。索尼公司首席执行官霍华德·斯金格自我解嘲地说："恐怕到我的任期届满时，这款游戏机都无法收回成本。"

索尼的另外一个失败样板是曾经创造无数辉煌的随身听设备。1998年，索尼主观地认为"硬件已不再重要，内容才是取胜的关键"，并立即开始战略转型。但3年后，横空杀出的苹果iPod以全新的性能、外观和技术将索尼的随身听业务彻底击垮。

作为索尼游戏机旗舰的Play Station 3由于过分强调性能，在与任天堂和微软的激烈竞争中逐渐败下阵来。Play Station 3刚刚推出时，售价高达599美元，后来虽然多次降价，但仍然比任天堂和微软的同类产品高出150美元左右。iSuppli市场研究公司分析师拉斯威勒认为，Play Station 3成本高的原因在于"它拥有令人难以置信的处理能力"。

问题11：是什么原因造成索尼在2000年后业绩不断下滑？

思考提示：2003年后任索尼董事长的出井伸之上台后提出的构想是：放弃电子业务，进军娱乐业。砍掉索尼的立足之本，而娱乐业又不能立即成为索尼的核心，这使得索尼雪上加霜。这导致索尼转型思路和出井伸之的理想主义彻底失败。电子业务是索尼的根据地，形成既定商业模式和核心能力，新领域跨度大，原有业务能力难以传递，而培育需要时间。

索尼的问题是因为早期的创新成功之后，形成的故步自封、自大自傲。这样的心理是由于对内部创新体系的破坏而导致的。它表现在：

（1）部门主义。

- 部门主义：各部门互不买账，导致配合不力。部门沟通成本大大提高，效率降低。
- 内部不协调：由于部门主义导致内部不协调，从小的部门直到业务之间的协同不力都源于此。
- 派系斗争：索尼经过长期的发展，内部派系林立，在后来的管理中，也没有彻底解决这个问题，最严重的是抗议出售索尼人寿事件。这些都扼杀了索尼内部的创新力。

（2）对创新体系和氛围的破坏。

- 远离顾客，开发人员不了解顾客需求。
- 产品不合市场需求。如索爱的产品，游戏市场如 PS2。这些产品的销量比起 Walkman 和 PS 都大打折扣。
- 新品进入市场慢，对市场的反应之慢可以说令人吃惊。如液晶电视和 PS3，液晶电视比其对手进入市场的时间晚了好几年。
- 成本控制不好，很多产品虽然在市场上比对手的价格高，但仍然不赚钱，因为成本居高不下。其中管理成本占了很大比重。

问题 12：索尼公司出现问题的根源是什么？

思考提示：所有这些问题，是索尼公司放弃了创新的立足之本，用绩效主义来解决内部的问题，平衡各种利益而导致的。

1995 年左右开始实现绩效管理，索尼成立了专门机构，制定了非常详细的评价标准，并根据对每个人的评价确定报酬。但是这个举措导致绩效主义在索尼公司逐渐蔓延，最终导致从 2003 年春天开始，索尼问题不断，仅一个季度就出现约 1 000 亿日元的亏损。

因为要考核绩效，就必须把各种工作要素量化，但是这根本做不到，最大弊端是搞坏了公司内部的气氛。上司不把部下当成有感情的人看待，而是一切都看指标，用“评价的目光”审视部下。

由于实行考核绩效，所以大家为了绩效的评价失去了集团激情、挑战精神及团队精神。在绩效上花费了大量的精力和时间，而对真正的工作却敷衍了事，出现了本末倒置的倾向。

因为要考核业绩，几乎所有人都提出容易实现的低目标，可以说索尼精神的核心即“挑战精神”消失了，追求眼前利益的风气蔓延。

绩效主义从个人蔓延到部门，因为索尼公司不仅对每个人进行考核，还对每个业务部门进行经济考核，由此决定整个业务部门的报酬。最后的结果是，业务部门相互拆台，都想方设法从公司的整体利益中为本部门多捞取好处，这些导致索尼变成了今天这个样子。

唯绩效主义管理可以很成功，但那不是对应的创新型企业，像索尼这样的企业，如果用绩效主义管理理念，注定会失败。有过“绩效之痛”的企业也不仅仅是索尼一家。现在有一部分管理者开始反思绩效管理，绩效管理脱胎于工业生产时代，而现在企业内部大多是知识员工，管理产业工人的绩效管理要怎么适应知识员工？这如何能反映员工的创新情况，如何能反映创新环境和体系的情况？如何能反映部门和员工的沟通情况？

绩效主义是索尼创新的死敌，绩效主义的出现导致索尼创新力下降，只是吃老本，新产品越来越没有市场，绩效主义导致不赚钱的业务被整合——这就是电子业务一度要被砍掉，娱乐业要大发展的思路。绩效主义导致员工对索尼不再抱有新的希望，索尼不再是创新的品牌。

2009年2月27日，索尼公司宣布了一个重大重组方案和新的管理团队。2009年4月1日，索尼根本性地重组该公司的电子和游戏业务，从而在全球经济危机中提升盈利能力和竞争力。这些措施还将通过将两大业务集团战略性整合，加快创新性网络产品与服务的开发。

索尼公司董事长兼CEO斯金格特别强调，这一重组将使索尼转型为“更加创新、融合和灵活的全球化公司”。“它将使索尼各部门共同协作，令索尼在全球重获领导地位，并创建辉煌”。

霍华德·斯金格提出了他的改革措施。他意识到，索尼的问题从根本上说是管理观念的问题，所以霍华德·斯金格在改革中逐步认清了这些问题，他开始回归到索尼创新的路子上，他的解决方案是：

（1）产品问题。重新重视研发和产品兼容性。

（2）组织问题。部门重新架构和裁员。

（3）非核心业务问题：扩展液晶显示器业务，收复电子业务市场。同时，内容业务和电子业务有效协同。

（4）解决高成本问题。

（5）公司文化问题。创造有利创新的氛围。

（6）国际化。促进跨文化的融合，打通美国文化和日本文化，进入中国市场。

讨论题：

1. 如何看待索尼改革后的商业模型？

2. 什么是索尼前期成功的基本商业逻辑？

参考文献：

1. 索尼在中国（索尼中国），http：//www. sony. com. cn

2. 索尼公司年报（1997—2008），http：//www. sec. gov.

3. 天外伺朗. 绩效主义毁了索尼. 参考消息，2007－01－04～06（连载）

4. 60岁的索尼告诉了我们什么. IT时代周刊，2006（5）

5. 索尼：创新的关系平衡术，http：//www. xsponline. com/info/detail/8－288. html

6. 索尼的创新之路，http：// hi. baidu. com / ddd1206 / blog / item / d11f4b34aeea604f2 51f1485. html

7. 索尼传媒中心. 索尼源流. 北京：华夏出版社，2002

调峰补缺的全顺人力资源租赁模式

左小德　梁　云

一、全顺公司和它的总经理

1. 全顺公司

深圳市全顺劳务派遣有限公司（原深圳市全顺人力资源开发公司，简称“全顺”）坐落在深圳市龙岗区平湖镇，成立于2001年2月，是一家正式注册的人力资源服务公司，注册资金110万元。主要为各生产企业提供优质的人力资源租赁服务。服务范围遍及港、台地区，日、韩、美等外资和民营企业。跨越深圳、东莞、珠海、厦门、河源、广州、清远、佛山等地区，涉及电子、玩具、塑胶、饰品、纸品、包装、食品等行业。公司始终坚持“诚信为本、以质取胜”的企业宗旨，致力于为各工厂、企业创造财富，帮助广大员工实现个人价值，促进企业与员工共同成长。公司拥有劳务工13 000余人。

2. 公司总经理张全收

张全收，男，39岁，河南上蔡县朱里乡拐子镇杨村人，出生那年，地里收成非常好，父亲一高兴就给他取名为“全收”。初中没念完，13岁开始工作，卖爆米花、卖冰棍、烧砖、当炊事员、做油漆工。当了一年油漆工，领工钱时工头却不见了身影；开了一家烩面馆，因一场大火而一无所有；跑长途运输，一个月遭遇了3次交通事故。吃尽苦头，屡败屡战，一直打拼在社会的最底层。最困难的时候，睡在铁皮屋里的地板上，用借来的25元钱买了一袋面粉，做面疙瘩吃，支撑了好几个月，没有一点油腥，自称是一个卖爆米花出身的打工仔。

1993年，他来到深圳，借了25块钱只身闯天下。从开餐厅，到做汽车站“客运总代理”。功夫不负有心人，1999年，他有了一些资金，开始向实业进军，开办了深圳全顺玩具加工厂。2004年，开始经营人力资源公司，当深圳13 000多河南农民工的“头儿”。张全收曾向河南老乡承诺：凡是托我找工作的，我张全收全收。2008年，张全收当选为第十一届全国人大代表。

问题1：创业者有共同的特质吗?

思考提示：国内创业者基本可以分成以下几种类型。第一种类型为生存型创业者。创业者大多为下岗工人、失去土地或因为种种原因不愿困守乡村的农民，以及刚刚毕业找不到工作的大学生。这是中国数量最大的一拨创业人群。一般创业范围均局限于商业贸易，少量从事实业，基本上属于小打小闹的加工业。当然也有因为机遇成长为大中型企业的，但数量极少。第二种类型可称为变现型创业者。就是过去在党、政、军、行政、事业单位掌握一定权力，或者在国有、民营企业当经理期间聚集了大量资源的人，在机会适当的时候，跳足下海，开公司办企业，实际是将过去的权力和市场关系变现，将无形资源变现为有形的货币。这是一种公然破坏市场经济环境、人为制造市场不公平竞争的行为。第三种类型为主动型创业者。又可以分为两种，一种是盲动型创业者，一种是冷静型创业者。前一种创业者大多极为自信，做事冲动。有人说，这种类型的创业者，大多是博彩爱好者，喜欢买彩票、喜欢赌，而不太喜欢思考成功概率。这样的创业者很容易失败，但一旦成功，往往就是一番大事业。冷静型创业者是创业者中的精英，其特点是谋定而后动，不打无准备之仗，或掌握资源，或拥有技术，一旦行动，成功概率很高。

成功创业者具有多种共同的特性：①强烈的欲望，实际就是一种生活目标，一种人生理想。创业者的欲望与普通人的欲望的不同之处在于，他们的欲望往往超出他们的现实，需要打破他们现在的立足点，打破眼前的樊笼，才能够实现。所以，创业者的欲望往往伴随着行动力和牺牲精神。②忍耐。对一般人来说，忍耐是一种美德，对创业者来说，忍耐却是必须具备的品格。③眼界。人们都喜欢夸耀自己见多识广，对于创业者来说，这是必须的。广博的见识，开阔的眼界，可以有效地拉近自己与成功的距离，使创业活动少走弯路。④明势。明势分为两层：一要明势，创业的人一定要跟对形势，要研究政策；二要明事，即入乡随俗。创业者不但要明政事、商事，还要明世事、人事，这应该是一个创业者的基本素质。⑤敏感。敏感不是神经过敏。

二、背景

1. 珠三角用工之困

一方面是人口红利带来了劳动力剩余，导致用工制度的不规范：有订单就加班，工人拿着与加班辛苦程度不对等的可怜的加班工资；有些企业忙时召一大批人进来，淡时“对不起”，请回去；无订单时工人就放假，基本的生活保障都成问题。

另一方面，处于国际制造业分工供应链末端的工厂也希望订单均衡，不至于闲时工人没活干，忙时一时又招不到工人。在珠三角，大多数劳动密集型企业的利润率较低，不愿意在淡季也留用工人，导致农民工被迫流动。而有时候农民工走了就不再来了，除了珠三角，现在打工者的选择多了很多，他们可以去长三角或其他一些省份。在深圳，劳动密集型企业的农民工流失率都在50%左右，这对保持生产的持续性是个不小的打击。

问题2：订单式的加工生产模式是否能走出这种恶性循环？

思考提示：按订单生产（make - to - order）指的是企业根据客户订单的需求量和交货期来进行生产安排，有订单才安排生产，无订单则调整生产。

对于珠江三角洲那些两头在外、完全按订单进行加工和生产的企业来说，企业订单的不均衡必然导致用工的不均衡，而他们也没有办法预测订单，只好按库存生产（make - to - store）一部分，以平衡产能从而平衡用工。因此，对于企业来说，出于节约成本的考虑，只能是在订单到达时，在客户的交货期内加班赶工，工人可以得到一点可怜的加班补贴，工人的身心健康也受到损害；而在没有订单的时候，工厂就给工人放假，工人只能拿到可怜的一点生活补贴，甚至是没有，导致有的工人就流失了。这其实是工人和企业的双输局面。面对这种局面，单个企业是无力改变这种恶性循环的。

2. 张全收的玩具厂

1999年，有了一些资金积累的张全收，与他人合资在深圳开办了一家玩具加工厂。他发现，厂里忙的时候工人连觉都没时间睡，闲的时候却没事干，坐吃山空。有时候赶工急需工人，无法一下子召齐，闲时又负担不起工人庞大的吃住开销。从“打工仔”变成“老板”的张全收挂念着的是扑在第一线的“打工仔”。为了让乡亲们有活干、有饭吃，张全收四处拉生意，玩具厂最多时招了七八十名工人。

3. 打工者之困

那个年代，在外面打工是很不容易的。“当初河南人在南方，找不到工作，没有饭吃，没有地方住。晚上睡在城市里怕被收容，只好跑到山上去住，非常可怜。”自称“农民工司令”的张全收，也有过外出打工的经历，也有过救助失业农民工的经历，他深知农民工流落他乡，一旦失业，居无定所，经常忍饥挨饿的种种困境。

有一天，来自信阳市的3个打工妹找到了张全收，说她们所在的工厂待遇非常差，蒸的米饭半生不熟，菜是开水煮白菜。她们辞掉工作后，找了几天也没有找到工作，有几家工厂竟在大门口挂牌声明不招河南民工。无奈之下，她们找到了张全收。

2004年前后，珠三角许多工厂都挂出了“不招河南人”的牌子。张全收知道后，在自己的玩具厂里收留了几十名找不到工作的河南民工。当时条件艰苦，不管是张全收还是他的员工，都在小工厂里一同吃住，没有床，大家睡在工厂的地板上。最困难时，厨师去菜场拣别人不要的菜叶给大家做饭。

拖欠薪资，也是打工者经常遇到的事。有一年年底，深圳一家工厂的总经理外逃，几百名河南打工妹半年的工资共240万元没了着落，这些打工妹哭成一团也解决不了问题。

被人欺侮，也是打工者的困惑。由于地域文化的关系，打工者一般以地域乡情为纽带，形成一个一个打工群体，即在某个工厂的主要员工可能主要由某几个地域的农民工所组成，而没有所谓老乡依靠的少数“外乡人”在工作、生活等方面不时会受到别人的欺负。

4. 商机

有时加工厂没活干，而其他工厂却等着要人用。张全收一边自己招人，一边把多余的工人“借”给其他缺人的工厂。“借人”的次数多了，他发现如果有家公司在各家企业间起协调的作用，调剂余缺，也许有一个巨大的商机。

2004年年初，珠三角地区出现“民工荒”，张全收的“劳务租赁”有了发展机会。他尝试将自己的员工“转租”其他工厂，劳动力租赁就成了工人和工厂之间调节用工负荷的蓄水池，这种蓄水池既可以满足工厂用工需要，又可以保障工人的利益。几经努力，2004年，全顺人力资源开发公司成立，张全收任总经理，专门从事人力资源开发。

在珠三角加工行业中，对于许多低端岗位，打工者只需稍加培训，就能投入正常生产。企业只需提前做好用人计划，就不用发愁要人时没人，不需要人的时候也不用为工人额外的生活费发愁，因为全顺公司员工的流失率不到5%，比一般企业要稳定10倍，有充足的人员在多家企业间有效调配。在工人严重流失和企业不堪重负的情况下，企业也愿为这样一支可以“招之即来，挥之即去”的队伍支付一定的管理费。张全收的“全顺人力”开创了新的经营思路：将松散的劳务工组织起来，对其进行培训、组编，形成“劳工团队”。如果一个行业进入生产淡季，“全顺人力”立即将这些“团队”输送到生产旺季的行业中，全顺公司在各家企业间犹如“血站”。

2004年，全国很多地方都闹“民工荒”，那时是全顺公司发展的黄金时期。当时很多公司的老板都发慌，唯独张全收不慌。几番尝试，公司的名声越来越响，规模也越来越大，也意味着张全收肩上的责任也越来越大。

问题3：如何发现创业的商机？

思考提示：创业需要机会，而机会要靠发现。创业机会无处不在，关键是发掘。创业的商机有五大来源：

（1）问题。企业的根本是满足顾客需求，而顾客需求没有得到满足就是问题，寻找创业机会的重要途径，就是善于发现和体会自己和他人在需求方面的问题或生活中的难处。

（2）变化。产业结构变动、消费结构升级、城市化加速、人们观念改变、政府改革、人口结构变动、居民收入水平提高、全球化趋势等都是变化，都蕴藏着大量的商机，关键是善于发现和利用。

（3）竞争。商场竞争非常残酷，但既有挑战，也有机会。如果你看出了同行业竞争对手的问题，并能弥补竞争对手的缺陷和不足，这就是你的创业机会。因此，平时做个有心人，多了解竞争对手的情况，看看自己能否做得更好，能否提供更优质的产品，能否提供更周全的服务。如果可以，你就找到了创业机会。

（4）创造发明。创造发明提供了新产品、新服务，能更好地满足顾客需求，同时也带来了一系列的创业机会。

（5）新知识、新技术。知识经济的一个重要特征，就是信息爆炸，技术不断更新换代，这些都蕴藏着大量的商机。

三、公司管理

1. 组织架构

2000年之后，张全收开始专职做“借人的生意”，他专门招聘农民工提供给有需要的企业使用，用工单位如用张全收的人，需为此支付工人工资及必要的管理费。张全收赚的就是管理费和部分加班费。

“企业家就像牧羊人，赶着成千上万思想不同、个性不同的羊群。为把它们赶到目的地，有时要用牧草引诱，有时要用鞭子吓一吓，有时要用老羊管小羊。假如你不懂得这些手段，羊群在半路就跑散了。”

通过全顺公司“中转”的工人从几百人发展到了几千人，鼎盛时期多达两万人。全顺公司的主要业务是将农民工组织起来，每50人分成一组，配备一个领班，输送给用工单位。哪家厂要人，就“打包”调人过去，这个工厂的活干完了，再转移到下一家工厂，他们用“团队作战”的方式与用工企业“谈条件”，确保打工者的合法权益。

他们中每100人，有两名组长管理；每200人，配备一名经理，负责他们的日常生活，包括在外打工时的安全问题。

员工要听管理人员的话，管理人员要爱护员工。员工不服从管理就等于不听董事长的话，管理人员不爱护工人就等于老板不爱护工人。管理人员由全顺提拔，但员工可以表决。

问题4：这样的组织架构有何优点？

思考提示：全顺外派员工的组织架构是一种机械式组织（Mechanistic Organization），是一种稳定的、僵硬的结构形式，它追求的主要目标是稳定运行中的效率。对任务进行高度的劳动分工和职能分工，以客观的不受个人情感影响的方式挑选符合职务规范要求的合格的任职人员，并对分工以后的专业化工作进行严密的层次控制，同时制定出程序、规则和标准。个性差异和人性判断被减少到最低限度，提倡以标准化来实现稳定性和可预见性，规则、条例成为组织高效运行的润滑剂，组织结构特征趋向刚性。

全顺外派员工所服务的企业的环境相对稳定；任务明确且持久，决策可以程序化；技术相对统一而稳定；按常规活动，以效率为主要目标。因此，全顺的管理人员的角色和作用主要是保证组织顺畅运作。它是“完成任务型”组织，而不是“解决问题型”组织。这种组织着重于寻找如何提高标准化程度、更加高效完成给定生产任务的方法，而不会把精力过多地放在组织创新功能上。

2. 培训

全顺的这支农民工队伍，来自四面八方，受教育程度有限，十分难管。因此，全顺要组织他们，培训他们，关心他们，锻炼他们，培养他们的团队精神。

（1）基本素质培训。全顺建立了农民工准军事化管理机制，摒弃农民工懒散的生活习惯，确保农民工能够在城市中立足。培训的主要内容为如何从懒散的农民工变成一个打工仔、打工妹，而不再是从农村出来找工作的散兵游勇，以及如何遵守基本法律法规。

第一，要团结，团结就是力量，团结才有集体的温暖；大家要互相关心，互相帮助。每个人都要自觉维护集体荣誉，为集体争光。

第二，要处处注意安全，农民工的健康和安全就是全顺的财产。

第三，要自尊自爱，戒除一切不良嗜好。注意维护自己的形象，不沾染不良习惯，要把自己辛苦挣来的血汗钱用在刀刃上。要懂得尊重别人，尊重别人才能获得尊重。多学多问多看。丢弃狭隘的小农意识。多花些时间在工作上，不要斤斤计较，不要互相争吵。

（2）专业技能培训。培训内容必须有针对性，要帮助农民工适应市场。张全收曾经吃过派出去的农民工没有接受技能培训的亏。2003年的一天，张全收接到一个投诉电话，电话是一家企业的老板打来的：“你派来的员工加工的产品质量不合格，企业不但不能支付工人工资，还要向你们索赔。”张全收只好自筹资金，想尽办法赔偿了这位老板的损失。这件事刺痛了张全收，于是他花钱请来老师，对员工进行岗前技术培训。员工未经培训一律不允许上岗。张全收解释道："农民工掌握一技之长，更容易就业，并能拿到较高工资，可以说是终身受益。"

问题5：为什么劳动力租赁这样的低层次人力资源开发公司也必须培训？

思考提示：像全顺公司这样的人力资源租赁公司，因为招进来的是农村来的打工青年，他们在农村长大，农民的工作是一种分散式的个体劳作，作息习惯是日出而作，日落而息的随机作息。而他们进城打工首先面对的是工作内容的巨大改变，从鸡犬相闻的广阔农村到灯红酒绿的城镇街区，从只需体力的务农到需要一定技能的务工，因此，需要一定的技能培训。要从散兵游勇变成有工厂制度约束的员工，从单打独斗的农民变成需要团结合作的产业工人。可以这样说，这些打工妹、打工仔将面临今后生活习惯的巨大转变，因此，全顺做的第一件事情就是对他们进行培训，使他们成为满足工厂生产需要的合格的产业工人。如果把全顺的农民工比作原材料的话，全顺的培训过程就相当于生产过程，经过培训使他们成为合格品，需要这些产品的消费者就是需要工人的工厂。

3. 运作和保障机制

农民工权益保护和城市劳动力平衡，是两个让政府和学者都很头疼的问题。全顺公司建立了农民工工资收入托底保障机制，"包吃住、包年薪，没有活干也发工资，重大疾病、意外伤害厂里也报销，有公司内部保险基金机制，以及亲情化的人文关怀"。

(1) 赏罚分明，以身作则、人性化管理机制。

在张全收看来，带工人和带部队一样，要赏罚分明，恩威并重。工人在全顺的生活并不枯燥，工厂有体育活动场所，有文化室、娱乐室，可以读书看报，唱卡拉OK。"身先可以率人，律己可以服人，量大可以留人"，这是张全收最深的感悟。当大家的思想聚焦到一个点时，出成绩是自然的事。

虽然张全收现在有千万身家，但如今他在深圳仍然租住着民房，一日三餐和员工们吃住在一起。他从不抽烟喝酒，也不乱花一分钱。他以身作则，和农民工一起出操，一派准军事化管理。中午，大家一起在工厂食堂吃饭。食堂干净明亮，连排座椅，主食是米饭，有荤有素有汤。工人宿舍为一间大屋子，6张上下床，物品摆放整齐，被子叠得方正。每间宿舍都有寝室长，每周都评比，获优秀奖的有奖金。

(2) 内部的保险基金机制。

在全顺，工人有个头疼脑热，有厂医专门诊治，大点的病就送医院，由公司负责全部费用。几年来，张全收花在员工生病和意外伤害等事件中的钱达数百万。

全顺公司代表员工与用工单位签订包括工资待遇、生活标准、人身安全等十几项内容的用工协议。员工的合法权益如果受到侵害，由全顺出面协调，加以解决，从而使农民工的合法权益和收入有了保障。张全收将自己的手机号码告诉全顺的每个员工，一旦遇到情况，可以随时联系，每个月光电话费都要3 000元以上。

（3）收入托底保障机制。

张全收郑重地承诺：凡是年满18岁的河南人，只要有劳动能力，来深圳打工，他全部安排工作，包吃包住，一日四餐（其中一餐为夜餐），吃饱吃好为止。主食是油条、馒头、面条、米饭，天天有肉吃。找不到工作或下岗的人员，他安排吃住，免费培训，每天补助15元。回家结婚（凭结婚证）的，公司送200元红包。这样的承诺，让每一个在深圳打工的河南民工都感到无比温暖。

张全收还承诺，工人工资一分不欠，万一用人企业携款逃跑，即使借钱也要发工资。如果工厂没活干，全顺包吃包住，每天补助40元。而每月他只给每人发300元的零花钱，其余的由公司统一寄回员工老家。

加盟全顺公司的农民工要是碰到没活干，就在公司租来的培训基地内免费吃住，生活费照发。刚开始，只有一些河南的同乡投奔全顺公司。由于张全收规范经营，关爱职工，全顺公司的名气越来越大，安徽、陕西、河北、山东等省的农民工纷纷要求加盟公司。最多的时候，全顺公司聚集了近两万名农民工，专家们将张全收创造出来的这种模式称为劳务输出的“全顺模式”和“全顺现象”。

问题6：要成功运作该公司，最重要的是哪几点？

思考提示：全顺公司的成功运作主要有如下几点：

（1）收入托底保障机制。我国的城乡二元结构使得城里居民具有的失业保险、退休保险、医疗保险都与农民工无缘，他们没有任何社会保障；地区发展差异巨大，沿海改革开放比较早的地区因为工业化和土地的级差地租获得了巨大收益，而内地的农民基本上是靠天吃饭，收入低微，他们出门打工需要有一定的收入保障；现行法制不是很健全，工厂拖欠工资、随便克扣工资的现象频频出现，农民工单凭个人的力量一般是要不回来的；而且，工会制度几乎起不到应有的作用，在工厂没有替农民工维护利益的组织，农民工个体的利益时常受到侵害。因此，收入托底保障机制就显得非常重要，是农民工最看重的保障底线。有了这条底线，农民工才信赖全顺，才不会轻易流失。

（2）内部的保险基金机制。农民工的保障机制是缺失的，农民工大部分是年富力强的人，虽然暂时不涉及退休保险的问题，但是出门在外最大的担忧是生病。人在家乡，有亲戚、朋友、乡土、乡音、乡情的支撑，出门在外则不然。因此，全顺的内部保险机制在某些方面弥补了社会保险机制的不足，解决了农民工的一部分后顾之忧。

四、盈利模式

1. 保障农民工的利益

张全收的企业像个"屯兵场"，他调兵遣将，哪个厂要人，就调人过去，这个厂干完了，就调到另外一个厂。若是没活干，工人就免费吃住在他租的两个大培训基地，即使没有企业招人，张全收也保证工人的吃住，并且发放待工工资。

张全收在保证农民工在用人单位不会出现犯罪和治安失控现象的同时，也保证农民工在工厂的利益。张全收告诉他的农民工："今后再有谁欺负你们，就向我汇报；只要有我在，我顶着。我们这么大的队伍怕什么？"从而避免了个别工厂、企业故意刁难，甚至虐待农民工的事件的发生。

由于拖欠员工工资、携款潜逃的事情越来越多，全顺公司特意加强了对用工企业的审核和监督。全顺公司要求用人的工厂必须每月结清工人工资，否则就停工。全顺公司派驻工厂的管理人员，也被要求时刻注意企业的动向。2004年，全顺公司曾经遇到过用工单位拖欠工资，老板逃逸的情况，公司只好自己贷款给这些工人发工资。有了这种经历，张全收不想再吃同样的亏。

以前联系厂家，不受待见；现在，全顺公司的服务范围已遍及外资、港资、台资及内地民营企业，跨越深圳、东莞、福州、厦门等地，涉及食品、玩具、电子等28个行业，合作企业近百家。

在深圳平湖当地，要是张全收把员工撤了，很多公司生产都会受影响。全顺公司与用工企业签订合同的过程，实际上是全顺公司代表农民工与用工企业进行集体谈判的过程，可以为农民工在工资和劳动保护方面争取到更为优厚的待遇。从这个角度来看，可以说全顺公司起到了类似工会的作用，全顺公司满足了农民工的基本利益诉求。

问题7：为什么公司首先要保证农民工的利益？

思考提示：农民工如同全顺的产品，这些产品的消费者是雇佣他们的工厂。这些产品与一般的产品不同，他们是活生生的人，有思想、有消费、会自主流动。因此，全顺要保证产品有销路，首先要保证产品能在量上满足工厂的需要，即要有一定数量的农民工；同时，在质上要能满足工厂的需要，即农民工能胜任工厂的工作。

如果不能保证农民工的利益，他们会主动流失，使需要雇佣工人的工厂找不到工人，或雇不到合格的工人，起不到劳动力“蓄水池”的作用，那全顺公司的盈利也就成了无水之源。

2. 维护用工工厂的利益

工厂以前由于没有工人及时补充，生产任务受到严重影响，造成了上百万元的经济损失。和全顺公司合作后，工厂的活多时，全顺公司提供工人；没活干时，企业也不需要为剩余的劳动力而发愁，全顺公司负责将工人调配到其他需要的企业。深圳市全顺人力资源开发有限公司这种整块劳务租赁的办法，给企业减少了许多麻烦和负担。对于企业和全顺公司来说，这是“双赢”的良性循环之策。

从前，工厂都是与农民工中介公司签订用工协议，培训与否及效果如何双方都不知道。有个工厂曾经按每人600元的标准付给他们培训费用，工人进厂后才知道他们根本没有经过任何培训，完全是临时从街头“抓来的”，无法承担公司的生产任务。不到两个月的时间，这批工人跑得一个不剩，工厂蒙受了巨大的经济损失。而与全顺公司合作以后，这种风险几乎为零。

问题8：工厂为什么愿意出更高价钱与全顺合作？

思考提示：工厂的用工成本包括以下几个方面：招聘成本、把生手培训成熟手的成本、使用成本。如果与全顺批量商谈招聘的问题，比企业单个在市场上进行招聘的成本肯定要低；由于工作负荷的不均衡，员工经常处于加班和闲置状态的交替之中，员工的使用成本也高于均衡生产时的成本，而且这种不均衡的情况也会让企业的管理成本增加；企业把生手农民工转变成一个熟手操作工是需要时间和代价的，这种代价一方面体现在刚进厂的农民工可能较长一段时间不能正式上岗，另一方面是新进厂的员工生产的良品率会比熟手的低。还有一个更重要的问题是负荷不均衡的状况容易导致没有订单时员工的高流失率，从而导致有订单时没人干活的无奈状况。

工厂是遵从市场经济的经济实体，一切都从实际出发来考虑自己的决策。正因为上述理由，所以企业愿意出更高的价钱与全顺合作。合作的背后，实际上企业是降低了用工总成本的。

3. 公司盈利

全顺公司的直接盈利方面是：从用人企业收取每人每月100～200元的管理费。

间接方面是：帮劳动力争取到更多的权利和利益的同时，公司也同步盈利。同时，公司提供的劳动技能培训，也使公司和农民工双赢。

五、未来思考

张全收进行的是在输入地进行公司化管理的一种全新模式，这种模式使工人的权益和用工企业的利益都得到了很好的保障。他创造的这种新颖的人力租赁形式和他的亲情化管理模式都有很高的实用价值。

在现代社会，商业活动是一种创造性的活动，是一种非零和博弈，是可以达到共赢的。很多行业都可以通过大家的一起努力，造就一个辉煌的产业，而张全收创立的这种农民工人力资源新型模式带给我们的正是这样的感触。

问题9：全顺公司盈利的外部条件必须有哪些？

思考提示：全顺公司盈利的外部条件必须有如下几条：

（1）数量很大的农民工需求市场。对于全顺来说，它对所招聘农民工的托底保障机制不是建立在它的强大的经济实力基础上的，而是将它所招聘和培训过的农民工及时、充分地租赁出去。而全顺面对的单个企业的用工负荷是不均衡的，只有存在大量不均衡的用工企业，才能在总体上表现出一个均衡的用工负荷缺口，填补这个缺口的正是全顺这样的租赁公司。

（2）处于产业集群的区域。不管如何简单的加工企业，对于用工总有一定的技术或技能要求，而处于产业集群的区域内的企业对务工人员的技能有一定的关联性，所以全顺的农民工才有可能从一个工厂租赁到另一个工厂，今天在这条流水线上工作，明天在另一条流水线上干活。

（3）地区差异、城乡二元结构、法制不健全、工会缺位的情况继续存在。只有地区差异、城乡二元结构的继续存在，才会有所谓的农民工外出打工；只有存在法制还不健全、工会缺位的情况，农民工才会寻求替他们维护利益的代言的主体。

据农业部公布的数据显示，目前我国还有1.5亿农村剩余劳动力需要转移。但近年来，在我国东南沿海持续了一年多的“民工荒”却开始向内地蔓延。其实“民工荒”的蔓延是一个转折性标志，意味着中国劳动力“无限供给”的拐点出现，开始进入“有限剩余”新阶段，劳动力结构性短缺的情况以后会经常出现。

问题10：全顺公司是否可以采用其他盈利模式？有比这种更好的模式吗？

思考提示：在经济状况好的情况下，全顺的盈利模式也许是最理想的模式。其中有两种变通的情况存在：一是经济的大环境向好的方面发展，全顺可以采取这种靠近用工市场的基地形式，缩短企业用人和农民工上岗的提前期；另外一种是在大的经济环境不尽如人意的情况下，全顺让农民工待在自己家里，同时保留这些农民工的联络方式，以便企业在需要的时候，全顺能有农民工可以租赁。其实，第二种情况已经大大削弱了全顺的市场竞争力。一方面，全顺没法做到给农民工托底保障，另一方面，全顺也没有办法为企业提供全部经过培训的农民工。事实上，就目前全球金融危机的大环境来看，全顺采取了两种模式相结合的方式，也是一种无奈之举。可以预见的是，如果大的经济环境继续恶化，全顺也许只能另谋它途了。

问题 11：全顺公司的模式可以在其他地区或被其他人复制吗？

思考提示：全顺公司的盈利模式很难在其他地区复制。第一，也是最关键的是珠江三角洲是中国改革开放的前沿，经济发展的地区差异比较明显，对于内地的农民工有较大的吸引力。第二，珠三角有很多三来一补的加工贸易企业，需要大量的简单劳动力，对农民工的需求量很大；第三，产业集中度高，农民工转换工作的时间和空间距离短。

其他人要复制全顺模式有很大的难度。正如张全收所言："为什么我能干成，别人干不成？这就叫同行不同利，成功牵涉很多方面：首先你个人有没有想象力、胆识，勤劳不勤劳；其次脑子的灵敏度高不高，应变能力强不强，能不能得到别人的认可。"其实问题的本质在于张全收的出身和经历。他的农民出身使他最了解农民工的优点、缺点和管理方式；他的打工经历使他最了解农民工的需求，以及农民工最担心最害怕的风险；他的开工厂经历使他最了解工厂的短板及管理的最大难点。当他在这几个方面有了深刻的体验之后，把这几点串接起来，成功运作全顺公司也就理所当然了。

张全收在打工者权益保护和企业劳动力之间取得了一个巧妙的平衡。金融海啸同样席卷深圳特区，当前的经济困境也给他和他的公司带来巨大的压力。许多生产企业至今没有开工，还有一些企业订单缩减一半以上。2007 年来报到的农民工在培训基地住不上两天就被送往工厂，而 2008 年，在全顺公司基地，就有 800 多员工待工，最多时达 1 500 多人。在培训基地，一位副总私下向记者表达他的担忧："如果再找不到工厂，这么多工人光吃也得把公司吃垮。"全顺公司派送农民工的行业，大多为家具、玩具和纺织，这些出口导向型企业的订单大幅减少，企业不得不把民工遣送回全顺公司，而全顺公司没有更好的办法，只能将他们遣送回乡。

因为美国金融危机迅速蔓延，原来销往欧美等国的手机零配件订单急剧下降，年初打算扩大规模的老板再也没有原来的踌躇满志，当地手机生产链条上的企业都受到冲击，“每周至少有两家停产、破产”，这些都使得农民工失业返乡。

为了走出困境，张全收首先是关起了闸门。他根据实际情况，只招收了较少的农民工，“我们和那些留守在家的农民工都有联系，将来形势好转了，打个电话就可以让他们上来”。张全收认为，在目前的情况下，只能先保护企业，然后保护农民工。全顺公司存活下来了，将来才能为更多的农民工服务。

全顺公司还扩大了销售的范围，原来全顺公司的业务范围仅限于华南地区的深圳、东莞、福州和厦门等地，现在他们将业务扩大到了北方的天津、辽宁、山东等地。张全收介绍，2007 年初他们刚向大连派出了 600 多名工人，而山东烟台也有企业来找他要人。利用开全国人大的机会，张全收接受了多家媒体的采访，这也算是他为自己的企业做了一个具有全国影响力的“广告”。

对于返乡的农民工而言，目前的情况是危机，更是一种转机。他们是极其庞大的潜在创业群体。有胆略有见识还有资金，他们的确有很大的创业潜力。

问题 12：全顺公司的管理应该如何适应未来的发展？

思考提示：全球金融风暴对经济的发展影响深远，也意味着新的调整与洗牌。事实上，由于金融危机的影响，企业开工不足，用工量有限，全顺的托底机制不堪重负，其运行模式已经进行了调整。全顺公司现在给每一个返乡农民工发了一张卡片，通过这张卡片与他们保持联系。如果市场回暖的话，全顺公司就会联系返乡的农民工，让他们重新回来上班。

伴随着金融危机的发展，珠江三角洲的产业结构也在调整和升级，未来的趋势是对农民工的需求减少，而对具有一定专业技能的技术工人的需求增多。同时，由于中国的人口红利消失，新增劳动力减少，农民工的供给也会减少，全顺公司的管理也应该随着这些变化而调整，以适应新的发展。

商业模型小结：发现创业机会不是一件容易的事情，对于创业者来说，发现创业机会的能力也是当老板必备的素质之一。创业者在日常生活中需有意识地加强实践，培养和提高这种能力。首先，要培养进行市场调研的习惯。发现创业机会的关键点是深入市场进行调研，要了解市场供求状况、变化趋势，考察顾客需求是否得到满足，注意观察竞争对手的长处与不足等。其次，要多看、多听、多想。见多识广，识多路广。每个人的知识、经验、思维及对市场的了解不可能做到面面俱到，多看、多听、多想能广泛获取信息，及时从别人的知识、经验、想法中汲取有益的东西，从而增加发现机会的可能性和几率。再次，要有独特的思维。机会往往是被少数人抓住的。要克服从众心理和传统的习惯思维模式，敢于相信自己，有独立见解，不人云亦云，不为别人的评头论足、闲言碎语所左右，才能发现和抓住被别人忽视或遗忘的机会。

看到了创业商机之后，接下来就是考察商机的可行性。好的商业机会有以下四个特征：第一，它能吸引顾客；第二，它能在你的商业环境中行得通；第三，它必须在竞争对手想到之前及时推出，并有足够的市场推广的时间；第四，你必须有与之相关的资源，包括人、财、物、信息、时间及技能。

讨论题：

1. 如何寻找市场商机？
2. 针对农民工市场的创业和人才市场的创业到底有哪些不同？
3. 该案例的商业模型的关键点是什么？
4. 未来的全顺如何发展？

参考文献：

1. 骆守俭. 正确对待民营企业成长过程中的危机. 上海管理科学，1999（1）：33～34
2. 廖明询. 我国民营企业为何大起大落. 中外管理，1999（1）：19～21
3. 深圳市全顺劳务派遣有限公司网站，http：//www. stquanshan. com/newny

新蓝海的开辟者——分众传媒的商业模型评析

苏晓华　王　平

分众传媒现在是围绕中国都市主流消费人群的生活轨迹打造的无时不在、无处不在的数字化媒体平台，是中国最大的数字化媒体集团。其旗下拥有商业楼宇视频媒体、卖场终端视频媒体、公寓电梯平面媒体（框架媒介）、户外大型 LED 彩屏媒体、手机无线广告媒体、互联网广告平台（好耶广告网络）、分众直效商务 DM 媒体及数据库营销渠道等多个针对特征受众，并可以相互有机整合的媒体网络。分众传媒以独创的商业模式，以及媒体传播的分众性、生动性及强制性赢得了业界的高度认同。2005 年 7 月，分众传媒成功登陆美国 NASDAQ（股票代码 FMCN），成为海外上市的中国纯广告传媒第一股，并以 1.72 亿美元的募资额创造了当时的 IPO 记录，目前市值超过 70 亿美元，是纳斯达克中国上市公司龙头股。

作为分众传媒的创始人，江南春在 1994 年因代理 IT 广告而挖到第一桶金。1994 年至 2003 年期间，江南春担任永怡传播有限公司首席执行官。1998 年，企业年收入超过5 000万元，占领了上海 95% 的 IT 广告代理市场。2002 年，江南春开始投资当时的市场空白点——楼宇广告，并于 2003 年创办了分众传媒，开始担任董事局主席和首席执行官。其后 2 年间分众总共获得了近5 000万美元的风险投资，并于 2005 年 7 月成功登陆纳斯达克。2004 年，分众传媒的销售收入为 2.4 亿元，拥有中国楼宇广告 77% 的市场份额。2003 年 9 月，在由中国广告协会电视委员会、中国广告协会报纸委员会及《广告人》编辑部联合举办的“中国当代杰出广告人”评选活动中，江南春荣获 2003 年“中国当代杰出广告人”称号，同年 12 月，江南春被《传媒》杂志评为“年度传媒人物”。

问题 1：如何在动态性和复杂性日益提高的市场环境下找到需求的规律和特点？为什么有些人能够发现真正的需求而有些人却不能？

思考提示：对市场需求和竞争环境的准确分析是企业或创业者找到新的机会的重要前提，而这种分析能力不是创业者天生就有的，而是经过多年在行业内进行积极实践与创新后获得的一种警觉。也正是在广告业中多年的创业及管理经验，以及一直积极思考的态度帮助江南春发现了巨大的市场机会，从而开辟了广告界的蓝海。

1994年，还在读大学三年级的江南春便开始了自主创业。7月，江南春自筹资金，凭借此前兼职的工作经验和人脉资源创办了永怡传播公司，主营广告业务，江南春任总经理。此后，一系列的户外广告业务让江南春掘得了创业的第一桶金。在短短的两年时间里，永怡的年均收益达到500万元左右，而大学还没有毕业的江南春已经拥有了50万元的存款，那时的江南春还不到22岁。1996—1998年，江南春的公司几乎垄断了上海IT业的所有客户和IT广告市场。1999年，永怡传播占据了上海IT领域广告代理市场95%的份额，营业额高达7 000万元。2000年，江南春开始涉足互联网，代理了7个网站的广告业务。2001年，伴随着互联网经济泡沫的破灭，永怡遭受了重创，江南春在经历了痛苦之后逐渐意识到，广告代理行业往往是费力不讨好，必须改变经营途径。从那一年开始，江南春尝试从广告代理行业向媒介策略服务商转变。“永怡的十年，培养了我对产业的判断力，积累了一些专业经验”，江南春回忆道，“最重要的是，使我发现了分众传媒”。

基于以上在广告产业中多年的成功和失败经验，江南春把中国的广告产业划分为三个阶段，其中1980—1989年为初级阶段，“这个阶段凡是投广告都会成功，因为那个时候谁只要发出声音就成功”；第二个阶段是1990—1998年，“这个阶段凡是有足够群投的网络都可以成功，因为很多人做广告，这个时候你能花更多的钱就行”；1998年之后是第三阶段，“这个阶段即使你有足够的网络也不会成功，因为中国广告存在非常大的问题，其中一个问题就是分众性很差”。进入第三阶段以后，越来越多的企业要求对特定的人群传达自己的产品信息、品牌信息，而广告的传递却必须通过大众传媒来完成，无法有效区分目标受众，以致大量的广告预算流失在非目标人群中。

正是因为对中国广告业各阶段的准确划分，江南春找到了当时中国广告业市场需求的缺口，发现了巨大的商机。

问题2：知道了需求以后，如何找到能够满足这些需求的模式？

思考提示：机会总是留给有准备的人，分众传媒对信息技术和传媒行业近十年的工作经验与深入观察使其能够有效地将自己的技术进行整合，从而有能力满足新的市场需求。光是发现新产业是远远不够的，只有使企业能够满足市场需求才能从蓝海中攫取利润。分众传媒培养多年的技术整合能力恰恰可以满足这一需求。

2002年的一天，江南春在上海徐家汇太平洋百货等电梯。电梯门上的一则招贴广告像落在牛顿头顶的那只苹果一样，让江南春突然激动起来：如果把平面的招贴广告换成动态的电视广告，结果会怎样？就在被广告人忽视的电梯旁，江南春找到了一个超过10亿元规模“无人竞争”的新兴广告市场——楼宇电视广告。2003年5月，江南春成立了分众传媒，专注于楼宇电视广告这个新产业。楼宇电视广告能让广告最精准和有效地击中目标受众，在一定程度上解决了广告干扰度太大的问题。它完全颠覆了受众晚上收看电视广告的惯性思维，目标受众每天至少4次等候电梯，在这段最无聊的时间里，可形成强制性广告收视。本来无聊的广告却能成为一种不错的消遣，且干扰度低得多，是真正有效的广告平台，而且成本只有传统电视广告的1/10。

可能无数广告业精英也曾无聊地等待电梯，也可能有很多人想过打楼宇广告的主意，但是只有江南春成功了，除了善于思考，巧妙地将分众传媒的技术能力与楼宇广告需求完美地结合也是江南春成功攫取该蓝海利润的重要条件。

分众传媒自2002年带领开发的多媒体液晶广告机将超薄DVD、LCD与红外线同步技术相整合，获得国家实用新型专利。2003年下半年起，江南春又率先将硬盘、工控主板、Windows XP系统与无线传输技术相结合，通过GPRS技术实时发送文字信息，利用WIFI和PTOP技术传送视频影像内容，从而将中国的商业楼宇信息化程度提升至国际领先高度。该项发明将多种国内外最新的无线互联网传输技术集成在楼宇电视广告信息平台上，在应用上具有全球领先性，引发了各国各地区的广泛关注。

分众传媒成立后，在短短一年半的时间里，吸引了软银、鼎辉、高盛国际等风险投资商，在投资的支持下，分众开始扩张到全国各大城市，一路攻城略地，把楼宇电视撒在了全国40多座城市里，建立了一个全新的广告载体。2003年，分众的广告收入达6 000万元，2004年猛增至2.4亿元。拥有巨大市场份额的分众自此成为楼宇电视的代名词。

问题3：当一个商业模式在市场上获得巨大的成功后，就不可避免地遭到其他企业的模仿，分众传媒如何避免在红海里竞争？它们是否有难以复制的竞争优势？

思考提示：紧紧抓住产业发展特点来选择发展模式，才能找出切实有效的方式来尽可能地减少或避免竞争。在广告业，获得充足资金支持和大规模并购是企业获得绝对优势的重要手段。当然，除了以上方法，分众传媒还有一些其他企业难以望其项背的独特优势，尤其是其迅速抢占市场份额及追求规模效应等战略，这些方面的优势整合起来让其他模仿者或竞争企业难以超越。

分众获得成功后，其楼宇电视广告创意模式被频频“复制”。在分众成立的几个月后，2003年4月，聚众传媒在上海成立，并在两年多的时间内迅速崛起，成为分众的主要竞争对手。截至2005年7月，聚众已经覆盖全国45座城市、25 000栋楼宇、日覆盖人群超过近3 000万人次。

为了增强竞争力，分众采取了一系列的措施。2005年7月，分众传媒在纳斯达克上市，在获得大量融资的同时，给予仿效它的主要竞争对手聚众传媒以沉重打击。2006年1月，为避免惨烈的“红海”竞争，分众传媒以3.25亿美元收购了聚众传媒。消息发布的当天，分众传媒的股价由双方谈判时的30美元一路飙升至42美元，市值近15亿美元，一跃成为继网易、百度之后市值最高的中国概念股。合并之后，分众的楼宇电视广告份额达到98%，其控制的商业楼宇联播网覆盖中国近75座城市、6万多栋楼宇，每天近1亿都市消费者的受众群，打造成中国最大的户外广告平台。分众在楼宇广告的绝对优势，可以为其他广告领域的客户提供打包和协同服务，可以进行一系列户外广告媒体的并购，可以站在更高的产业层面去部署企业的长期战略、应对更多的国内外竞争，从而摆脱了竞争惨烈的“红海”。

除此以外，分众传媒还有着其他竞争对手都难以获取的独特竞争优势：

分众传媒作为行业龙头老大，充分利用规模经济竞争优势，享受着作为行业领导者所带来的巨额利润回报。

1. 风险投资推动下的规模经济

2003年5月，分众传媒赢得了国际知名的战略投资基金软银的巨额投资，并借资本之力在全国展开“圈楼活动”。此后，分众传媒进一步加快了“圈钱运动”的步伐。2004年4月，鼎晖国际CDH和另一家国际知名风险投资基金DFJ再次将1 250万美金注入分众传媒，推动其全国楼宇广告网络的深度覆盖。2004年11月，美国最大的投资银行高盛公司、欧洲最大的风险投资基金3i又投入3 000万美金，成为分众传媒第三轮的投资者，2004年度分众融资总额上升至4 250万美金，创造了10年来国内广告传媒私募融资的全新纪录。2005年10月，分众再次运用资本的力量，以超过一亿美元的价格收购了国内最大的电梯平面媒体“框架媒介”100%的股权，从而顺利分享了“框架媒介”所拥有的4万部电梯和4 000万人次日均覆盖量。不久，分众媒介又收购了全国排名第四的边界液晶屏业务，完成了上述战略性的资本收购后，分众传媒在原有的网络基础上新增了高档公寓媒体资源，使分众传媒日覆盖率和有效接触率迅速提高。

2. 市场细分优势

波特认为，集中战略的企业选择产业内一种或一组细分市场，并量体裁衣使其战略为它们服务而不是为其他细分市场服务。集中战略有差异化集中战略和成本集中战略两种形式。分众传媒所实施的是差异化集中战略。分众传媒把在写字楼上班的中产阶级设定为广告目标群体。这样的定位有着科学的根据。随着中国经济的快速发展，社会阶层发生了巨大变化。城市中产阶层（月收入3 000～10 000元）迅速形成和崛起，财富阶层（月收入10 000元以上）迅速扩大和年轻化。中产阶层和财富阶层是高档和时尚商品的消费主力，是广告主市场营销的理想对象。分众传媒创造的楼宇电视正是把目光瞄准了传统媒体所不能充分覆盖的中高收入人群。这部分人群较少关注一般的报纸广告，也无暇看电视广告，他们所能接受到的广告信息有限，但是这一类人，又恰恰是某些品牌和商品的消费主力和重度目标消费群体。分众传媒正是抓住了这样一个被大众市场忽略的细分市场，开创了吸引消费者眼球的分众传媒新模式。作为一个精准针对白领和精英阶层的媒体，其未来不可限量，因为城市化的进程使写字楼、公寓和商场已经成为市民最主要的工作与生活的活动区域。与此相对的是，传统的大众传媒尽管能对大众市场进行大范围的广告宣传，但是在满足特殊市场需求方面表现欠佳，这也正是分众在细分市场和集中化战略上的优势所在。

3. 抢先行动占有垄断性资源，提高了市场进入壁垒

对稀缺资源的垄断占有是构筑进入壁垒的重要途径之一。楼宇电视行业本质上是一个资源竞争型行业。商业楼宇是稀有的不可再生资源，由于合同都是独家性的，一旦某楼宇被某家企业占据，其他企业再想进入就很难了。分众传媒在风险投资的大力推动下，在全国各地迅速高效地占据了这项稀缺资源。以楼宇覆盖量计算，分众占据了70%；而以液晶电视数量比较，分众占据了77%。另外，分众传媒尤其注意对高档楼宇的占有。在全球最大的不动产管理集团高力物业所提供的中国十大城市TOP50写字楼排行榜中，分众占据了75%以上的份额。分众在楼宇液晶电视市场的占有率加之其在流动场所如商场、宾馆、休闲娱乐场所的交叉覆盖，对楼宇广告受众的到达率达85%以上，覆盖已较为充分，分众传媒已经成为众多广告主的优先选择，给竞争者制造了难以逾越的市场壁垒。

问题4：楼宇广告市场经过几年的发展，相对比较成熟，成长速度减慢。在分众传媒成功占领楼宇广告市场的大部分份额后，如何获得进一步发展？

思考提示：波特竞争优势理论中包含关联和多元化战略。波特认为以关联为基础的多元化最有可能在现有产业中提高竞争优势或者在新产业中形成持续的竞争优势。关联允许企业通过内部发展进行多元化，比其他缺少关联的潜在竞争对手克服更少的困难而进入新产业。关联的存在还意味着可以通过内部发展的多元化使得与新业务单元有关的现有业务单元受益。

较之其他媒体，分众传媒拥有关联与多元化发展上的优势。分众传媒自成立以来，首先开拓的是商务楼宇广告市场，但是，由于楼宇广告市场经过几年的发展，相对比较成熟，成长速度减慢，分众以其战略性的眼光，在未来几年中，还将继续巩固这一市场，与此同时也开始推动旗下其他信息传播平台的发展，逐步涉足其他领域，开创新的利润增长点。

由于分众在商务楼宇市场上的优势，进军卖场及其他新领域将会更加容易。正如波特所说，企业可以利用已有优势有效整合新的资源，从而比其竞争对手更少地克服阻力。江南春的“蓝海战略”还将继续在全国45座城市楼宇电视市场大举排兵布阵，在已经几乎无楼宇空当的情况下，分众将目标瞄准购物中心、卖场和一切可以实现分众化传播理念的场所，强制性地影响快速消费品的购买决策者。除写字楼外，分众还建了大卖场联播网、针对中国最高端人群的高尔夫联播网、针对商旅人士的机场巴士联播网以及高档美容场所联播网等。2006年，分众又将目光瞄向了手机，江南春表示将在一季度推动手机视频广告，再次开辟新的分众“蓝海”。分众若仅仅局限于商务楼宇领域，可以预想其潜在的商机是有限的。而当分众传媒的多元业务齐头并进，互为支撑，充分发挥关联和多元化竞争优势的威力，分众传媒将迎来新一轮的高速增长。

问题5：分众传媒的增长会一直持续下去吗？分众传媒的高速增长存在什么问题？

思考提示：分众传媒的高速增长也带来了一些负面的问题，如大规模的并购引起的协同性问题、并购后缺乏内部整合创新等。如果不解决这些问题，分众传媒就无法突破障碍，获得进一步的发展。

2005年7月13日，分众传媒在纳斯达克成功上市，融资1.73亿美元。上市之后，分众传媒进行了一系列大手笔的并购，先以1.3亿美元收购框架传媒；又以9 400万美元现金加2.31亿新发股票的方式收购竞争对手聚众传媒；接着又以3 000万美元收购点告，将其更名为分众无线；再收购好耶，由此形成了庞大的分众传媒帝国。但是一味以收购为主线的发展战略会造成企业过分依赖收购而忽视内部的整合与协同，而分众传媒也存在着这样的问题。

4. 协同作用的缺失

虽然并购是企业快速扩张必然遵循的发展逻辑，分众能以最快速度并购整合商业模式非常相似的框架、聚众，建立起行业垄断地位就印证了这一点。但盲目的多元化并购会使企业陷入危机，因此必须意识到只有产生协同效应才能真正凸显整合的力量。2008年3·15晚会上，分众无线的垃圾广告被曝光成为分众兴衰的转折点。2008年第一季度，分众重组手机广告业务使账面上净亏损5 380万美元。2008年12月，分众正式宣布终止手机广告业务，玺诚卖场广告业务在2008年尚未盈利，毛利率只有20%，而且分众2009年第一季度对玺诚的重组将使卖场广告收入缩水一半。从并购凯威点告和玺诚传媒来看，分众传媒陷入困境的关键原因是，战线拉得太长，不能产生协同效应。从户外到互联网再到手机，这么长的战线易耗费资源，超标的资源耗费加剧了公司资金链吃紧，资金链吃紧导致公司急功近利，只关注眼前利益。从手机业务上看，分众对消费者利益的忽视使分众股价单日下跌27%。玺诚的卖场广告其实是大众媒体，光临卖场的主要消费群跟楼宇人群必然有很大的不同，人们在购物时也并不无聊，因而与原有户外业务之间难以形成协同效应。

5. 过分依赖并购，但并购后缺乏整合创新

分众实施并购的战略目标虽然清晰，但企业内部整合创新还远远不够。分众最大的弱点在于过分依赖收购这个武器，没有及时修炼内功。收购不只是消灭竞争对手、获得垄断定价权，还要为更新更大的企业注入新的生机和活力。上市三年多以来，分众自身的创新好像太少了，日复一日地播放广告自然会让消费者产生审美疲劳，也就不能让广告主认同。在这么短的时间内，分众的并购可以将众多小公司在资产上整合成一个大公司，却不能有效整合多方员工、多个企业的文化。当年分众并购框架、聚众统一楼宇电梯市场时，之所以没有看到在文化整合上的缺失，是因为分众、框架、聚众都是在做楼宇电梯间广告；而进入手机、互联网市场就不同了，三个市场的运营模式相差较大，团队的风格也各不相同，因此，分众在三大新媒体平台上没有发挥出多大的协同作用。

总的来说，分众传媒的商业模式（如下图所示）还是有很好的参考价值的。首先是市场需求的发现问题，只有对整个产业和市场有充分的了解并充分把握住其变化才能发现市场潜在的需求，从而开拓蓝海。如果江南春没有丰富的广告产业中的创业、经营经验就不能识别出每个广告业发展阶段的特点，也就不能根据当前的广告业发展特点找出新的市场需求。其次是发现巨大需求后依靠各种融资手段打压、收购竞争对手、获得市场绝对份额和垄断定价权的手段也是紧紧抓住了广告业的特点而进行的有效整合。再次是获得绝对的竞争优势后，分众传媒并不是固步不前，而是积极利用已有的优势有效整合新的资源，在保持商务楼宇广告市场份额的前提下向别的信息传播平台进发（如手机和互联网）。然而，虽然分众传媒的整体思路是正确的，但是如果无法克服其发展中的瓶颈问题就无法进一步发展，甚至会葬送其前途。通过并购只能扩大分众传媒的市场份额，但并不能直接提高它的市场竞争力，而只有将收购后的企业与原有企业（在员工、文化方面）进行有效整合产生协同效用后才能真正发挥出收购的作用。另外，合众传媒的创新仅仅局限于市场方面，而很少关注企业内部的结构整合方面的创新。如果分众传媒在快速增长的过程中能够兼顾不同部门间的协同，以及注重企业内部结构整合方面的创新，那么分众就会在未来开拓出更多的蓝海，获得更好的发展前景。

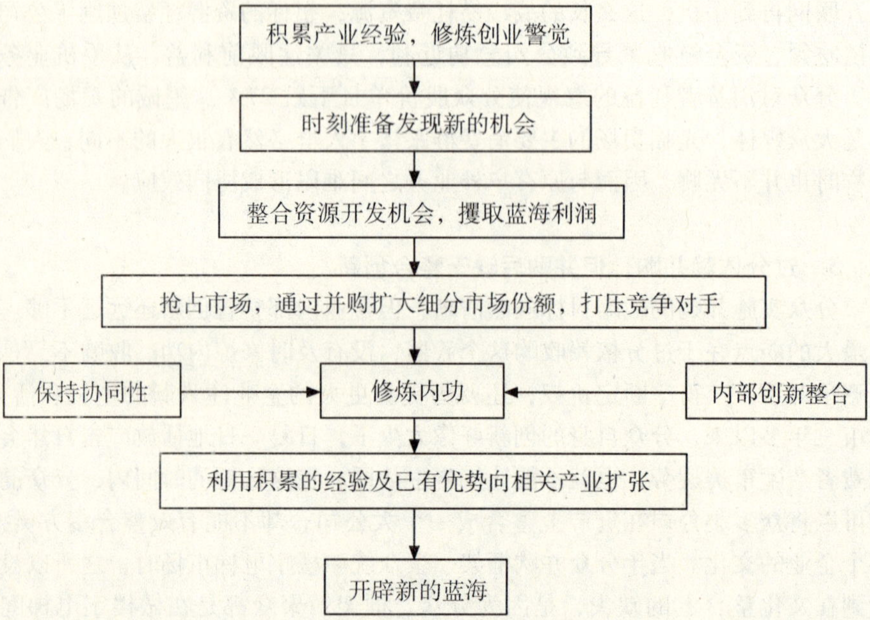

分众传媒的商业发展模式图

问题 6：分众传媒的商业模式有何推广价值？

思考提示：在江南春创立分众传媒的同一年，广告产业内诞生了另一个新蓝海的开辟者——触动传媒。虽然两家企业在不同的市场竞争，但其商业模型惊人地相似，而触动传媒的绩效也证明了上述商业模式的有效性。

触动传媒“Q”是一个安装在出租车的副驾驶座头枕后方，可以为出租车乘客提供娱乐和信息资讯的互动式触摸屏。它能在广告主和消费者之间建立情感的纽带，实现亲密对话，产生亲和力，从而获取消费者的信任，进而成为“消费者代理”的角色。它以讲话、说故事、玩游戏等“寓商于乐”的方式，将商业信息的内容传达给消费者，引起他们的好感与兴趣，同时借助手机短信对话、网络互动等方式，进行更深入的整合行销。

2008 年，当大多数广告公司转攻为守，进行调整收缩时，触动传媒却逆流而上，风景独好，在 2008 年实现营业额 1 000% 的惊人增长的基础上，至 2009 年 8 月为止的销售业绩增长已经超过 300%。别的企业减薪裁员之时，拥有 400 多人的触动王国今年却欲再吸纳 150 人共谋大业。与此同时，触动的新一轮融资已经完成，1亿元的新增资本将为触动扩张注入强大的力量。

触动传媒之所以成功，其商业模式与分众传媒非常一致，具体表现在以下几个方面。

（1）定位准确，开辟新蓝海。

触动传媒的产生也是因为一个创意，与商务人士无聊地等电梯一样，大多数出租车乘客在乘车的时候也是极其无聊的，因而与分众传媒一样，触动传媒的“Q”也能够在乘客乘坐出租车的这段最无聊的时间里，对乘客形成强制性广告收视，让本来无聊的广告变成一种不错的消遣，因而也能成为真正有效的广告平台。另外，通过有趣的互动方式来与消费者进行沟通，可以在内容上营造一个有亲和力的媒体的形象，这样才能获取消费者的信任，出租车是一个相对封闭的车体，乘客可以自由随意地选择想观看的内容，在这些看似随意的点击中就会形成乘客对广告的阅读，使看广告成为享受，而不是煎熬。另外，触动媒体切实地到达了广告主想要聚焦的受众群，出租车的乘客属于“三高人群”（高收入、高消费、高学历）。据统计，93%的出租车乘客属于高收入者，且96%的乘客年龄在21岁到49岁之间，82%的乘客接受过高等教育，平均一位出租车常客每月乘车40多次，在平均18分钟的车程中，89%的乘客会与屏幕进行互动，而其中86%的乘客会对此爱不释手，并视其为娱乐和资讯的来源之一。因此，广告主只需要在一座城市的3 000辆出租车上发布广告，就可以接触到约90%的高收入人群，这种传播效率是传统媒体的3倍多。

（2）技术整合的能力保障其可以攫取蓝海利润，并制造技术壁垒。

触动传媒投放于出租车上的互动功能广告模式填补了一般户外媒体广告的一个技术空白，其市场从上海到北京，从广州到深圳，逐渐铺开。对于新媒体的圈地运动而言，先期设备投入需要占用大量资金，而触动传媒拥有的专利产品比一般PDA便宜，也远比目前新媒体广泛采用的液晶设备便宜，不仅解决了先期扩张资金问题，也能很快收回成本。这项技术不仅使触动传媒确立了很高的技术壁垒，而且延伸出多项增值服务，从而组建成他们独特的商业模式。

（3）抢占稀缺资源，扩大市场份额，进一步创造竞争壁垒。

一个城市的出租车的数量是有限的，不可能扩张得很快，这就为触动传媒创造竞争壁垒打下了基础；而且，出租车传媒符合广告主对广告的很多要求：出租车里很封闭，乘客无事可做，若不看电视或杂志，就只能看街道；乘坐出租车的人群相对固定，他们的需求也很好判断。

（4）积极修炼内功，追求技术上的不断创新。

触动传媒有一支超过40人的IT技术研究开发团队，现已研发出第三代系统，并且正在全面安装，以便为乘客提供更多的全新服务，这就使得触动传媒克服了分众传媒过分注重并购而忽视内功修炼的弊端，通过加强内部整合与创新，为进一步开拓新的蓝海打下了坚实的基础。

触动传媒的成功是我们总结的分众传媒商业模式有效性成立的一个很好的例子。当然，以上的商业模型也有其局限性，广告产业只是一个很特殊的产业，开辟出蓝海以后，先通过大量并购扩大市场份额、整合市场，然后修炼内部能力，营造独特竞争优势。接着，再开辟新的蓝海的模式，但不一定能够很好地应用到其他产业中，最好是根据实际的产业特点进行适当的调整。

讨论题：

1. 分众传媒的商业模型要点是什么？
2. 分众传媒的商业模型有无推广的价值？
3. 触动传媒的例子能否证明分众传媒商业模型的有效性？是否还有其他类似的案例能证明“分众传媒”商业模型的有效性？

参考文献：

1. 袁文艺. 基于波特竞争理论的分众传媒竞争优势探析. 探索与争鸣，2008（12）：100～102
2. 周海泉. 分众传媒缘何由盛转衰——分众内部的整合创新远远不够. 经理人，2009（3）
3. 迈克尔·波特. 竞争优势（中文版）. 北京：华夏出版社，2005
4. 陈力丹，雷蕾. 分众传媒公司为什么会遭遇危机. 新闻与写作，2009（2）
5. 刘晓晖. 因为精准所以超值——从触动传媒互动模式谈新媒体发展趋势. 中国广告，2008（5）

金风科技：风电产业的价值链整合者

燕　波

金风科技股份有限公司，简称金风科技，成立于1998年，坐落在西北塞外明珠——乌鲁木齐，2007年底在深交所上市，是目前国内从事大型风力发电机组研发和生产制造的龙头企业之一。截至2008年底，金风科技拥有员工800余名，营业收入64.6亿元人民币，净利润9.2亿元人民币。

金风科技的主要业务包括风电价值链中的四大领域：①风机研发与制造公司，下设北京金风科创风电设备有限公司、内蒙古金风科技有限公司、德国金风风电有限责任公司等七家子公司。负责风机设备的研发、制造与销售业务，为公司的主要业务收入来源。②风电投资公司，下设北京天润新能投资有限公司。主要进行风电场开发与销售项目，作为公司新的盈利模式，正逐渐成为公司整机制造业务的重要补充。③风电服务公司，下设北京天源科创风电技术有限责任公司与新疆天运风电设备配送有限公司。其主营业务包括风电场技术服务、风电场建设工程总包，以及物流供应链服务等。④零部件研发与制造公司，下设北京天诚同创电气有限公司与德国VENSYS电子有限责任公司。其中，2008年金风科技对VENSYS的收购大大提升了自主创新能力，并对公司未来发展战略产生了深远的影响。

2000—2007年，金风科技在国内风机厂商中一枝独秀，创造了连续八年超过100%增长的市场业绩。2007年，金风科技的国内风电市场占有率为25%，排名第一，并在同年年底登陆深交所，创造出首日交易收盘价131元、市值一度超过700亿的中小板IPO奇迹。2008年，金风科技的国内市场占有率下滑至18%，多年的龙头地位被华锐风电以22%的市场占有率替代，而由此伴随而来的还有对公司未来的质疑。借助国家对新能源政策的春风，加之发展初期以合适的商业模式快速介入风电产业所带来的垄断利润，金风科技创造了销售收入连续九年翻番的奇迹。

究竟是什么造就了金风的奇迹？风电产业又是一个怎样的产业？随着国内风电装机总量增速的不断下降，市场竞争势态日益激烈，自身业绩基数已达到一定数量级的金风科技是否还能续写这个“奇迹”？金风科技现有的商业模式是否还能支撑企业未来的高速发展？如果不能，那么它又将何去何从？

一、金风科技的起步

市场的有效需求是企业生存壮大、高速发展之根本所在。作为新能源产业中的一员，风电产业迅猛发展的原动力也同样源自市场的有效需要，但并不是有市场需求就一定能促进产业迅速发展。几乎所有的产业或是技术都有着为数众多的替代品，以电力产业为例，就存在火电、水电、核电、太阳能、地热能等多种替代能源。只有当市场需求与科技本身的发展逻辑及市场对科技提供的支持三者之间进行有机结合，市场需求才能变成一种有效需求。

问题 1：什么产业才是创造奇迹的产业？

思考提示：市场从来就不缺乏奇迹，能源产业也是如此。一个产业的壮大不仅取决于市场需求，而且取决于产业自身的技术成熟程度，以及社会对该产业在资金、物资、装备等方面的支持，甚至取决于社会历史趋势与文化土壤对其的选择。一旦满足了这些条件，将会有无数的企业从这个产业崛起，互联网产业如此，新材料产业如此，生物技术产业如此，新能源产业也如此。

近十年来，全球风电产业经历了一段超常规的发展过程，这取决于支撑风电产业的一个条件和三个驱动因素。其中，首要条件就是全球存在丰富的风力资源；三个驱动因素分别为：全球对环境问题日益重视、国际油价的持续高企，以及风电技术日益成熟。

首先，近年来国际社会日益意识到环境污染和全球气候变暖问题的严重后果，纷纷采取措施试图遏制环境问题的恶化，措施之一就是扶持清洁新能源的发展。而风电技术是一种可大规模商业开发的清洁新能源。从国际经验来看，高强度的政策倾斜是风电产业发展的关键要素，如国家特许权（70%的国产化率要求，且风电场开发商需与国内制造商捆绑参与投标），加之中国目前强调产业结构调整，风电产业所具备的高科技、制造业、可再生能源等关键要素都符合国家的产业政策，这对推动国内风电设备的投资热情、扶持本土风电机组制造业起到了至关重要的作用。

其次，高油价迫使各国寻求可再生的替代能源。自2003年以来，国际油价持续攀升，至2008年底已经数次逼近100美元大关，国际油价持续走高带动天然气、煤炭等化石能源价格的同步走高。化石能源的价格维持高位使作为替代产品的新能源，如风电发电、核能发电和太阳能发电在经济上可行，这些因素引发全球在包括风电等新能源领域的投资热潮。

再次，风力发电技术日益成熟。化石能源等一次性能源的特点如环境成本增加、不可再生等决定了其成本将不断上涨；而随着技术成熟和规模效应的发挥，风电、核电等新能源发电的成本将进一步降低。在众多新能源中，风电是最具商业开发前景的新能源之一。资料显示，风电机组约占风电投资的70%，随着风电技术的成熟和规模效应的显现，机组价格不断下降，由此带来风电成本的持续降低。据统计，20世纪80年代到90年代初，风电成本下降较快；90年代中期以来，成本下降趋缓，即使这样，风电成本也达到每5年下降20%，照此速度，到2020年，即使没有补贴，风电的成本也将接近常规的能源，如煤电。

最后，风电产业发展不存在资源瓶颈。资料显示，全球风电总资源约为53万亿千瓦时，是水能资源的近10倍，相当于1万亿吨标准煤产生的能量，约为全世界目前总能源消费量的100倍。中国的可利用风电资源约为10亿千瓦，其中陆地3亿千瓦，近岸海域7亿千瓦，列居世界第三位。截至2008年年底，中国已开发的风电资源仅占可开发风电资源的0.8%。根据国家发改委对我国可再生能源的中长期规划，预计到2010年，可再生能源的消费将占到我国能源消费的10%，2020年将达到15%。结合我国风力资源状况，风电作为最具大规模商业开发前景的可再生能源，必将呈现高速发展。

问题2：地处新疆，金风科技应该如何融入风电产业链？

思考提示：风电产业属于新能源产业，其技术要求较高。传统的战略管理理论认为，核心竞争力是企业成功的关键性因素，那么对于金风科技这种初创型企业而言，自己的核心竞争力应该体现在何处？而地处西北区位的乌鲁木齐，进入风电产业链的哪个环节才是最佳的选择呢？对此，金风科技的董事长兼总经理武钢是这样认识的。

“我在和一帮同事创立金风科技之前，还办过软件公司、自动设备厂、通信公司和加油站、吊装公司，这些都是百分之百的民营企业。我做通信公司的时候受过一个很大的刺激。当时我们4个人创业，大家的品质都很好，但有个小伙子去了一次深圳，就不回来了。那时我们在开发‘二哥大’，研究怎么把对讲机接到电话网里，实现‘大哥大’的功能。这个小伙子真的开发出来了，成本才800块钱，我们当时都被震惊了。但在把这个技术商品化的时候，我们遇到了很大的难题，始终难以攻破。直到有一天我去北京，见到北方交大的一个老师才知道，这是一个国家课题。前后一年多，这个小伙子每个月拿四五百块钱，天天研发到夜里一两点，晚上我们俩推着自行车边走边聊一起回家。最后他坚持不下去了，去了深圳，结果一入职就拿到了3 000块钱的月薪。”

这件事让武钢悟出一个道理，在新疆这个地方不适合做技术的原始研究、基础研究，要在这里做高科技产业，就要研究它的规律。后来他们总结出一条："要做两头。一头做市场调研，看市场最需要什么技术；另一头研究美国和台湾已经有的通信技术，我们做应用和集成，赚组网、设计的钱。结果这么一做，不到半年，房子买了，车子也有了。"

金风科技的经营也沿用了"做两头"的商业思维。金风科技一直是一个"轻公司"。2006 年，金风科技的营业收入达 15.3 亿元，固定资产投资只有 5 000 万元；2007 年 12 月，金风固定资产投资上升到 4 亿多元，这一年金风科技的收入和利润分别是 31 亿元和 6.3 亿元。

二、金风科技的发展

金风科技根据中国独特的产业格局和市场环境，结合自身的特点摸索出一条"以研发、市场为核心，整合制造资源"的发展之路。通过整合国内外的研发、零部件制造资源，以更具性价比优势的产品赢得市场，成为国内最大的风机制造企业。

从产业价值链来看，金风不直接介入零部件的制造供应，而是根据风机零部件专业性强、产业空白的现状，寻找具有类似技术、生产经验和能力的厂商，建立合作伙伴的关系、提供技术支持，获得零部件供应保障。金风科技不涉及零部件制造、整合研发生产资源的特征使之成为典型的风电产业的价值链整合者。

问题 3：为什么金风科技要选择"整合价值链"作为自己的主导战略？

思考提示：根据自身的发展战略，金风科技选择了向客户提供系统解决方案作为市场定位。事实上，作为一家风机制造企业，仅仅向客户提供风机是远远不够的。在国内市场，风电产业仍处于发展初期，金风科技的客户在风场建设、风场运营维护方面缺乏足够的经验，客户潜在的需求成为企业提供产品服务的方向。定位的选择往往与所处的经济和产业环境相关。在一个产业的早期发展阶段，各方面的配套设施和服务方案都还很不成熟，因此，对于想要在该产业建立起领导力的企业，提供整套解决方案是最为合理的选择之一。

风电产业可以划分为六个环节：研发、零部件制造、整机制造、运营维护、风场投资和开发、风场经营。金风科技的核心业务是整机制造，其每年 95% 以上的营业收入都来自风力发电机组，由于风电机组所需的零部件供应来自不同的产业，且制造工艺要求复杂，难以完全自给自足，因此零部件制造完全外包。由于风电产业的技术专用性要求较高，对零部件的质量有着严格的要求。对此，金风科技使用了"金风提供信息，制造商提供产品"的运营模式。零部件供应商的产品必须严格按照金风科技的技术标准制造；部分核心零部件，如叶片、电机等，则与供应商协作设计，通过建立专家库和技术顾问体系，共同解决在零部件设计、工艺和检验过程中出现的各种问题。

与此相类似，印度的Suzlon公司也是一个“完整方案提供者”的典范。Suzlon成立于1995年，前身为一家大型纺织企业，1996年进入风电领域，以惊人的速度成为全球第五、亚洲最大的风机制造商。从价值链角度来看，Suzlon的业务活动是由整机制造开始向两端进行的，最终贯穿了整个风电的产业价值链，这与金风科技有着本质的区别。归根结底，其原因在于Suzlon公司建立的早期，印度的风电产业发展尚处于起步阶段，整个产业链还未形成，而印度本土的制造业基础也并不扎实，导致Suzlon公司必须承担起提供整套风电解决方案的艰巨任务。显然，中国的制造业基础较印度更为雄厚，这也为金风科技采取“以研发、市场为核心，整合制造资源”的发展思路提供了可能。

金风科技与Suzlon公司在完整方案提供模式上的比较

	定位	业务系统	资源能力	盈利模式	现金流
金风科技	向客户提供系统解决方案的综合风机制造商	研发＋整合制造＋市场，从整机制造环节发力，并向客户端延伸	研发整合能力、供应商整合能力	风机销售收入、运营服务收入、开发投资收入	轻资产经营
Suzlon公司	向客户提供从土地获取到终生维护的全面风能解决方案提供商	构建从研发、零部件制造到风场经营的贯穿风能产业价值链的业务系统	研发能力、低成本制造能力	风机销售收入、运营服务收入、开发投资收入、风电场经营收入	重资产经营

资料来源：魏炜，朱武祥. 发现商业模式. 北京：机械工业出版社，2009

问题4：选择“整合价值链”作为商业模式需要具备怎样的资源能力？

思考提示：“整合价值链”的核心就是整合能力，其中主要包括两个部分：其一是研发整合能力，其二是供应链整合能力。在风电产业发展初期，技术是撬动整个产业的杠杆，但这个技术能力更集中地体现在风电项目的一整套解决方案中，而非单纯的风机制造技术中。事实上，金风科技进入风电市场时，虽然国内的相关技术和研发水平较低，但国际上的技术却已经相当成熟，金风科技的出色之处在于它的研发团队通过借鉴国际先进的研发技术，根据中国本土特殊的一些自然环境，快速找到相应的解决方案。在风电市场竞争并不激烈的初期，良好的研发能力是获得订单的保证，而得到订单后，相应型号的风机产品完全可以交由合格的制造厂商加以生产。

然而，不涉及零部件制造的整合制造往往意味着零部件供应的依存度很高，企业的供应链整合能力成为能否实现生产的关键点之一，如何保证供货稳定与供货质量呢？目前金风科技是国内最大的风电零部件需求商，利用自身的市场影响力，金风科技与许多零部件供应商都保持着长期合作关系。尤其是核心零部件供应商，金风科技一直都对其给予信任与支持，例如，金风科技在其新疆总装基地附近建立了多处厂房，提供给战略合作者使用，为金风生产相关零部件。此外，为确保零部件的质量，金风还长期派驻质量控制人员，在厂家现场监控零部件生产。在与制造商结成战略伙伴关系的同时，金风科技还不断扩大制造商的群体，确保自己始终拥有选择的主动权。同时，在整机组装这一环节上，金风也是自营和装配两条渠道并行。在选择装配商时，金风很有弹性，有控股的，有参股的，还有特许加盟的。这种轻资产模式，让金风占据产业高端。经过多年的精心经营，金风科技已拥有了数条稳定且优秀的供应链。

问题5：金风科技的业务系统是如何实现盈利的？

思考提示：为了达成向客户提供系统解决方案的产品和服务，在外部条件和自身资源能力的约束下，金风科技将重点放在了价值链的整机制造环节，并逐步向客户端延伸。在研发环节上，金风科技强调整机设计工作，同时充分利用来自各方的研发资源，为关键的零部件和整机制造提供技术支持，为供应链体系夯实合作基础。在金风科技的战略体系中，明确提出不深度介入零部件制造环节，通过为供应商提供协作平台、开展紧密的技术合作，保持稳定的市场供应。在整机制造环节，金风科技围绕国内主要风能市场合理布局产能，以获得更经济的物流运输成本。在风场开发环节，金风科技利用对风场前期开发的丰富经验，拟通过拓宽外部资本资源开展新的风场开发投资业务。在运营维护环节，金风科技在原有客户服务的基础上成立相对独立的公司，开展风场运营维护业务。通过除零部件制造环节外的风电产业价值链布局，金风科技将自己定位为实现向客户提供系统解决方案的综合风机制造商。

综上所述，金风科技与Suzlon的主要区别表现在零部件制造来源上。Suzlon依靠自营，这与印度本土的制造业不发达有关。金风科技则选择了与零部件供应商开展合作，并不深度介入零部件制造的方式。Suzlon的策略优势在于不需要建立外部供应链，劣势在于庞大的固定资产，也就是重资产运营。金风科技恰恰相反，供应链管理是金风科技必须具备的关键性能力之一，这是挑战，但同时也免除了大量零部件固定资产的负担，可以实现轻资产运营，从而具备更强的竞争力和更高的灵活性。

从收入结构来看，目前金风的主要营业收入来自风机销售业务（即整机制造环节）；从商业模式的整体布局来看，金风科技的收入来源还包括服务收入

（运营维护环节）、风场投资开发收入（投资开发环节）及技术咨询收入（研发环节）。尽管目前仅服务环节有收入贡献且相对份额较小，但可以预见，随着风电产业的发展，风机的寿命超出质保期之后，除整机制造外，其他业务的市场也将逐步扩大，这些新的盈利点将会实现金风科技商业模式的多点盈利。

三、未来的挑战

预计从2011年至2020年，我国风电机组需求将以20%的复合增长率增长。2010年，我国风电总装机将达到2 469万千瓦，2020年将达到2.59亿千瓦。至2009年，国内风电机组依然供不应求。其原因有两个方面：其一，2006年开始的新风电特许权招标政策限制了风电机组的进口；其二，本地产能的扩张需要时间，一般从建厂到形成大批量生产能力至少需要1至2年时间。由于风电是国内的新兴产业，其技术人员和熟练工人的缺乏都是风电机组产能短期内大幅提高的障碍。这些因素导致在2006年建厂的国际厂商暂时还未对金风科技产生重要影响。

问题6：究竟是什么原因导致金风科技的龙头地位不保呢？

思考提示：事实上，金风科技目前最重要的竞争对手主要还是来自国内，金风科技的龙头地位不保，并不是因为自身发展停滞，而是因为国内风电厂商的过度竞争所导致的市场蚕食。2008年，金风科技依然保持了70%以上的增长速度，但金风科技的市场占有率却下降了7个百分点，降到18%。与之对应的是华锐风电市场份额增加到22%，东方电气也以17%的市场占有率紧逼其后。

在风电产业，前三甲的竞争局势无法诠释整个产业全局。数据表明：全世界风机制造商只有十多家，中国却已有70多家。而这70多家企业中，超过40家是在金风科技上市后的一年时间内诞生的。以金风科技为代表的上市造富奇迹受到了市场投资者的热捧：甘肃的长城电工几欲引进战略投资者发展风电电机业务；鑫茂科技因投资生产风电风叶片，被QFII重仓持有；与金风科技有业务关系的汇通集团，在金风科技上市后也备受资金热捧。继无锡尚德催热光伏太阳能产业后，金风科技的上市很快催热了风电产业。

这样一拥而上无疑造成了风电产业的混乱局面。正如武钢所认识到的："未来中国的风电市场也就是每年1 000万千瓦，2007年像金风科技一家的产能已经达到300万千瓦，产业前三名加起来就可以达到这个数字。产业的前五名就占据了整个市场份额的80%以上，剩余的70多家在追逐10%多一点的市场份额，这样的竞争可想而知。"

问题7：金风科技的“哑铃模式”正在遭遇什么挑战？

思考提示：金风科技上市之后，国内冒出的大量风机整机厂，无一例外模仿了金风科技的模式。那么，即使没有疯狂投资、产能过剩，金风科技所处的风电产业也不是一片坦途，而在这里首当其冲的还是“哑铃模式”。

在风电产业，根据有无零部件制造业务可将风机制造商分为纵向一体化（自己生产零部件）和专业化协作（只负责组装整机，零件从外部采购）两种模式，金风科技属于后者。金风科技的叶片、齿轮箱、发电机、主轴承、控制系统、液压系统、润滑冷却系统甚至机罩、底座都是由外部采购，其主力产品750kW风电机组制造成本中99%用于零部件采购。按照惯例，风机厂商中标后可拿到相当于合同总额15%的预付款。这笔款项与采购预付款还有不小差距，因此需要金风科技垫资。而外部采购设备到货后，金风科技需付总价的50%，垫资压力最高时可达中标金额的60%以上。直到风机安装、调试完毕后，资金链的压力才能得以缓解。

哑铃模式的优点也是显而易见的：固定资产投资少、技术起点低，可以直接从整机销售中“快速致富”。这与近年来中国PC产业的“攒机”模式（全部或部分从上游供应商采购核心部件，如CPU、内存、硬盘、LCD等，然后自己生产拼装成整机后以“品牌电脑”名义进入市场）是非常类似的。这种经营模式充分利用了外部厂商的资源，降低了技术门槛，减少了资金投入。于是，从表面上看，金风科技每年投入的研发费用都占当年销售收入的5%以上。但绝大部分费用用在了样机上，而样机成本的90%以上是零部件采购。因此我们也就不难理解市场对“哑铃模式”的质疑主要就是对金风科技核心技术的质疑。

传统意义上，纵向一体化往往意味着企业对核心技术的绝对掌控。事实上，纵向一体化与专业协作化本质上的区别在于前者指企业内部的产业衔接方式，是唯一的自我选择结果；而专业协作化是产业内部不同竞争者的集合，是竞争条件下的选择过程。以风电机组轴承为例，其主要部件包括主轴轴承、发电机轴承、偏航轴承、变桨轴承及变速箱轴承，其中主轴轴承和变桨轴承的技术难度较大。世界上最专业的轴承生产商也只有德国FAG、瑞典SKF等几家，对于这些企业而言，上下游企业对其产品别无选择，因此产业链事实上就是企业内部的“纵向一体化”。

在某种意义上，企业在进行供应链整合时容易进入两个误区：其一，忽视产业链所提供的多元化选择，而顽固地坚持自我打造非排他性“产业链”，即企业内部“纵向一体化”，进而导致对资源的浪费，最终削弱了自身竞争力；其二，企业在产业链中始终处于矩阵选择范围中，不具有任何排他性的竞争优势，这意味着该企业随时面临被淘汰的可能。金风科技所面临的困境恰恰属于后者。如果说由于国家政策的倾斜，2008 年之前的风电产业仅限于国内群雄争霸，区域性的整合也能带来高额的利润，那么，当风电产业逐步跨入全球化竞争时代，能够占据产业链中具有排他性的环节，才真正意味着一种完全意义上的全球竞争力。在很多情况下，这种排他性的关键内涵就是核心技术及其所拥有的专利与产业标准。因此，世界级企业都费尽一切心机，努力在技术、专利、标准方面获得排他性的突破，以此成为全球化时代的“超一流企业”。而金风科技对付模仿者的办法也就是掌握住商业模式上的关键点，如控制核心技术的主动权。2008 年 4 月，金风科技以现金 4 124 万欧元的价格收购了德国 VENSYS 能源股份公司 70% 的股份。VENSYS 是全球为数不多的拥有风力发电机直驱技术的企业，目前世界上大部分风电设备制造商都采用带齿轮的双馈技术，齿轮技术需要有润滑系统、传动系统、冷却系统等，若采用直驱技术，可省掉几百个零件，“哑铃模式”的优势得以更加充分地发挥。

问题 8：缺乏独特的核心技术，金风科技如何在未来建立产业优势呢？

思考提示：专业化协作已经成为中国风机制造商的主要生存模式，但是金风科技与诸多后来模仿者相比已有不同，用武钢的话说，“金风科技走的路是哑铃型”——一端重视设计制造，一端重视市场和服务。而对于一些重要技术部件的制造，武钢认为这不是问题的核心，“在全球化的时代，你完全可以找到更专业的厂家来协助你”。在全球化时代，完全意义上的产业链是在全球范围内寻找最优生产组合方式的过程。因此，产业链的构造必须遵守全球性原则。任何基于区域选择而忽视全球性的产业链都将无法具备强大的竞争力，而企业“纵向一体化”策略正是区域选择的一种表现形式。

实际上，金风科技已经逐渐试图超越传统意义上的专业化协作模式，开始建立自己的服务公司和制造公司，还收购了国际技术公司。武钢的自信还源于产业的底蕴：“与其他公司不同的是，我们做客户出身，在整个产业又接触了不同的环节，因此我们对整个产业链里的价值点有很深的感悟。”

对于企业的长远规划，武钢的说法是“立足于本国，着眼于国际化”。金风科技最早的国际合作可以追溯到世纪之初，它的大量技术资源来源于德国 VENSYS 能源股份公司。经过 5 年多的合作，2008 年 4 月，金风科技迈出了更大的一步：斥资 4 124 万欧元收购德国 VENSYS 能源股份公司 70% 的股权，这一收购发生在其刚刚上市不足百天。金风科技的这个收购行动得到了业界的普遍认可，在风电热潮席卷中国的同时，印度、美国风电市场同样保持高速增长，导致全球风电设备制造资源供不应求。风电产业的高速增长使大量公司涌入风电制造产业，风电设计技术公司逐渐成为市场稀缺资源。事实上，金风科技所得到的实惠，武钢看得最清楚。站在整个制造业的高度讲，中国制造与欧美的差距是无法忽视的，用武钢的话说，就是“中国人闯劲比较猛，整个中国制造业的发展背景是一直在追赶”。毕竟，包括金风科技在内的整个中国风电产业，在决定企业持续发展的细节方面还没有太多竞争力。因此，并购就成了追赶的捷径，“收购一个德国制造业的公司，我们能够从它的背景上得到很好的东西”。

为了迎接未来更为激烈的全球化竞争，金风科技还加大了国际化人才的引进力度：GE基层设施集团前中国区首席财务官余丹柯任其首席财务官，负责金风科技的战略财务管理；前摩托罗拉电子有限公司亚太地区人力资源部总监裴一沙加盟金风科技，担任人力资源总监一职；华为前副总裁李玉琢以执行副总裁的身份加入金风科技，协助总裁负责公司全面运营及管理，并协助管理总裁主管系统工作。

问题9：金风科技的未来发展还存在着什么不确定因素？

思考提示：金风科技的第一个风险是行业风险。风电产业的健康稳定发展需要产业的一些基本规范和区域性工业基础。风机对制造业的要求相对来说比其他产业要高一些，它的可靠性和精度要求都比较高。风机需要经受不同的气候环境，要在不同的风况和温度下运行20年，小小的车轮重量分布不均都会让汽车跳动，重达几十吨的机组在上百米的高空如果失去平衡，后果不堪设想。所以这个产业的快速发展也会促进工业制造的发展，但是这中间需要匹配，如果中国制造工业达不到与之相符的水平，两者没有达到一个很好的匹配阶段，风险就会很大。

金风科技的另一个风险来自产品升级。金风以600kW机组起家，用了近10年才逐步过渡到750kW机型。2007年，首次推出80台1.5MW机组，2008年起以每年数百台的规模主打1.5MW机型。而将750kW升级到1.5MW级是质变而不是量变，金风科技新产品大规模长时间使用的稳定性将接受市场的严峻考验。

四、结语

商业模式的选择依赖于企业所处的环境及其自身能力。如果说成立之初依托技术诞生的金风遇到的第一个门槛是市场“零突破”的压力。那么，通过具有竞争力的整合方案及廉价的成本来获得订单也就必然成为金风科技商业模式成功的集中体现。一方面，金风科技结合中国制造业大国的实际背景，对国内的零部件制造厂商进行整合；另一方面，利用“哑铃模式”突出自身研发和市场的优势，从而不断获取订单。两方面的完美结合造就了金风科技这颗风电行业耀眼的明珠。

然而随着市场竞争的不断加剧，模仿者不断涌现，这种模式也必将遭到严峻的挑战。根据标准的产业组织理论，当企业在产业链中始终处于矩阵选择范围中，不具有任何排他性的竞争优势时，就意味着该企业随时面临被淘汰的可能。而且，一个技术研发和生产管理不具备优势的企业如何来保证产品卖出去之后还能保持至少20年的寿命？又如何吸引未来购买者的青睐呢？在此阶段，金风科技的商业模式则逐渐转变为“立足于本国，着眼于国际化”，一方面，通过收购和协作，接轨国际研发水平；另一方面，扩大在国际市场的份额和影响力，将原有的哑铃模式做大做强。

这些也告诉我们，商业模式的成功需要企业根据自身不同发展阶段的特点进行选择。也正如武钢所认识到的：“企业之间的竞争，别人没做时，你靠模式；别人都做了，你要有一定的相持力。这是一个企业的硬功夫。其实商业模式很简单，做成做不成关键看你的力量用在什么地方，你能不能把握住你的价值点。”

随着金风科技国际化的步伐越行越快，它的商业模式将会向何方调整？又该如何调整？我们拭目以待。

讨论题：

1. 金风科技的商业逻辑是什么？如果用图来表示，如何绘制？
2. 对金风科技的案例你还有什么其他的认识？

参考文献：

1. 李彤. 金风科技：好日子有多长. 商界（评论），2008（2）
2. 严睿，宋清华. 武钢解析下滑内幕：金风科技，风电龙头能否止跌. 英才，2009（7）
3. 朱武祥，魏炜. 金风科技：全外包的商业模式. 深圳特区科技，2008（3）
4. 朱武祥，魏炜. 发现商业模式. 北京：机械工业出版社，2009

IT支持简氏商业模式转型

王惠芬　何明昕　黎　文　杨丽萍
孙　丽　尤芳敏　钟冬荣　蒋　演

现代企业的商业竞争，已不仅仅是产品之间、服务之间的竞争，更是商业模式之间的竞争。目前我国有100多家紫砂炊具生产企业，2008年开始，紫砂炊具企业之间的竞争非常激烈，估计2009年年底将有1/3的企业倒闭。而简氏电器公司的经营状况良好，依立紫砂系列产品连续五年在国内销售量排名第一，市场占有率达70%之多，产品在全国的覆盖率达到90%以上。

商业模式创新是企业从经营危机中寻求生存的唯一出路，就如简氏老板所说的，“没有狼狗在后面追，就跑不出奥运水平”。企业经营利润和盈利能力来自企业的商业模式。从生产电冰箱、电视机、电饭煲到多系列的紫砂炊具，再到经营十多家连锁紫砂美食店，简氏电器有限公司实现了两次商业模式的重大转变，发展成为中国紫砂炊具行业的领先者，也成为我国用信息技术支撑商业模式转型的典型范例。

广东省佛山市顺德区简氏家用电器厂成立于1986年，产品主要有“依立”牌紫砂电饭煲、紫砂汤粥煲、紫砂炖盅、紫砂快速汤粥煲、紫砂神农百草壶、紫砂品茗壶、电子烧烤炉等。

依立紫砂电器在产品研发、生产制造、销售体系等方面均占据紫砂行业的领先优势，生产出工艺优良、造型美观、安全可靠、健康环保的紫砂系列产品，深受海内外消费者的青睐，产品不仅畅销国内市场，还远销海外40多个国家和地区，获得“紫砂专家”的美誉。

几分耕耘，几分收获。依立紫砂系列产品还获得了中国长城认证、欧盟CE认证、德国GS认证、香港安全标志认证、加拿大CSA认证、美国UL认证。其中，紫砂汤粥煲系列产品还获得厦门市“绿色环保产品”称号；广东第十六届（国际）美食节还将依立紫砂炊具作为参赛者的烹调用具。

在健康环保观念深入人心的今天，依立紫砂电器始终秉承“为消费者创造健康的饮食炊具”这一精神，迎合21世纪“绿色消费”的主题，把“天然、健康、美味”带给千家万户。

企业宗旨：制造最好的小家电给消费者，创造一个健康环保的炊具品牌。

经营理念：创新，进取，卓越。

行动准则：务实，服务，团结。

管理战略：人本，差异化。

问题 1：简氏电器是如何成为“紫砂专家”的？

思考提示：简氏电器过去主要生产电冰箱、电视机、电饭煲等多种小家电，产品处于初级层次。以紫砂为原料来生产电饭煲的创意是简氏创立者简广先生提出来的。1993 年，简氏成功推出我国第一款以紫砂材料为内胆的电饭煲，带来了我国饮食炊具的革命，也创造了一个新的市场，并使得这家生产传统电饭煲的小家电公司转型为“紫砂专家”。

简氏虽然以紫砂电饭煲进入电饭煲的中高端市场，后续的市场开拓却使得简氏进入了一片家庭炊具的蓝海。这是因为我国每年产销电饭煲 6 000 万 ~ 7 000万台，还有煎锅、炒锅、焖锅、炖锅等电子炊具也有相当大的市场规模。经过十多年的努力，简氏推出了五大系列智能化紫砂炊具，包括紫砂汤粥煲、紫砂炖盅、紫砂快速汤粥煲、紫砂神农百草壶、紫砂品茗壶、电子烧烤炉等。

简氏不仅率先推出紫砂炊具，还致力于研究中国传统美食标准化、简单化的制作方法。通过研发推出具有信息智能的紫砂炊具，不仅为成年人的美食制作提供了简便省时的工具，而且鼓励小朋友自己动手制作健康美味的食品，给紫砂炊具注入了“灵魂”，给人们带来了物质和精神的双重满足。

进入过剩经济时代，企业之间的产品同质化竞争越来越激烈。现在企业之间的竞争已经从产品的竞争扩散到流通渠道方面的竞争。家电行业的营销，在经历了多年的发展后，自建渠道几乎完全被经销代理模式代替。由于行业分工更加明细，厂家在成本和效率的权衡中，都不由自主地选择了后者。对于中小企业，大的零售终端的进入门槛之高令人生畏。如进驻国美，一个小专柜也要十多万元，为了配合这些零售终端的价格战，生产厂家的利润往往被压得很低。

品牌的文化建设推动了产品渠道的拓展。目前，简氏构建的渠道有两种方式：一是传统渠道，进入超市、百货商场及家电卖场；二是特殊渠道，包括网络直销、电话营销，以及美食体验店。

问题 2：成为“紫砂专家”，进而进军餐饮业的考虑是什么？获得了怎样的效果？

思考提示：面对品牌和流通渠道竞争日益激烈的环境，顺应经济发展的潮流，在推进中餐制作标准化、简单化的理念指导下，在充分认识到美食文化需要切身体验的基础上，始终坚持把客户价值放在首位的简氏于 2008 年果断地成立了紫玉金砂餐饮管理有限公司（简称紫玉金砂），创新地推出了“依立”连锁餐饮美食店，在为顾客提供利用紫砂炊具制作的健康美食的同时进行紫砂炊具的产品销售。简氏希望能够成为中国版的“紫砂锅麦当劳”，把快速但是健康、美味的餐饮带给更多的消费者。

通过“依立”美食连锁餐饮店构建服务与销售的统一平台，简氏在保持原有成功元素和特色的基础之上，实现了商业模式的第二次重要转型，创立了“家电销售+连锁餐饮”的全新营销模式。“依立”紫砂连锁餐饮店不仅开辟了餐饮服务作为新的利润增长点，而且拓展了紫砂炊具的销售渠道。就像简氏人所说的，每新开一家连锁餐饮店，就等于新开了一家简氏紫砂炊具的专卖场，甚至比普通卖场的销售成绩更好，因为来连锁餐饮店的顾客更有聚焦性。

紫玉金砂属下的“依立”连锁餐饮美食店专业经营紫砂煲仔饭、煲仔菜、紫砂靓汤、紫砂炖品等紫砂美食，目前在广东地区开设了二十来家连锁店，以连锁餐饮美食店和客户之间的沟通弥补了广告上的不足，以饮食带动了“依立”牌紫砂电器的知名度和销量，完美地整合了第二产业和第三产业。这种营销模式最直接的好处就是减少了对大量流通商的依赖，避免了他们的“压榨”，为企业减少了大量的流通成本。另外，这种营销模式不仅仅带动了家电的销售，并且能搜集到消费者的消费偏好、习惯及消费时间等信息，为产品研发和营销提供第一手资料。更为重要的是，这种体验式营销为企业挖掘了潜在客户，并且通过影响消费者的饮食习惯，为企业培育了新的客户群。

从传统的金属电饭煲到紫砂电饭煲，从单一产品系列到多系列智能化，从传统的零售渠道到网络直销、电话订购及连锁餐饮，简氏将制造与服务、第二产业与第三产业融合，改变了整个行业格局。这是简氏的过人之处，它所做的不仅仅是紫砂技术的改革，更是创新技术与卓越商业模式的有机结合。

问题3：简氏电器的客户价值主张是什么？

思考提示：为消费者提供健康、绿色、环保的紫砂炊具，要制造出最好的小家电给消费者；创造健康、环保的炊具品牌；弘扬中华美食文化。

问题4：简氏电器的盈利模式是什么？

思考提示：简氏电器经过10多年的积累，创造了企业的独特盈利模式——高品质、高价格、低成本和高利润，以此来推动企业的持续发展。

紫砂炊具的市场是很有潜力的。简氏估计，中国的潜在客户约有2 500万人，而简氏的产品系列较多，定价从100元到700元不等，平均价位在200元左右，且有关行业规定紫砂煲的使用寿命为3～8年（国家正在研究到底是

3~5年还是3~8年)，因此这是一个很有潜力的市场。如图1所示，按消费者的收入，紫砂炊具市场呈现两个三角形。左边的是价格从低到高时消费者数量从多到少的结构，右边的是企业的销售利润相反的倒三角关系，即销售低端客户的数量多，但是企业的利润少，中高端的客户少，但是企业的利润多。

紫砂煲的市场规模估计和企业定位很重要，简氏通过权衡，一开始就决定把紫砂煲定位在中高端市场，也就是获取利润最多的部分。中高端的消费者，对价格的敏感小于底层的消费者。事实证明，简氏把产品定位在中高端客户群是正确的，以高质量和高价格提供高附加值的产品和服务。因为竞争对手多数定位在低端市场，例如，美的、九阳等家电巨头在低端规模方面有竞争力，所以简氏定位时避开了低端市场。

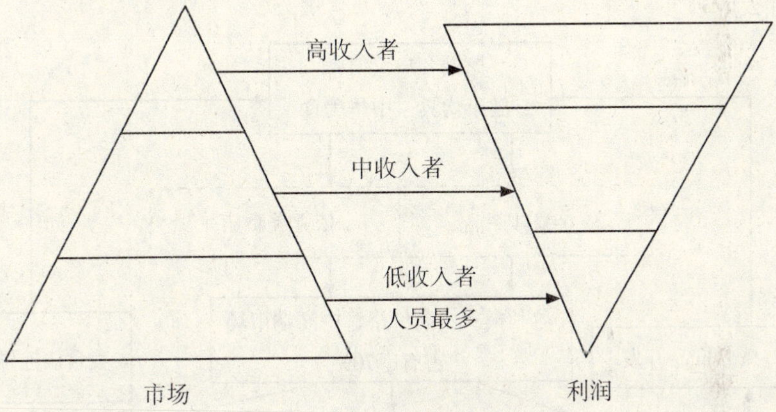

图1　简氏的市场定位图

问题5：简氏电器的关键资源及关键流程是什么?

思考提示：简氏电器的关键资源是人力、设备、紫砂基地。为了方便客户，简氏通过多渠道销售产品，如卖场、百货商场、超市、餐饮店等，同时采用“家电销售+餐饮连锁”的模式，促进了销售的提升。与此同时，企业建立起合适的战略成本架构，在此基础上控制好日常的成本，加快关键资源的利用速度，实现收入最大化。为了降低成本，简氏在江西建立了紫砂基地，大大降低了产品的直接材料成本。此外，企业拥有独立的价审部门，通过对原料的成本核算，进行分析计算，规范了采购流程、节约了采购成本。财务方面，企业利用K/3系统开创了“七栏账”，可以通过系统直接显示对账单，节省了时间、人力成本。这些是竞争对手无法在短期内模仿的优势。

关键流程包括：产品研发、产品质量追踪、美食店收银系统等。

问题6：简氏电器商业模式成功转型的因素有哪些?

思考提示：主要是IT的成功运用，IT的成功运用又离不开以下几个方面的因素：①高层领导的高度支持；②公司上下员工的全员参与；③与金蝶公司实施人员的良好合作；④企业实施、推行IT的人员的热情工作与敬业精神；⑤适时的商业模式创新；⑥循序渐进的实施原则。

问题7：IT支持是如何帮助简氏赚钱的？

思考提示：在全球金融、经济环境骤变的情况下，由于信息化技术利用和升级，简氏成功地实现了商业模式的转变和ERP技术的升级，使得企业强化了紫砂炊具行业领头羊的位置。面对顾客的价值主张，金蝶ERP系统在盈利模式、关键资源和关键流程上支持了企业的运作。依托金蝶K/3系统，简氏建立了公司新的信息技术体系架构，使其新的商业模式完美地运转起来，其框架如图2所示。

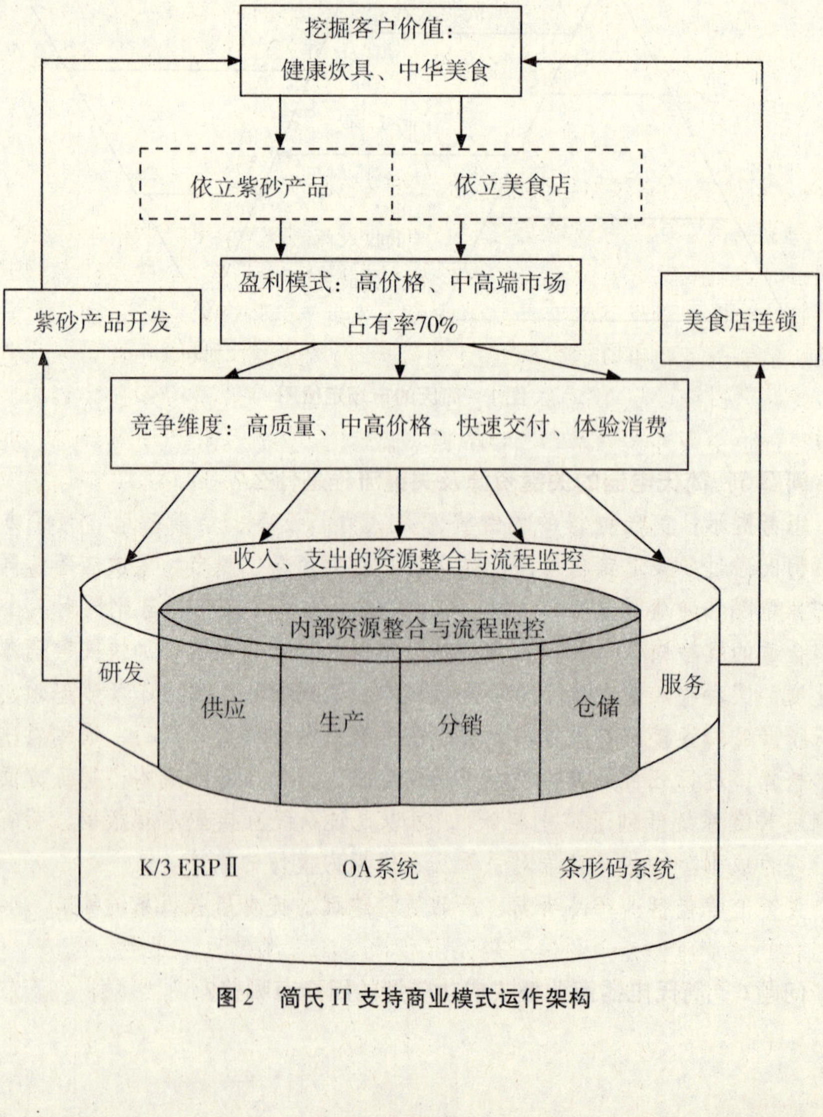

图2　简氏IT支持商业模式运作架构

整个框架充分显示了顾客需求、盈利模式、产品竞争优势、业务流程及信息技术满足企业商业模式运作之间的关系，体现了简氏公司与顾客和供应商的互动关系。通过 IT 系统与商业模式的互动，使得简氏公司内外要素整合起来，形成一个具有核心竞争能力的运行系统，并通过提供产品和服务实现了客户价值最大化。

整个 IT 支持商业模式架构可以划分为两个层面：策略层面和运营层面。在策略层面，IT 支持简氏公司保持与顾客和供应商的关系，并在顾客需求下开发紫砂产品和提供美食作为盈利的来源。在运营层面，IT 支持企业的研发、采购、生产、分销、仓储等运作环节的资源投入、增值和产出。如同简氏财务部王经理所言，ERP 系统本身不挣钱，但是可以帮助企业挣钱。ERP 提高企业信息搜集、传播、整理和利用的效率，帮助企业创造价值，消除企业不必要的、非增值的环节和活动，加强企业在收入、支出等环节的资源整合和业务流程监控，通过高效一体化的运作使供应链上的每一项合理活动均能实现增值，在为顾客创造价值的同时，也为企业自身创造价值，支撑企业商业模式的运作和企业的持续经营。

1. 帮助简氏电器加强资源整合和流程控制

为了满足对紫砂餐饮炊具的原材料品质以及供应稳定性的需求，简氏电器公司首先在江西宜兴建立了优质紫砂原材料的生产基地，采用当地含有玉石成分的紫玉金砂，确保了最终产品紫砂餐饮炊具的品质和供应稳定性，大大降低了简氏电器公司的紫砂餐饮炊具的成本。为了激发和引导消费者对于绿色、环保、美味、健康的饮食需求，简氏将产业链延伸到下游连锁中式快餐店，不仅可以更好、更快地在消费者心目中建立起简氏电器公司依立电器品牌，促进简氏电器公司紫砂餐饮炊具的销售，还可以更好地了解市场需求、评估新产品研发和市场营销活动的绩效，降低整个产业链的交易成本。因此，简氏商业模式的有效运作是建立在垂直整合产业链的基础上，利用信息技术整合资源和业务流程是关键的成功要素之一。

企业的资源整合与业务流程控制涉及采购、销售、库存、生产、财务、质量、客户、员工等多个方面，控制的方式涉及审批控制、流程控制、实物控制、金额控制、数量控制、成本控制、项目控制、质量控制等。如何将这些资源整合途径与控制方式有效组合是简氏面临的最大挑战。面对挑战，简氏对于 ERP 系统的定位是早投资，在企业规模还没有发展之前就尽早投资建设，利用 ERP 实现企业的内部监控。

从企业的业务流程上来看，企业的采购环节，即从原材料的采购入库到采购付款的整个过程，主要是资金流出和物料流入的过程，是企业的支出循环；企业的生产环节，即从原材料到产品的转化环节，实现了从原材料到产品的增值，为企业创造了利润，是企业的增值循环；而企业的销售环节，即将增值的产品转化为企业收益的过程，是资金流入和产品流出的过程，是企业的收入循环。因为企业的支出循环、增值循环和收入循环的执行结果最终都是通过企业的盈利水平来反映的，因此，ERP 在企业的支出循环、增值循环、收入循环中对资源整合和流程的监控是信息系统支持商业模式运作的例证。

2. 支撑简氏电器的收入资源整合和业务流程监控

以收入循环的主控制流程为主线，结合简氏电器的实际情况，建立收入循环系统控制模型。简氏的收入循环系统控制模型如图 3 所示：

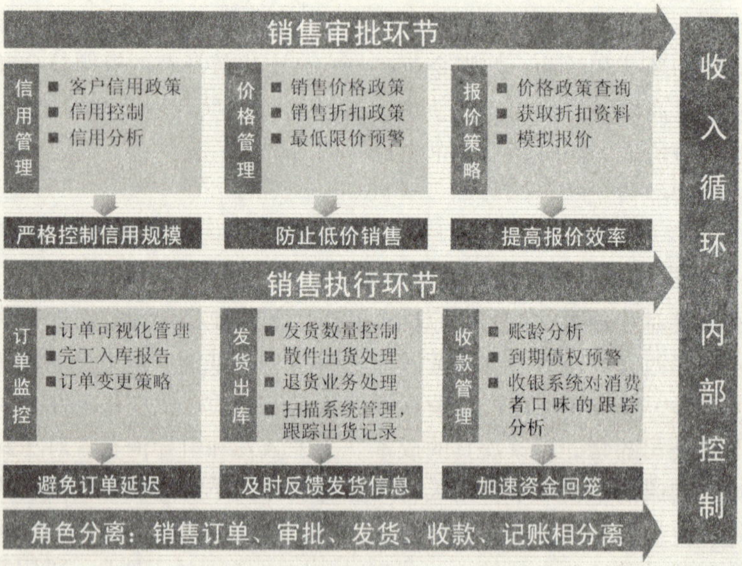

图3　简氏的收入循环系统控制模型

具体应用如下：

（1）ERP 推动盈利模式的运转。

（2）企业创新性地开发出发货、付款、余额结算的“七栏账”，有效控制企业的收入风险。

（3）经销系统直接下单后转入 ERP 系统，实现了对可售数的动态监控，使得资源利用最大化、业务流程一体化。

3. 加强简氏电器的内部资源整合和业务流程监控

简氏自开创紫砂锅以来，一直坚持走专业化的路线，摸索出了一套独特的紫砂制造工艺，旨在提供高品质的产品。金蝶 ERPⅡ系统的运用，加强了简氏在加工的过程中涉及生产计划、领料、生产进度、车间作业、产品质量、库存管理、成本核算的增值过程环节的控制。

(1) 在产品研发上，简氏通过计算机辅助设计 CAD 集成金蝶 ERPⅡ系统来进行炊具产品的设计，主要完成设计、信息存储和制图等工作，缩短了设计周期并提高了设计质量。

(2) ERP 提高生产计划和采购计划效率。

在生产执行上，2008 年简氏将 ERPⅡ系统升级到 K/3 V11 版，将成本、物流、计划、总账、报表完全应用起来，所有单据都源于 K/3 系统的 MRP 运算结果，采购部门的采购单、生产部的排产单严格按照系统数据进行操作，大大地简化了企业大量的数据统计，使生产部门等中高层领导清晰地对数据进行查阅及审批，加速了企业的运营速度。

现在，企业每月 14 号根据销售预测得到生产需求，利用 2～3 天协调计划品种和库存查询等，在 17 号生成下一个月的生产计划。在没有应用金蝶 ERPⅡ系统之前，简氏制订一个月度的生产计划生成 MRP 计划需要一周的时间，而现在通过金蝶 ERPⅡ系统中的物料需求计划模块，只需要 3 个小时就可以完成下个月的生产计划和采购计划，大大提高了工作效率。此外，ERP 系统自动生成采购订单，保证了采购工作的有序进行，与此同时，企业利用 MRP 计划备料生产。

在产品制造追踪管理上，2008 年简氏车间引入条形码系统，加强了对成品及其制造过程的条码管理。条形码系统有效地与金蝶 ERPⅡ系统平台进行了集成，加强了对产品的追踪管理。另外，简氏 2009 年对半成品及价值较高原料全面实施条码管理。简氏通过运用条码信息系统，对各关键工序控制点（工艺、安全、环保、质量）指标实现了远程控制和跟踪。同时，通过实时生产线数据的采集，实现了对生产设备的自动监测和控制，提高了生产操作的稳定性和产品一次合格率，提升了产品市场竞争力，在关键部门如产、供、销、技术部门建立起了相互连通、相互共享且能进行信息交换的平台。

4. 加强简氏电器的支出资源整合和业务流程监控

在支出循环中，随着简氏业务的不断壮大，物料品种增多，仓库管理较乱，库存不断增加，给库存成本增加了很大的压力，同时物流数据难以追踪及监控，采购、库存数据的不规范极大地制约了简氏的发展。

2004 年，简氏开始应用金蝶 ERP 系统，建立了采购管理、物流管理、生产计划管理等模块。通过几年的努力，简氏建立了统一的编码体系，一物对一码，实现了采购、生产、库存数据的一致性。库存模块与条形码系统相结合，使产品出入库都可以及时追踪，从而精准地反映出库存的变化；另外，物料进出仓与应收应付相结合，使库存数据更准确，也简化了统计过程，可以统计企业的可售数。物流系统的应用，大大改善了简氏的物流运转，加强了简氏在采购过程中对涉及供应商、采购价格、采购量、采购审批、采购流程、采购入库、采购付款等支出循环环节的控制。

同时，将条形码系统延伸到生产制造的大的业务流程中，从供应商提供原材料、零配件开始，可以跟踪每一个物料在生产制造环节中的状态，可以准确地反映出生产制造环节中的适时绩效情况。生产制造计划与监控系统的应用，大大提高了简氏的生产制造水平，使之能够更好地适应市场竞争需求。

5. **帮助简氏建立了内部沟通平台**

简氏以金蝶 ERPⅡ系统为核心建立了一个统一的信息平台，将金蝶 ERPⅡ系统与电子邮件、工作流等进行无缝链接，实现了信息的异地、实时共享与查询，方便了相关负责人员实时了解企业的采购、生产、销售、财务的实际数据，从而及时、准确地了解企业的经营现状。此外，简氏使用了 K/3 10.2 OA 系统，使整个企业的工作流由原来的纸质化转为无纸化办公。ERP 与 OA 系统的运用，加强了事务、流程和信息的协同处理。高层人员身在异地亦可处理公司的急事。据统计，现在简氏内部每天登录 OA 系统的人次就高达 2 000 多。

简氏建立起了一套有效的内部沟通平台，如图 4 所示：

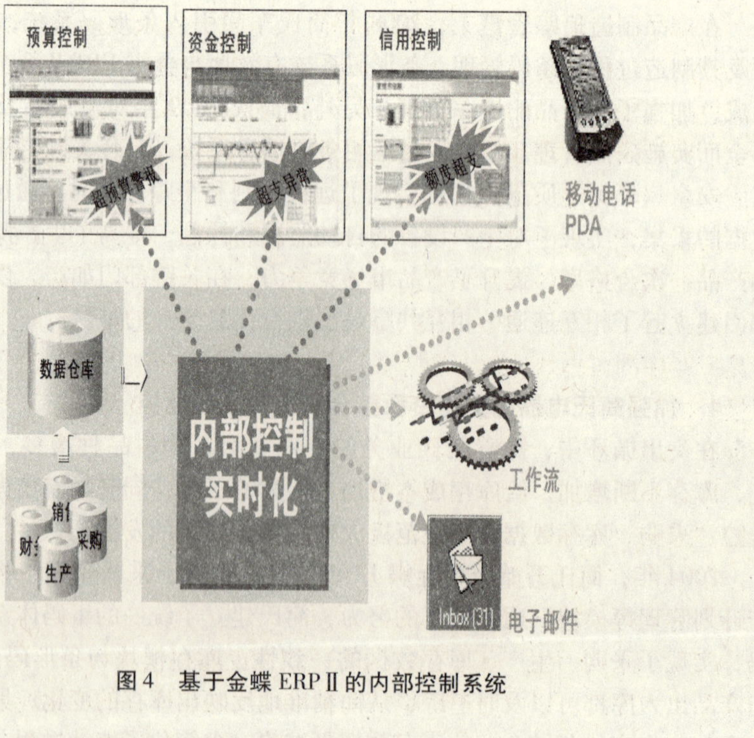

图 4　基于金蝶 ERPⅡ的内部控制系统

简氏公司在 2000 年就与金蝶公司开展了合作，在企业并不知道 ERP 到底是什么的情况下开展了ERP征程。9年的合作中，简氏学习了ERP，金蝶也向简氏学习了“七栏账”和可售数等最佳管理实践，使得简氏的商业模式运作精髓融入K/3 ERP系统中，双方共同创造了中国商业模式的典范。

问题8：简氏的IT能力是如何形成的，ERP的实施效果又如何呢？

思考提示：2000年，简氏开始引入金蝶的会计软件，当时企业只有两台电脑，而今天企业已有近200台电脑，信息技术的应用覆盖了分销商订单处理、生产计划、采购、进货、仓储、财务管理、往来账管理（AP & AR）、成本核算控制、生产控制、产成品管理、库存、供应商管理、办公文书流转等各个环节。简氏的企业信息化应用经历了从无到有，从简单到深入，从部门局部应用到完整流程的渐进发展过程。

简氏的信息系统的应用和经营管理的内部控制规范化是同步实现的。简氏管理层坚持要把企业发展成规范化的现代企业，而不是夫妻档；企业坚持在不违反会计准则的基础上实现信息化应用，强调信息的准确性和透明度。此外，管理者要求销售、采购、财务、仓储等各项经营活动规范化，要求管理事务有章可循，有据可依。

多年来，简氏一直把ERP系统的实施与发展列入企业的年度规划中，中高层管理者积极推动，持之以恒。ERP涉及企业的诸多经营活动，企业采取循序渐进的建设步伐，保持人文理念及人员的稳定，用一块成功一块。企业为此制定了大量的流程规章，加强了人员培训和观念转化等，这对保证ERP应用的成功起到了关键作用。

而在ERP的实施过程中，效果又如何呢？除使用金蝶提供的标准模块之外，根据企业运作的实际情况，对K/3系统进行了二次开发。多年来，简氏与金蝶进行了十分愉快的定制开发合作，如往来账管理的“七栏账”报表、产品库存中的可售数适时管理等。这些定制开发对企业的业务运作起到了十分积极的内部控制及效率提升作用。简氏和金蝶正考虑将部分定制开发功能进一步标准化之后推广到其他企业。

ERP和信息技术的应用效益难以直接量化，在经过长时期的投入和建设之后，其综合效益体现在企业经营活动的诸多方面：

（1）所有的经销商可以在网上利用统一平台下单，订单处理流程一环接一环，都实现了信息化。

（2）以前每月做一个计划，约需一周；现在根据计划直接生成采购订单，准确率大大提高，只需要作少量采购策略之类的调整，就可做规划执行。

（3）条码系统使用前的每条生产线每班次的生产能力为800～1 000台，使用后提高到每班次1 200～1 500台。

(4) 通过“七栏账”等报表核算和会计准则的创新性实现，大大简化了与经销商的财务结算和信用管理。

(5) 通过对库存信息可售数进行适时管理，使库存信息得到改善，提高了销售效率。

(6) 通过采购方面的内部控制，由独立的第三方（专门的价审部门）为采购部门提供成本分析数据及改进建议，不是简单压价，而是帮供应商改进成本结构，取得双赢的效果。

(7) 流程再造，使流程和责任更加清晰，减少差错。

(8) 负责生产控制和成品管理的条码系统及时追踪生产信息，可以对产品的质量因素，如生产责任或供应商的质量问题等进行及时、严格的控制管理，并且实现对质量事故的责任调查及追溯。

(9) 管理者在国内外可以看到一个小时之前的生产状况，及时作出经营决策；还可以通过互联网作出解决生产经营方面重大问题的审批决策。

(10) 信息化带来人员素质的提高。

(11) 信息系统促进了管理的规范化和内部控制管理水平的提高。

本文得到广东省自然科学基金课题（9151064101000106）“ERPⅡ能力成熟度模型的提出及广东制造企业实例分析”的资助。

讨论题：

1. 一流的企业做管理，二流的企业做品牌，三流的企业做产品。简氏现在做的是品牌，处于二流，要向一流迈进，该如何做呢？
2. 简氏的创新之路能走多远？
3. 简氏如何保持现有的领头羊地位？
4. 简氏应怎样把制造业与服务业融合的新型模式发挥到极致？

参考文献：

1. 马克·约翰逊（Mark W. Johnson），克莱顿·克里斯腾森（Clayton M. Christensen），孔翰宁（Henning Kagermann）. 如何重塑商业模式. 哈佛商业评论，2008（12）

2. 张强林. X001科技集团基于ERP系统的内部控制策略研究. 暨南大学硕士学位论文，2008

3. http://panhui08. co. sonhoo. com

4. 邓庄. 简氏电器循序渐进推进E化进程：改变企业工作方式和商业活动形式. 顺畅网，2005-05-16

5. 简氏家电开餐饮店卖锅，欲做中国版紫砂煲麦当劳. http://www. wineast. com，2008-12-16

6. 紫砂煲具渐风靡，简氏电器展会获丰收. http://www. sina. com. cn，2006-10-16

7. Richard B. Chase, F. Roert Jacos, Nicholas J. Aquilano. *Operations Management for Competitive Advantage*. China Machine Press, 2008, p. 34.

前事不忘，后事之师之“爱多”兴衰

左小德　左小明

一、爱多公司及当家人胡志标

“爱多 VCD”创始人胡志标，1969 年出生，农民出身，家境贫寒。他没有读过几年书，中学毕业后进入一家电子厂工作，很早就出来“跑码头”。他对家电有一种天然的爱好，从小就以组装半导体为乐。后来不知从哪里弄到一本松下幸之助的自传，竟梦想着要当“中国的松下”。他曾经仿照小霸王做学习机，被段永平派人上门打假。此事被胡志标视为奇耻大辱。

1993 年，安徽的姜万勐到美国参观电子产品展，看到高柏斯公司展示的解码芯片，他以独到的眼光与魄力，看到了一个潜在的新兴行业。回到安徽，他聘用了两名硕士闭门开发，三个月搞出了 VCD 样机，在全球率先开创 VCD 市场。基于中国的国情，在中国开创一个新产业需要大笔的资金作前期投入，由于后续资金匮乏，姜万勐陷入“有钱打天下，无钱坐天下”的尴尬局面。在姜万勐投入 VCD 研发时，远在广东省中山市的胡志标也通过电子杂志了解到了 VCD 的核心技术，即 MPEG 数字解压缩芯片技术，但他没有像姜万勐一样“吃螃蟹”，也许是自感资金、技术或市场实力不济，胡志标静观其变，这一年他刚满24 岁。

问题 1：安徽的姜万勐为什么找了两名硕士研究生研发，而研发成功后为什么会倒在市场开拓成功的黎明前？

思考提示：VCD 的技术并不是很复杂，其实质就是一个解码芯片加上一个驱动器和一块电路板。可以简单到用一个门板做工作台，一把螺丝刀做装配工具的程度。姜万勐聘用两名硕士足以胜任 VCD 的开发。事实上，如果聘用本科生，人工成本相对较低，也许动手做事还可以，但从事研发可能能力有所欠缺；如果聘用博士，也许研发方面足够胜任，但人工成本较高，因此，聘用两名硕士进行研发是性价比最高的一种选择。

由于 VCD 是新兴事物，没有碟片的 VCD 机器就像没有子弹的枪、没有软件的计算机一样，VCD碟片更是新生事物。在中国，要生产VCD碟片，有行政和行业两道壁垒，一方面内容要通过新闻出版署的审查，另一方面，还要有音像出版部门的许可证。通过正常的程序和渠道获得这两个方面的行政审批许可需要很长的时间，还需要花费大量的人力、物力申报和等待。虽然银行开始积极支持姜万勐的万燕，但是银行在很长一段时间都得不到回报的情况下，也会放弃对万燕的支持，使万燕做了行业的拓荒者和先烈。

由于VCD整机组装技术难度不高，甚至简单到只是插几根线、装几块板，于是在提供零部件的广东，VCD厂商蜂拥而起，VCD市场由安徽人种树变成了广东人摘桃。胡志标就是广东摘桃队的杰出代表。胡志标知道自己要出头，必须找到一块别人还没有发现的空间。一天，胡志标和一起合股开公司的陈天南在中山市东升镇的一间小饭馆里，约见了懂VCD核心技术的刘强。刘强介绍用数字压缩芯片技术生产出的播放机叫VCD，用来看盗版碟片比正流行的LD（大光碟）好过百倍，这个东西一定会卖疯。1995年4月，看到开创市场的万燕被广东遍地的小VCD厂弄得严重贫血，胡志标认定时机成熟，于是携80万元资金粉墨登场。1995年7月20日，胡志标26岁生日那天，新公司成立，在中山市东升镇注册成立爱多公司，胡志标任总经理，一同出资的好友陈天南任法人代表，胡志标和陈天南各占45%的股份，中山市益隆村占10%的股份。

那时张学友的《每天爱你多一点》刚刚登上流行歌曲的排行榜，爱唱卡拉OK的胡志标说：“就是它了，爱多。”同年10月，“真心实意，爱多VCD”的广告便在当地电视台上像模像样地播出来了。也是在这个月，胡志标把他千辛万苦贷到的几百万元留下一部分买原材料，剩下的一股脑儿投进了中央电视台，买下体育新闻前的5秒标版，这也是中央台的第一条VCD广告。

与空调、电视、冰箱等诸多家电与电子行业的发展道路不同，VCD不是技术上反复引进和消化。在中国，以万燕为代表，直接参与了VCD的技术创新，这是与世界同步的技术，甚至是世界领先的技术，其超强的纠错能力，全球独尊。VCD仅四年时间就巨头林立，而且打了一场酣畅淋漓的本土保卫战，赶走了美国的录像带，打败了日本的LD（大光碟），本土市场占有率一度高达80%。更重要的是，中国VCD颠覆了全球产业的进程和链条。

问题2：胡志标为什么看好VCD市场？

思考提示：中国的改革开放从1978年算起，到1993年已经15年了。这期间，国家逐渐富强，人民逐渐富裕。在生活水平逐步改善的同时，对文化生活也有了新的要求。从基本生活物质都缺乏的窘态，到“三转一响加咔嚓”（三转指自行车、手表、缝纫机，一响指收音机，咔嚓指照相机）的小康，然后逐步发展到收录机、彩电的普及。

VCD可以给人们文化娱乐生活提供更多的选择。在有碟片的前提下，可以在家里和自己喜欢的场合，随时、随意看自己喜欢的电影，不受电影院、电视里播放的种种限制；可以和朋友一起唱卡拉OK，自娱自乐。从被动的娱乐时代进入主动的娱乐时代，而且老少皆宜、城乡皆宜、男女皆宜、四季皆宜。VCD的碟片比起卡式录像机的磁带来说，体积更小，容量更大，更易收藏，因此胡志标看好VCD市场是理所当然的。

二、爱多的营销

第一批随胡志标出征的业务员可谓千奇百怪，有卖咸鱼的，有卖雪糕的，有卖假肢的，有卖水泥的，还有刚刚卖完三株口服液的，唯独没有卖家电的。也可能正是这一缺憾让他们百无禁忌，各出奇招。由于资金的极度缺乏，胡志标卖VCD走的是最“霸道”的一步棋，就是要求所有的经销商都“现款现货，款到发货”。

问题3：胡志标的营销队伍有何可圈可点之处?

思考提示：营销虽然有它自有的规律，但是并没有固定的模式。VCD是面向普罗大众的消费品，仕农工商学军的人群都需要，因此，VCD的营销目标市场也就是有需要的这些人群，让这些以前卖咸鱼的、卖雪糕的、卖假肢的、卖水泥的、卖三株口服液的营销人员各自去拿下他们的目标市场，因为他们对同一生活层面的人最熟悉，最了解他们的需求和真实想法，最懂他们的消费心理、消费习惯，让他们来营销最具成功的可能性，这种营销方式与保险行业惯常使用的方式是一样的。

因为VCD是一种时髦的产品，非常迎合年轻人的消费口味和消费习惯，市场前景辉煌，经销商直接面对消费者，更是明白这点。按照战略竞争的五种力量模型来看，是制造商讨价还价能力强于客户的情况，因此，制造商要求所有的经销商都“现款现货，款到发货”就显得理所当然。

胡志标一出场就摆了一个经典的POSE。产品上市后第二个月就在《羊城晚报》上做广告，但广告词只有两个字“爱多”，既无产品说明，也无生产厂家。广告连登一个月，吊足了广东市民的胃口。第二个月，胡志标将“爱多”变成“爱多VCD”，谜底解开之时，它已经战胜了广东无数小作坊，成为品牌厂商。

胡志标又连干了三件大事，让全国的同行都领教了他的品牌策划与营销天分。

一是1995年10月，胡志标就以百万资金打入中央电视台，买下体育新闻前的5秒标版，“真心实意，爱多VCD”成为中央电视台播出的第一条VCD广告。

二是1996年夏天，爱多找到了成龙拍广告片。成龙开价450万元，几乎是爱多的全部利润，胡志标一咬牙，接受了。很快，一条由成龙生龙活虎表演的广告片拍出来了，广告词也十分简洁干脆：“爱多VCD，好功夫！”凭借成龙的这句广告词，爱多一跃成为全国的知名品牌。

三是1996年11月，胡志标不惜东挪西凑，揣着这条广告片和8 000多万元经销商的集资款，走进了中央电视台梅地亚中心。爱多以8 200万元力压群雄，出人意料地拍得中央一台天气预报后第一个5秒广告标版，成为当年的电子类老大，直接跻身国内知名家电品牌行列。爱多的产品开始畅销全国，其销售规模开始打着滚儿地扩大，第二年便以16亿元的产值跻身中国电子企业50强。步步高以8 012万元紧随其后。尽管当时爱多和步步高的光芒被疯狂的秦池酒厂所掩盖，可是敏锐的人们还是预感到了一个新时代——VCD时代的到来。

问题4：胡志标为什么敢孤注一掷地决策，而且成功了？

思考提示：在姜万勐等先烈时代的市场投入期，通过成功的营销活动，VCD产品已被广大消费者和经销商所接受。此时，VCD市场已经进入以胡志标为代表的产品成长期，产品的销售增长率大幅度提高。由于产品基本定型，VCD开始了大批量的生产，产品成本随之下降。因此，企业开始盈利且利润逐步上升。企业的决策者也可以对市场进行良好的预期，基于这种良好的预期，在产品成长期内，企业营销策略的核心思想是尽可能延长产品的成长阶段，以最大限度地提高销量或市场占有率，使产品能在销售最高限度时进入成熟期。这样，便能从该产品的最大销售收入中获得尽可能多的利润。同样，基于这种良好的预期，胡志标也敢寅吃卯粮，而且有成功的可能，他的思维逻辑如表1所示。

表1　预期的假设和行动

假设	行动	市场	结果
明天的钱永远比今天的多	今天敢花明天的钱	处于成长期的市场无限大	钱越赚越多，企业越做越大

三、走向辉煌的阳光行动A计划

1996年，随着爱多的崛起，国内在一夜间冒出了上百家VCD制造工厂，都想来分一杯羹，胡志标想要将它们消灭在萌芽状态。于是，就在中标后的一个月，爱多突然宣布大降价，将VCD的价格首次拉下2 000元大关，定价为1 997元，胡志标的新闻传播机器则将此与即将到来的新年和“香港回归”巧妙地联系起来进行炒作。

问题5：从营销学的角度来看，胡志标做VCD暂时成功的必然性是什么？

思考提示：从营销学的角度来看，成长期的特点是市场容量大增，群雄称霸。在产品成长期内可采用以下营销策略：

(1) 扩展销售的市场，使凡是了解并可能购买的消费者能够方便地购买该产品，尽可能地使该产品的每次销售机会都能实现。

(2) 树立名牌，增强信任度。在成长期内促销策略的中心应从介绍产品、扩大产品的知名度转移到树立品牌形象上，主要目标是培养顾客对产品的偏好，创立名牌，不断争取新的顾客。

(3) 适时调整价格。在大量生产的基础上，产品成本会降低，这时，适时降低价格或采用其他有效的定价策略，会吸引更多的购买者。

在产品成长期内，企业面临高市场占有率还是高利润率的抉择。一般来说，实施市场扩张策略会减少短期利润，但能够提高市场占有率。因此，是着眼于短期利润，还是着眼于能带来竞争优势的高市场占有率，这是一个矛盾的选择。胡志标选择了能给企业带来暂时竞争优势的高市场占有率，取得了暂时的成功。但是由于降价幅度过大，时间过快，牺牲了企业的利润，也为爱多今后的发展留下了隐患。

1996年还不算是胡志标最风光、最得意的一年，1997年才是。胡志标1997年的风光不是他以2.1亿元夺得中央电视台的广告标王，而是一场代号为“阳光行动A计划”的价格扫荡。因为夺得标王只是胡志标品牌英雄史的新传，而“阳光行动A计划”则让人们看到了这位少帅的产业霸气与手腕。在胡志标发起攻击之前，应邀去了一趟芬兰的飞利浦，解决了VCD关键部件解码芯片的后续供应问题。5月下旬，他悄悄召集各省总代理到北京开会。在新世纪宾馆的一个房间内，胡志标提出了一个代号为“阳光行动A计划”的方案。在随后的新闻发布会上，年轻的胡志标绝口不提降价二字，只讲“阳光的辉煌、阳光的无私、阳光的温暖、阳光的永恒、阳光的神圣”，但整个行业很快感受到了阳光下的风暴：不到半年时间，爱多VCD降价幅度高达45%，北京、上海时常出现人们排队买爱多VCD的景象。新阳光行动将市价人民币2 000元左右的VCD播放机调至人民币1 680元，降幅达16%，且活动期间，消费者购机还可获赠配套的中外VCD金碟影片或无线电话；同时，VCD联盟遍布全中国2 000多家技术服务点，也全部贴上统一的识别标志。

1997年，爱多的销售额从前一年的2亿元骤增至16亿元，赫然出现在中国电子50强的排行榜上。当时VCD产业多家知名厂商，包括新科、爱多、熊猫与上广电，在上海宣布合组VCD联盟，宣布新阳光行动，在价格与通路上展开合作，将VCD播放机价格调降300～500元人民币，扩大本土VCD播放机的市场占有率。在胡志标的带动下，整个VCD行业颇有喷薄而出的感觉，销售量从1995年的60万台猛增到600万台。段永平的步步高、程振国的天利、田家俊的金正等也跟着风起云涌。

胡志标一镖飞出，中国VCD市场血流成河。仅一个多月，就有成百上千的中小VCD厂纷纷倒闭，爱多因此遭到同业攻击，连步步高、金正、新科、万利达等巨头都叫苦不迭，请胡志标别做事太绝，并于1997年7月13日，召请全行业的头头和官员、媒体一起在广东番禺召开了一次圆桌会议，会后还象征性地签署了一个有关价格的联合宣言。

问题6：胡志标采用价格战一招制胜的必然性和今后发展的隐忧是什么？

思考提示：产品在市场上的销售（S）是受制于需求、供给曲线的。销售额（S）=销售价格（P）×需求量（Q）。需求量（Q）和销售价格（P）呈负相关关系，当产品的价格（P）高时，需求量（Q）就会下降；反之亦然。对于企业来说，营销目的是追求销售额（S）的最大化（在成本一定的情况下，销售额的最大化意味着企业利润最大化），$S=P\times Q$。

产品有两大类，一类是生活必需品，如日常生活需要的食盐、自来水等，这类产品的销售量对价格的变化不敏感，即价格上涨很多，销售量也不会下降很多，因为这是人们日常生活所必需的，对于这类产品，涨价可以带来更多的销售额。另一类是生活非必需品，这类产品的销售量对价格非常敏感，价格的一点变化都会带来销售量很大的变化，对于这类产品应该降价，增加需求量，即所谓的薄利多销。VCD是生活非必需品，因此降价是取得竞争优势的必然。

但是2.1亿元的广告费已经远远超过了爱多董事会的预算，胡志标的独断专行也引发了陈天南和益隆村的强烈不满。产品大幅降价只是赔本赚吆喝，一时的光辉掩盖不了背后的隐忧。

经过胡志标的努力，爱多出名了，但整个VCD行业太火了，大江南北，长城内外，到处都是VCD厂，且没有标准，乱抢渠道。胡志标本来想遵守联合宣言，将爱多VCD提价250元，但提价后，爱多VCD很快积压，回款成了问题，爱多的资金链出了问题。

问题7：为什么爱多提升价格没有获得预想的成功？

思考提示：根据对产品需求价格曲线的分析可知，VCD是生活非必需品，最终一定是体现在价格竞争上，而且是降价的竞争。胡志标不清楚产品有生活必需品和非必需品之分，更没有搞懂生活必需品是要靠涨价，而生活非必需品要靠降价才能多赚钱背后的经济规律。同时，受降价幅度过大带来利润过低的困扰，被一时胜利冲昏头脑的胡志标只看到了寡头垄断的爱多，错误地以为日夜排着队买爱多VCD的消费者在爱多涨价的情况下，也会保持原来的消费热情。胡志标逆市涨价，殊不知人们在生活非必需品涨价时会减少需求量，或持币待购。因此，才会出现爱多VCD一涨价，库存就急剧上升，回款缓慢的情况，导致公司资金周转出现问题，为后来公司的破产埋下了隐患，这一切都超出了胡志标的估计和他所能掌控的范围。

四、模糊的发展战略

胡志标很想挽回降价带来的利润损失，但他没办法压缩成本，因为关键元器件都是进口的，一个芯片就要65美元，成本无法再向下降。他更舍不得精简广告费用，因为那是他的看家本领。

胡志标是中国VCD行业的响亮人物。他不仅让中国VCD的先驱万燕变成了先烈，而且他“只做第二个吃螃蟹的人”的策略，赢得了行业乃至整个中国企业界的高度认同。由于中国企业的创新能力薄弱，很难占据先发优势，故他不敢做“第一个吃螃蟹的人”。他的现实选择是，采取风险较小、研发较少的跟随策略，然后凭借廉价劳力的规模制造后来居上。但这个当年的显赫人物在放弃先发优势后，也没能拥有可持续的后发优势。

提价和压缩成本都不见成效后，胡志标只剩下两个选择，一是拼技术，像万燕一样打一场技术攻坚战，完成产品的更新换代，与日本索尼等公司在VCD上赛跑。一旦成功，不仅提价理由充分，还有机会摆脱外方的控制，甚至向国内同行收取专利费。胡志标担心弄不好，爱多也会步万燕的后尘，从先驱变成先烈，只不过前者是技术与市场先烈，自己是品牌与渠道先烈。二是降价。

鉴于万燕的先烈效应，胡志标决定选择后者。正是这严重的先烈恐惧症，不仅驱使胡志标于1997年打起价格战，而且使这位市场与品牌英雄在达到巅峰后仍不敢轻易选择技术攻坚，放弃技术攻坚的最佳点。不得已，胡志标只能一鼓作气，把降价进行到底。事实上，企业要想在竞争中占据有利地位，不可不夺产业链制高点，价格的竞争只能是处在产业链最末端的竞争。

问题8：战略对于企业的作用如何？

思考提示：战略是公司前进的蓝图、经营的蓝图，是展开业务的一道命令，通过战略才能建立企业与客户的紧密联系，赢得竞争优势。对于企业来说，一个清晰、明了的企业战略不仅能明确企业的发展方式，而且可以提升企业的整体形象。如果一个企业没有清晰的战略，就不能把各种不同的行动整合成一个有机的整体。一个公司强有力地执行一个正确而精密的战略，不仅是公司取得竞争成功的手段，而且是公司管理卓越性最好的检验标准。

此时的胡志标完全迷失了发展方向，使爱多陷入不知如何进退的境地，盲目地继续实行曾经成功过的经验主义。

五、“阳光行动B计划”成为爱多的滑铁卢

1997年是中国VCD血腥而疯狂的一年，全年VCD销量突破1 000万台。这一年，中国VCD厂商的利润严重流失，但如胡志标所愿，市场有了规矩，迅速从散兵游勇向寡头垄断过渡。

随着爱多的超常规成长，如何巩固已有的市场份额，寻找新的增长空间，成为摆在胡志标和他的青年精英们面前的一个大难题。选择技术攻坚之路被胡志标放弃后，另一条路是向下延伸，以产品与品牌打通VCD的渠道与服务。于是，沿着当初横砍猛杀打天下的思路，掺入从营销教材中抄袭的市场新理念，再加上妙笔生花般的文字渲染，一个庞大而激动人心的“阳光行动B计划”（以下简称“B计划”）出炉了。“B计划”设想为消费者提供增值服务，使爱多公司由产品经营提升为包含渠道和服务在内的综合经营，包括“千店工程”、“金蝶工程”、“宝典工程”等。但投入4 000万元后，胡志标发现，要完成整个计划，至少还需要2个亿，而1998年的他已经没多少钱敢用来折腾了，“阳光行动B计划”不得不中途夭折。

“B计划”是一个充满魅力的梦想，曾经轰动一时。“B计划”经过爱多策划人和上百家传媒的竭力渲染，但由于缺乏操作性和财力支持，仅在南昌等个别城市成立“爱多增值连锁店”后，便无疾而终。从“B计划”开始，爱多开始走下坡路。

问题9：战略与战术的关系如何？

思考提示：只有可执行的战略对公司才有意义。应制订一个良好的战略计划，然后通过有效的手段正确地实施战略，战略的执行越有效，竞争能力越强，获得成功的机会也就越大。公司在制订战略计划之前，一定要确定五个要素或任务：一是战略的远景和业务使命；二是建立目标体系；三是制订战略计划；四是高效地实施和执行战略；五是评价公司的战略绩效。

不管“B计划”被吹嘘得如何好，最后的绩效结果还是说明这是一个失败

的战略计划。其实，从制订战略计划的五个步骤来看，“B计划”注定要失败。一是爱多此时已经迷失了自己的战略远景和业务使命；二是因为“B计划”连陈天南都不知道，更遑论得到董事会的批准和授权，因此，也就无从谈起保证得到相应的资源支撑该计划的实施，目标也就成为无本之木。

六、病急乱投医

价格战使刚刚兴起的VCD行业利润迅速摊薄。价格战不能再打了，增值服务也玩不起了，向技术高端进军也没研发资本，因为胡志标可调动的资金越来越少。之后，过于年轻且过早成功的胡志标开始乱来，从上游零部件伙伴的材料款，到下游代理商的订货款，他都开始肆无忌惮地挪用。

这些钱一部分用来支撑他的“B计划”，一部分则被挪用到他1998年“私自”成立并经营的爱多电话机、数码电视、音响等公司。胡志标的想法很简单，爱多品牌既然不能在VCD产业中上伸下延，那就要延伸到其他电子产品上，培育出多元化的产业。这些产业兄弟再回过头来向爱多VCD输血，从而完成包括“B计划”在内的诸多产业梦想。

问题10：企业进行多元化发展需要什么样的前提?

思考提示：企业实施多元化战略，前提条件是把主业做好，否则就是战略重心错位。企业实施多元化战略之前，必须首先巩固主营业务范围的品牌核心优势。如果企业自身尚未成为同行业市场领袖或进入领先行列时，过早转移主战场进入别的领域，以图“东方不亮西方亮”，其结果往往是得不偿失。爱多在自己主业出现问题的时候四面出击、伸开五指左右折腾的做法，恰恰是底气不足或过于浮躁的表现。

其次，企业准备进入多元化发展阶段之前，还必须认真分析应进入哪个新产业领域。一般来说，当一个企业形成自己的第一个产业支柱后，寻找的第二个产业支柱应该是相关联的产业。两个产业支柱就能形成合力，通过内部资本市场配置资源才有效率，这样才可以利用企业各种资源优势，以高起点水平进入，避免进入低水平上重复建设的“沼泽地”，才会使新的领域成为企业新的“利润增长点”。爱多的盲目多元化的结果刚好相反，不但没有成为爱多新的“利润增长点”，反而成为吸金的“沼泽地”。

七、愚昧本性的暴露

不久，中国VCD行业又开始新一轮惨烈的降价大战。一股令人战栗的寒流已经在悄悄地逼近爱多人。由于资金出现困难，胡志标与中山当地的一家企业集团“以500万元租用爱多品牌10年，同时以资金、技术和管理要素注入爱多公司”的秘密协议签订后，矛盾最终被激化。1997年4月7日，爱多的法人代表陈天南聘请律师在《羊城晚报》上刊登“律师声明”，声称爱多新办的所有子公司均未经董事会授权和批准，其所有经营行为和债务债权均与“广东爱多电器有限公司”无关。这一声明使爱多公司陷入债务、信誉、股权结构等多重问题内外交困的泥团。

为了扭转不利局面，胡志标想到了民间的冲喜办法。1999年1月，全国各地的爱多经销大户和各传媒的知名经济记者都接到了一份发自广东中山的喜帖。那是一场轰动的婚礼：138万响鞭炮，18辆车牌号码连在一起的白色奔驰花车，1 000多位身份显赫的贵宾。胡志标和他的秘书、总裁助理林莹相亲相爱地依偎在一起。

问题11：冲喜是否可以解决企业的困境？

思考提示：冲喜是一种迷信习俗。原指家中有人病危时，企图通过办喜事来驱除病魔，以求转危为安。还有一种就是运气差或说手气差，希望靠冲喜赢得好运。

很显然，没怎么读书的胡志标没有意识到爱多的失败是因为违背了经济和市场规律，而只是简单地归罪于自己的运气不好，因此希望通过结婚冲喜来改变自己的运气，并且想当然地认为婚礼的排场与冲喜的效果成正比，因此才有138万响鞭炮，18辆车牌号码连在一起的白色奔驰花车，1 000多位身份显赫的贵宾的豪华而轰动的婚礼。

企业的经营与决策终究不是算命，是要以尊重市场规律为前提的科学决策和运作。算命式的冲喜最多只是一种心理的暗示和安慰，如果把企业的经营与决策寄托在算命上，最终难逃失败的命运。

八、危机爆发

爱多公司原本有三个股东，除了胡志标外，还有陈天南和中山市益隆村。胡志标和陈天南各占45%，益隆村占10%。由于陈天南和益隆村不参与公司的经营，胡志标自兼董事长和总经理，便想极力摆脱公司权力机制的约束，独揽公司权力，无拘无束地去实现自己的理想。1998年，胡志标任命他的太太林莹全面掌管公司财务，对另一大股东陈天南封锁消息。在视频设备、音响等多家子公司的股权设置上完全撇开陈天南，对外宣称“产权改革”，这直接导致了他与陈天南的分裂。同年4月7日，陈天南聘请律师在《羊城晚报》上刊登“律师声明”，声称爱多新办的所有子公司均未经董事会授权和批准，其所有经营行为和债务债权均与“广东爱多电器有限公司”无关。这一声明使爱多公司陷入“欠债门”。

胡志标抛开大股东和董事会独断专行的种种做法，不仅挪用了现金，掏空了爱多的利润，还滥用了爱多的品牌，令其曾经的伙伴、爱多的法人代表陈天南忍无可忍，于1999年4月7日直接以“律师声明”的形式，通过爱多当年起家的《羊城晚报》，把家丑捅了出来。陈天南虽然和胡志标一样占有45%的股份，但是胡志标始终没有让陈天南参与爱多的经营与管理。而且由于公司发展很快，爱多也没有给股东分红，为了防止胡志标以开公司的手段转移资产，陈天南发出了“律师声明”。“律师声明”无疑是在中国企业界上空发射了一颗醒目的信号弹，爱多出事了。那些已经被爱多拖欠货款搞得心神不宁的经销商和供应商们像发了疯一样奔往中山，各地传媒更是嗅到了猎物的血腥。内乱一出，供应商与代理商都急了，他们齐集中山爱多公司总部，上门逼债。但胡志标哪里拿得出钱？胡志标在明知道没钱的情况下，开出了许多空头支票，结果就是他不得不为自己的冲动付出惨痛的代价。

问题12：供应商和经销商为什么会在企业困难的时候上门逼债？

思考提示：企业破产还债程序：一是破产人所欠职工的工资和医疗、伤残补助、抚恤费用，所欠的应当划入职工个人账户的基本养老保险、基本医疗保险费用，以及法律、行政法规规定应当支付给职工的补偿金；二是破产人欠缴的除前项规定以外的社会保险费用和破产人所欠税款；三是普通破产债权。同时，为了最大限度地保护破产企业职工的权益，破产法在第一百三十二条中规定：破产人在本法公布之日前所欠职工的工资和医疗、伤残补助、抚恤费用，所欠的应当划入职工个人账户的基本养老保险、基本医疗保险费用，以及法律、行政法规规定应当支付给职工的补偿金，依照本法第一百一十三条的规定清偿后不足以清偿的部分，在本法第一百零九条规定的特定财产优先于对该特定财产享有担保权的权利人受偿。

因此，供应商和经销商只是处于第三顺序。按照正常途径等待时间较长，且在第一、第二顺序清偿完后，留给第三顺序的费用所剩无几，或者根本就没有。因此，供应商和经销商才会上门逼债，甚至出现在爱多搬电脑、办公桌、生产机器、原材料等实物资产的情况。在这种情况下，企业想保持正常的生产秩序已经不可能。

九、英雄谢幕

胡志标一向以爱多创始人和当家人自居，事实上他对爱多的贡献也确实无人能及。可是从资本结构上来考量却不是这么回事了，他只占有爱多45%的股份，当陈天南与益隆村联合起来的时候，他除了愤怒便别无良策。艰苦谈判20天，1999年4月，胡志标被迫辞去爱多董事长和总经理职务。同年12月，爱多便进入破产程序。2000年4月，胡志标被广东警方以“涉嫌诈骗”罪拘捕。自此，爱多公司败亡。

问题13：为什么一份“律师声明”有如此大的威力？

思考提示：公司的组织结构一般由股东会、董事会、经理、监事会四个机构组成。根据公司法对这四个机构的职权划分，四机构在各自行使公司职权的同时，存在着权力制衡的关系，其权力体系是以董事会为中心的。随着现代市场经济的发展，在实际的运作中，现代公司的治理正由董事会中心主义向经理中心主义转变，公司经理在公司中的地位不断提升，特别是CEO（首席执行官）的出现，使得董事会的权力逐渐被削弱。由于现代市场交易与公司事务的日趋复杂和市场信息的瞬息万变，以及市场竞争的日趋激烈，董事会这种会议制的决策方式很难适应市场的变化，而经理作为公司日常事务的执行人，直接与市场打交道，掌握着公司日常经营的第一手最有价值的信息资料，他更贴近市场，也更了解市场与公司的状况。赋予经理一定的经营决策权，能够更迅速、更有效地适应市场变化。但是，事物都有正反两个方面，无论是董事长还是总经理，抑或是董事长兼总经理，一旦其权力不受约束，必定会为公司带来危机甚或灭顶之灾。

2000年4月18日，胡志标被汕头警方拘留审查，很快被判入狱20年。之后因票据诈骗罪不成立，于2004年改判8年；后因在狱中表现良好，于2006年提前出狱。胡志标入狱时，中国VCD产业正遭受日本DVD的反扑，胡志标出狱时，VCD已经开始为高清DVD让路。

胡志标于2006年1月20日提前出狱，这时离他获得央视标王名头和创立爱多品牌已长达8年之久了。之后，胡志标被旧部请去做过两件事：一是操盘一个节能灯项目，原计划2006年借势冯小刚的贺岁大剧《夜宴》，取名彩宴，以求一炮打响，结果只打了个泡影，双方不欢而散，旧部失望而归；二是2007年9月受邀加入平板电视产业链，在广州生产液晶电视驱动电路板，但他只在开工仪式上作为嘉宾露了一面，之后再无消息。这两次都是帮朋友创业，他自己并未找到新事业。但有一点他已经确定：不会再重操旧业。

就此，爱多连同他的开创者胡志标曲终人散。

十、启示

企业的价值链由连接企业生产运作、正常运转的各个环节构成，只有一个正常运转的企业才能有一条完整的价值链，否则，企业的价值链就会出现裂痕，甚至会断裂，如果出现这种情况，企业离倒闭或破产的日子也就不远了。而信用是对商业契约的有效履行，因为现代社会是一个契约社会，人与人的交往、企业与企业之间的交易是建立在共同遵守契约的基础之上的，当不守信用和欺骗盛行时，一切契约都会变得不可靠，商业活动也就没法进行。企业的价值链与企业的信用表面上看起来没有什么联系，但是从深层次来看，随着经济的发展、市场经济体制的日益完善和发展，企业的价值链和企业的信用的联系越来越密切。

问题 14：信用和企业供应链的关系如何？

思考提示：在企业的价值链中有一条是产、供、销的价值链。对于一个企业来说，只有原材料供应有保障、产品有销路，企业的生产循环才能不断地正常运营。如果企业的产品销路不畅，生产的产品就会积压，这就意味着企业会有资金在库存中沉淀，会影响资金的周转，从而使原材料的采购出现困难，这样无异于慢性自杀。如果市场的原材料供应没有保障，企业就会陷入难为无米之炊的窘境，造成生产能力“相对”过剩，产品供应不足，市场占有率下降，从而直接影响企业的利润水平。而在当前的买方市场条件下，这种情况往往是生产商自身有这方面或那方面的问题，一般不会出现供不应求的市场短缺问题。这两种情况虽然只是产、供、销价值链某一环节有问题，但是都会波及企业的整条价值链。这样，企业的产、供、销价值链就会有断裂的危险，企业的生存就会难以为继。

集体企业爱多的销售模式是基于这样的一种假设，即假设“市场在一段时间内会无限扩大，销售额会无限上升，且爱多在 VCD 市场中几个为数不多的垄断者中处于优势地位”前提下的经营模式。基于这种假设，企业会作出这样一种判断：明天的钱会比今天的多。在市场处于成长阶段的时候，这种假设没有问题，今天我有 500 万元，但我预计明天的销售会回来 1 000 万元。我今天就花掉 1 000 万元，明天，果然销售回款了 1 000 万元。明天预计后天销售会回来 3 000 万元，我就敢把 3 000 万元花掉，后天果然销售回款了 3 000 万元，这毫无问题，但是这种假设只在某一历史阶段是成立的。市场会随着时间的推移变得越来越饱和，它会逐渐走向成熟和衰退，这时企业只能是不断地推出新一代产品，并且努力地将市场做大。

问题 15：对未来市场的错误预期为什么会让企业陷于破产的境地？

思考提示：当市场曲线向下的时候，也就是当产品进入成熟期和衰退期的时候，情况完全不同了，前面的假设就有问题了。在这个时候，原材料价格在下降，产品价格在下降，利润也在下降，这些都超出了企业所能控制的范围。原材料价格是由供应商决定的，产品的售价是由市场决定的，企业唯一能控制的就是从原材料进厂到产品出厂的生产过程的成本。爱多在市场竞争日趋激烈的情况下，错误地估计了竞争对手，VCD本来是需求弹性较大的产品，即降价可以促进销售，增加销售额。爱多本应采取在自由竞争情况下的降价策略。相反，爱多却采取了针对产品需求弹性小，企业在该行业具有垄断地位的情况下的提价策略，销售策略的失败，导致市场急剧萎缩。销售额的减少，导致资金短缺。爱多的经营理念和经营情况如表2所示。

表2　错误的预期与失败的结果

行动	假设	现实	结果
今天敢花明天的钱	明天的钱永远比今天的多	1998年市场萎缩，现金大量减少	现金短缺两个月后，危机便爆发了

资金短缺的直接结果是爱多的产品在市场上断货。在销售业绩良好的情况下断货是因为没有原材料，没有原材料是因为供应商对爱多失去信心，在被欠大量货款屡追不逮的情况下供应商停止了对爱多的供应。供应商信心的崩溃，使爱多的价值链断裂，危机也就显现出来了。

爱多出身于民营企业，在爱多的发展过程中，众多的经销商起到了巨大的支持和支撑作用，没有他们积累起来的几千万元的启动和扶持资金，爱多的创业和辉煌就不可想象。这些众多的经销商对爱多的帮助并不是因为爱多的企业信用度有多高，而是出于对VCD市场的良好预期。市场在不断地成长，规模在不断地扩大，正是这种对市场的良好预期掩盖了爱多信用的不足，使爱多经营的假设有了成立的基础，使爱多在企业的发展初始阶段能顺利进行，企业的价值链能保持完整，但是在爱多因为销售策略失误时，企业信用的不足才真正暴露出来。企业信用的不足导致贷款无门；由于没有了市场的良好预期，企业信用不足，原材料供应商就停止供应原材料。为了防止出现坏账损失，原材料供应商天天上门要债，这种负面的影响进一步加重了企业信用的崩溃，企业供应链的断裂就成为必然。

问题16：信用对于企业的作用和重要性如何？

思考提示：在企业遇到困难的时候，牺牲信用是看似最简单的解决办法，如资金不足就延迟付款；发生财务危机就从经销商处筹钱，且不告诉他们真实情况。但是透支信用，在企业发生危机的时候无异于饮鸩止渴，最后导致信用危机，让信用全盘崩溃。因此，企业的盈利、生存和发展是由企业价值链的正常运转来实现的，而企业的价值链是由企业的信用来支撑的，是企业盈利、生存和发展更深层次的东西。如果企业的信用崩溃，企业的价值链就失去了存在的基础，企业价值链的断裂必然是企业信用崩溃的结果。

当前，我国正处于社会变革和经济转型时期，失信用、无信誉、轻信义的不良风气冲击着正常的社会经济秩序，影响了人们的信心和信念，妨碍了我国市场经济的进程。企业是社会经济的细胞，企业有没有信用、重不重信义决定了企业竞争能力的强弱，决定了企业生命力的盛衰，关系到企业未来的可持续发展。21世纪是科学技术迅猛发展、国际竞争日趋激烈的时代，构建完善的守信用、讲信誉、重信义的商业道德体系对引导民营经济的健康发展具有深远的意义。

商业模型小结：伴随着中国的改革开放，人们生活水平的提高，在满足了简单的衣食住行等生活必需品需求的情况下，人们对生活的质量有了更高的需求，这种需求是对生活非必需品的潜在的需求。而这种需求首先需要敏锐的目光去发现，然后是引导和培养人们新的消费习惯，最后使之成为人们的习惯消费行为。万燕的姜万勐以他独到的眼光发现了新蓝海，却因为受制于资金、专利保护、各种政策壁垒等问题而成为先烈，使得采取跟随策略的胡志标脱颖而出。

市场自有其规律，遵从市场规律和违背市场规律自有其必然结果。每个企业家或创业者在主观上都想遵从市场规律，但首先要尊重科学，认清市场规律，更不能采取封建愚昧的做法对抗经济规律和市场规律。否则，必将为市场所抛弃。

讨论题：

1. 创业需要什么条件？
2. 姜万勐和胡志标同是做 VCD 的，最后都失败了，他们二者之间有何相似之处和不同之处？
3. 该商业模型的启发和借鉴意义有哪些？

参考文献：

1. 孙玉红．风雨爱多．南风窗，1999 年专刊
2. 左小德，梁云．从爱多看民营企业的价值链与信用．广东财政，2003（4）
3. 骆守俭．正确对待民营企业成长过程的危机．上海管理科学，1999（1）
4. 蒋叶迪，许陈生．危机已现，“标王”爱多何去何从．现代企业导刊，1999（7）

服装行业的 DELL：ZARA 快速供应链及其 IT 支撑剖析

王惠芬　葛　星　杨丽萍

ZARA 以快速反应著称于流行服饰业界，其成功与创新的模式不仅是业界的标杆，更是欧美商学院著名的教学个案。企业想要在行业中站稳脚跟，获得盈利，不能只依靠产品、服务或技术单一要素的创新，还要依靠商业模式的创新，这样才能够为企业获得持续的竞争力，保持利润增长的趋势，降低成本。而什么是商业模式呢？根据孔翰林等人的解释，商业模式由四个要素组成，即客户价值主张、盈利模式、关键资源及关键流程。这四个要素相互作用，创造价值和传递价值。ZARA 主张的是快速消费时尚的理念，"快速、少量、多款"是 ZARA 独特的商业战略，这一独特的业务模式需要 IT 系统的有效支撑。因而，信息和通信技术成了 ZARA 商业模式的核心。

ZARA 是西班牙 Inditex 集团旗下的一个子公司，它既是服装品牌，也是专营 ZARA 品牌服装的连锁零售品牌。Inditex 是西班牙排名第一的服装零售集团，并于近年超越了美国的 GAP、瑞典的 H&M 而全球排名第一。ZARA 旗下共有 8 个服装零售品牌，包括 ZARA、Pull and Bear、Kiddy's Class、Massimo Dutti、Bershka、Stradivarius、Oysho、ZARA Home，ZARA 是其中最著名的品牌。ZARA 创立于 1975 年，目前在全球60 多个国家拥有3 000 多家专卖店。尽管 ZARA 品牌的专卖店只占 Inditex 公司所有分店数的 1/3，但是其销售额却占总销售额的 70% 左右。哪怕是在 2008 年欧洲经济陷入衰退的时候，ZARA 第三季度的增长速度仍然达到了 18%。2002 年，ZARA 可以说基本上就是一家西班牙的公司，60% 的销售量在西班牙本土，但是到 2008 年，其 70% 的销售量都属于国际性的销售。

问题 1：ZARA 的客户价值主张、盈利模式、关键资源及关键流程是什么？

思考提示：对于 ZARA，主张的是"买得起的快速时尚"，即在快速提供最时尚服装的同时兼顾顾客的荷包，低价就能享受国际流行性品牌，并且避免撞衫的尴尬，因为 ZARA 的服装款式独特，数量少，有着独一无二的特点。ZARA 服饰的低价决定了该产品主要定位于中高端消费者，因为其价格低廉、质地好、量少、款式独特等众多特点，使得消费者爱不释手，销量较大，所以巨大的销售量算是一个盈利模式点。还有库存周转率高、资金周转速度快等都降低了成本，当然利润高了。

一年中，ZARA 大约推出 12 000 种时装，而每一款时装的量都不大。即使是畅销款式，ZARA 也只供应有限的数量，在一家专卖店中一种款式一般只有两件，卖完了也不补货。一如邮票的限量发行提升了集邮品的价值，ZARA 通过这种“制造短缺”的方式培养了一大批忠实的追随者。“多款式、小批量”，ZARA 实现了经济规模的突破。

至于关键资源，最主要的要数 ZARA 的研发团队。另外，还有其独特的品牌定位。ZARA 旗下拥有 400 多位专业设计师。一年推出的商品大约为 12 000 款，是同业的 5 倍之多，而且其设计师的平均年龄只有 26 岁，他们随时穿梭于米兰、东京、纽约、巴黎等时尚重地观看服装秀，以撷取设计理念与最新的潮流趋势，进而仿效推出高时髦感的时尚商品，速度之快令人震惊。每周两次补货上架，每隔三周就要进行全面性的汰旧换新，全球各店在两周内就可同步进行更新。极高的商品汰换率，也加快了顾客上门的回店率，因为消费者已于无形中建立起 ZARA 随时都有新产品的重要共识。

除此之外，设计群实时与全球各地的 ZARA 店长进行电话会议，通过了解各地的销售状况与顾客反应，灵活变通地调整商品的设计方向，适应客人的百变口味。在顾客购买商品的同时，店员已经将商品特征及顾客资料输入计算机，借由网际传输将数据传回 ZARA 总部。设计群可根据各种精确的销售分析与顾客喜好，以及本身的时尚敏锐度，决定下一批商品的设计走向与数量。如此，商品便可达到最大销售率，也意味着能有效降低库存的出现率。

关键流程是 ZARA 高效协同的供应链，ZARA 花巨资设计一体化的灵敏供应链，从原材料采购到产品设计到生产加工到配送运输再到产品销售。生产基地设在西班牙，只有最基本款式的 20 款服装在亚洲等低成本地区生产。ZARA 自己设立了 20 个高度自动化的染色、剪裁中心，把人力密集型的工作外包给周边 400 家小工厂甚至家庭作坊，而把这 20 个染色、裁剪中心与周边小工厂连接起来的物流系统堪称一绝。在西班牙方圆 200 英里的生产基地中，集中了 20 家布料剪裁和印染中心、400 家代工的终端厂。ZARA 把这 200 英里的地下都挖空，架设地下传送带网络。每天根据新订单，把最时兴的布料准时送达终端厂，满足了总体上的前导时间要求。建设这样一个生产基地，需要投资几十亿欧元。许多品牌服装想模仿 ZARA，却没有这样巨额投资的生产基地。在欧洲成品服装用卡车两天内保证到达，而对于美国和日本市场，ZARA 不惜成本采用空运以提高速度。这种大生产思维，使得 ZARA 品牌一骑绝尘。

ZARA 的零售只设专卖店，那是 ZARA 的窗口与眼睛，不搞特许经营。专卖店每周根据销售情况下两次订单，这就减少了需要打折处理存货的几率，也降低了库存成本。款式更新的快速增加了新鲜感，吸引消费者不断重复光顾。快速更新店面里的货品，也确保它们能符合顾客的品位，从而能被销售出去。现在中国只有香港与上海两家专卖店，许多中国女性翘首期盼北京专卖店的开业，以便尽早享受 ZARA 带来的时尚与福利。

正是这些要素的相互作用，创造了 ZARA 独特的商业模式，使其成为服装行业的神话。

问题 2：ZARA 独特的商业模式是怎样的？

思考提示：比起其他大多数零售商，ZARA 的组织结构更加紧凑，控制更加严格。ZARA 将各种业务单元都集中在它位于西班牙西北部的总部周围，使它们在地理位置上彼此接近。ZARA 对时尚的快速反应，使其能更好地迎合消费市场，避免了产品的大量积压。ZARA 高度整合的生产、物流体系保障了其产品的快速生产、快速铺货、快速更新。ZARA 的全程供应链管理，从设计、采购、生产、配送到终端销售，使 ZARA 的连锁店可以以大部分顾客能接受的价格提供处于流行最前列的服装产品。所有这些使得快速、少量和多款的经营模式成为可能。ZARA 商业模式运作如图 1 所示：

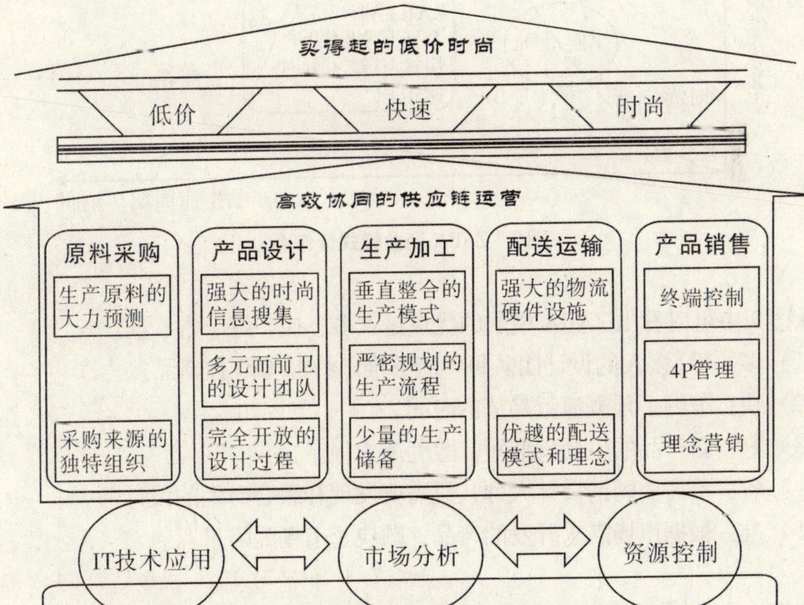

图 1　ZARA 商业模式运作图

由图 1 不难看出，ZARA 的公司运作共分为战略、战术和执行三大层面。首先，在战略层面，通过明确的品牌定位，将ZARA定位为买得起的快速时尚，大力彰显低价、快速、时尚的品牌特色；其次，在战术层面，通过原料采购、产品设计、生产加工、配送运输和产品销售五大环节的紧密整合运作，形成高效协同的服装供应链，有力支撑ZARA品牌低价、快速、时尚的品牌特点；最后，在执行层面，通过IT技术的有效应用、对市场的透彻分析以及对上下游资源的有力掌控，使得供应链运作的高效性得以实现。其中，明确而差异化的战略定位是ZARA企业运作的牵引力，而IT应用、市场分析以及资源控制是企业运作的支撑力，最终形成了ZARA快速、高效、柔性的供应链运作这一企业核心竞争力。

问题3：ZARA独特的商业模式具有哪些优点？

具体优点如图2所示：

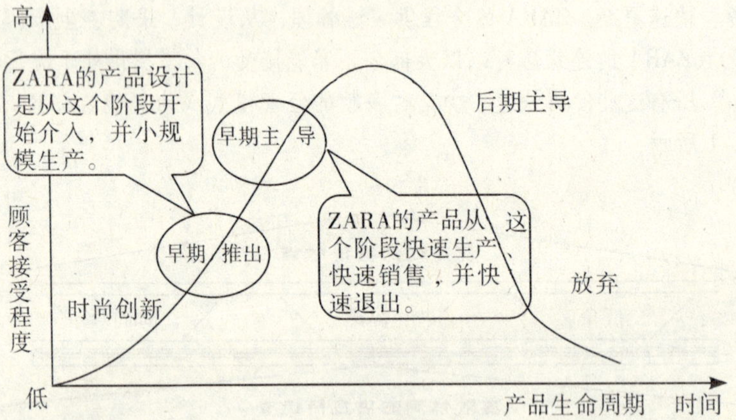

图2　ZARA商业模式运作图

从图2中可以看出ZARA模式的优点是：多、快、好、省、准。

（1）多：400多人的设计团队每年能够推出约12 000款新品。

（2）快：节约了预测流行趋势的时间。

（3）好：新产品的生命周期短，盈利能力强。

（4）省：不需要聘请设计大师，只需要发现和组合时尚的设计师。

（5）准：根据市场需求开发的产品，顺应了市场的需求。

问题4：以ZARA时装的整条供应链的运作过程为线索进行分析，其各个环节是如何做到高效协同从而支撑ZARA商业模式运作的？

1. 原料采购环节

ZARA的原料采购与众不同。首先，它把大量的精力放在预测买什么样的布料及数量上。这样做的好处在于，一方面，服装的布料、材质、搭配对于时尚潮流来说是一个非常重要的因素，款式可以在短时间内千差万别，但面料的流行周期要远长于设计的款式。因此，对面料精准的预测，保证了ZARA产品的时尚元素。另一方面，对服装零售商来讲，这种强调面料预测的做法其实是预防风险的好办法，因为布料（原材料）失误带来的损失要比已经制作完工的服装要小得多，且同样的布料可以做成不同的衣服。如此，减少了公司的潜在损失，也就降低了产品的平均成本，保证了品牌的低价。

其次，为了从最原始的原材料环节就开始控制成本，ZARA公司采取从集团内部公司获取稳定原料和从外部260多家供应商中分别小额定购的原则。其自产产品约40%的原料来自集团公司拥有的Comditel厂（该厂90%的销售额来源于ZARA），而ZARA的过人之处在于它所采购的这些原料有一半是没有染过的，这是因为它认为最了解顾客的莫过于顾客自己，再精确的预测也不可完全准确地反映顾客的需求。保有一部分未染色的布料，便保证了ZARA能够在一个销售季节当中随时应对市场对颜色的需求而进行即时的染色变化，随时跟随时尚的步伐。正是为了在印染方面掌握时间的主动，ZARA与集团公司持股的染料公司Fibracolor保持了良好的合作关系（该公司产量的20%专供ZARA）。而剩下60%的原料则来自那260多家供应商，没有任何一家供应商的供给超过ZARA所需总量的4%，这样便形成了百家争鸣的情势，避免了对某一家供应商的过度依赖，从而有效地控制了采购成本，也缩短了这些厂商对ZARA订单的反应时间，为品牌的低价、快速作出了贡献（如图3所示）。

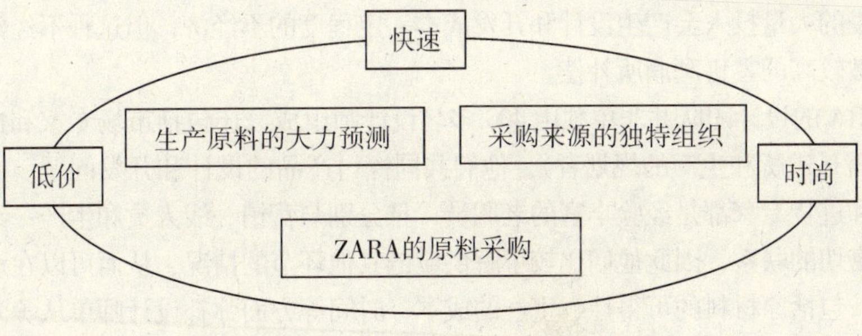

图3　ZARA原料采购环节对品牌特性的支持

来源：AMT咨询公司

2. 产品设计

在产品设计环节，ZARA的特立独行更是令人侧目。它是欧洲名牌服装设计师的噩梦，它的产品款式全部抄袭于著名品牌；它是高速运转的恶魔，它把一件15天前刚在巴黎时装发布会上看到样板的经典设计迅速转变成改版后的终端产品；它也是多产的怪兽，每年可以设计四万款服装，仅仅挑出其中的约12 000款投入生产，这足以令竞争对手望尘莫及。那么，ZARA是如何运作其服装设计环节，从而实现迅捷地设计出如此大量的时尚服装款型的呢？有三点因素：强大的时尚信息搜集、多元而前卫的设计团队、完全开放的设计过程。

关于产品设计，ZARA认为经营服装根本没有必要寻求创新设计，因为几乎所有的时装公司每年都会公布不计其数的新款服装。因此他们需要做的，便是抄袭，动脑筋地抄袭。那么在每季公布的众多款型中，如何选择、选择什么呢？这是艺术总监和他领导的团队的工作。每时每刻，信息都会从销售点和目标顾客群常去的活动场所传向总部，这些信息指导产品定位于顾客所需。为了最广泛地搜集最新的时尚信息，ZARA可谓不惜血本。他们的400多名设计师都是典型的“空中飞人”，他们经常穿梭于米兰、巴黎举办的各种时装发布会，或者出入各种时尚场所，观察和归纳最新的设计理念和时尚动向，利用高档品牌提前发布时尚信息的传统（如3月发布秋冬季时装、9月发布春夏季时装，发布时间和真正的销售季节中间通常有6个月的时间差），使时尚杂志还在预告当季潮流时，ZARA橱窗中已经出现了自己设计的产品。

另外，他们在全球各地都拥有极富时尚嗅觉感的买手，帮助ZARA品牌在全球各地收集该地区现时的流行产品，并通过购买将产品汇于指定地点，由专业的时装设计师依类别、款式及风格进行全新改版，组成新的产品主题系列，既符合现时段时尚流行特点，又避免了因产品设计而产生的市场纠纷。同时，ZARA派人专门在大学校园、迪斯科舞厅和其他集会场所观察、记录年轻时尚领袖的穿着打扮；还将其分散于世界各地的专卖店与总部相连，店里的销售人员和店铺经理将他们所观察到的各种信息随时随地通过特制的笔记本电脑和因特网发往ZARA总部。虽然对信息搜集的大量投入会产生设计和开发成本一定程度的不经济，但这种不经济早就远远地被较高的零售利润所补偿。

ZARA的设计团队并非单独由400多名设计师组成，还包括市场专家和进货专家（也就是进货和生产的规划者），他们共同探讨产品的设计和开发问题。由于市场专家和进货专家都是经验丰富的老职员，且分别与营销一线人员和生产一线人员保持着密切的联系，因此他们比较了解供应链其他环节的情况，从而可以在设计的可行性，包括原材料的可得性、生产的成本、时间等方面弥补设计师单从美学和时尚角度考虑的局限。这样，从设计的初期就保证了服装设计的成功率，有效地控制了服装的平均成本。

ZARA的设计师之间非常强调平等、开放的理念。在ZARA没有首席设计师，更不存在人与人之间等级的差别，完全是扁平化的组织模式。他们来自世界各地，充满激情，共同为时尚的设计而努力。且设计师的平均年龄仅为26岁，因此他们保持着活跃的思维和对新兴时尚潮流极强的接纳能力，这就保证了ZARA服装的设计永远引领时尚的鲜活特点。

ZARA的服装设计过程完全是一个开放型的过程，没有特定的子团队，不需要遵守固定的时间表，然而它却是最为和谐、最为高效的设计过程，我们不能不称这是管理上的一个奇迹。

在 ZARA 总部那栋洋溢着现代气息的大楼里，女装部、男装部和童装部都分别拥有一个属于自己的宽敞透亮的开放空间。在每个部门的空间里，一般分为三个区域：左边是设计师们的天地，中间是市场专家的领地，而右边是进货专家的办公区。大厅正中央有几张大圆桌供临时召开会议用。整一面墙都是透亮的大落地窗，可以从这里俯瞰窗外宜人的景色。

这种开放、轻松、富含柔性的设计方式恰恰能保证 ZARA 以最快的速度设计出消费者想要的时尚服装款式。虽然由于设计抄袭的问题，在欧洲，ZARA 每年都要向顶级品牌支付几千万欧元的罚款，但 ZARA 没有也不会因此放弃这种设计模式——ZARA 从中赚取的利润要比罚款高得多。可见，ZARA 对时尚信息的大力搜集保证了其品牌"时尚"的战略定位。完全开放的设计过程不但保证了其品牌的时尚性，而且保证了时装的快速设计成型，而其最核心的"三位一体"的设计团队构成则兼顾了时尚、低价和快速的三大品牌特色（如图 4 所示）。

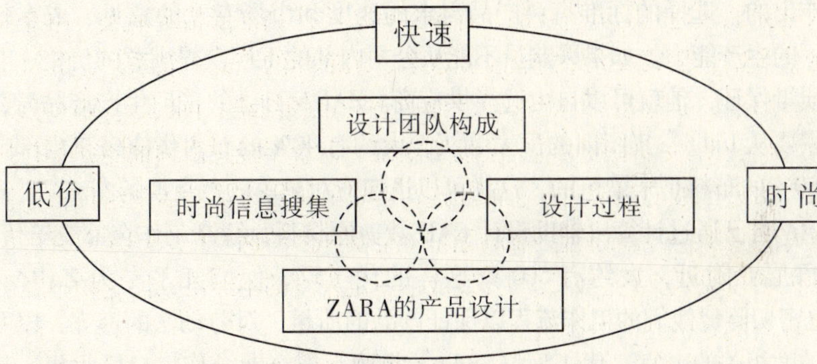

图 4　ZARA 产品设计环节对品牌特性的支持

来源：AMT 咨询公司

3. 生产的垂直整合

在时装工业界，最流行的做法是"第一世界的时装在第三世界的工厂里生产"。Benetton、Gap、H&M、Nike 等基本上都是这种模式。其最大的优点是成本低，但缺点也很明显，即速度慢。相比之下，ZARA 有 80% 的生产都在西班牙总部附近的欧洲国家完成，将近 50% 的生产是由它的自有工厂或控股工厂来完成，这在带给 ZARA 非常强的生产控制能力的同时，也带来了非常高的劳动力成本，它的劳动力成本通常是亚洲平均劳动力成本的 17～20 倍。

实际上 Inditex 是一个垂直整合的团体，拥有最先进的染色、设计、裁剪和服装加工设备。Inditex 多是从西班牙、印度和摩洛哥等地采购未经染色的原坯布。通过保持对染色和加工领域的控制，Inditex 具备按需生产的能力，能为新的款式提供所需的布料。但 Inditex 不拥有劳动密集型的服装缝制过程，而是通过与西班牙和葡萄牙的一些小加工厂签订供应合同来控制它们。正是这种垂直整合的模式，使得 ZARA 能够以比竞争对手快得多的速度、小得多的批量进行生产。

ZARA 公司自己在西班牙拥有 22 家工厂（其中 18 家位于拉科鲁尼亚或周边地区），其所有产品的 50% 是通过自己的工厂来完成的，但是所有的缝制工作都是由代工厂来完成的。ZARA 下属工厂都有自己的利润中心，进行独立管理。ZARA 另外 50% 的产品供应是由 400 余家原始设备制造商即 OEM 供应商来完成的，这些供应商有 70% 位于欧洲，其他的则主要分布在亚洲。欧洲的供应商主要分布在西班牙和葡萄牙，ZARA 公司希望这样能够进行有效的管理，保证供应商能对其订单的变化作出迅速的反应，这也是时装能否取得成功的一个关键要素。在亚洲，该公司主要生产一些中端的产品，销往对价格、质量敏感的地区。由于 ZARA 公司规模庞大，订单不仅数量大而且很稳定，因此与其合作的供应商都把它作为自己的第一选择，ZARA 公司的话语权也就不言而喻了。

产品究竟由自己生产还是外包给 OEM 供应商，这个决定也是由生产规划和采购人员作出的。选择的标准有：产品需求的速度和市场专家的意见、成本效益原则、工厂的生产能力。如果采购员不能从公司内部的工厂获得满意的价格、有效的运输和质量保证，他就可以自由选择供应商。ZARA 自己的工厂生产产品时，其原材料尽量要从 Inditex 集团内的厂家购买，大约有 40% 的布料供应来自内部，这其中又有 50% 的布料是未染色的，这样可以迅速应对夏季颜色变换的潮流。

ZARA 自己通过计算机辅助设计 CAD 裁剪原材料，缝制工作全部交给代工厂。在拉科鲁尼亚附近，大约有 500 家这样的代工厂，他们几乎专为 ZARA 工作。ZARA 也密切监督他们的工作流程以保证产品的质量、对劳动法的遵守，以及其他与生产进度相关的事宜。代工厂与 Inditex 集团下属企业合作，自己收集、运输待缝制的布料，再将缝制好的衣服自觉地送回原来裁剪的工厂，在那里烫平并接受检查。产品最后用塑料袋包装好，贴上相应的标签，送到物流中心。物流中心与拉科鲁尼亚的工厂之间都有专门的运输铁路。垂直整合的生产模式兼顾了 ZARA 快速、时尚的品牌特色，少量的生产储备兼顾了其低价和快速的品牌定位，而严密整合的生产流程则为 ZARA 服装的快速成衣上架作出了重要的贡献（如图 5 所示）。

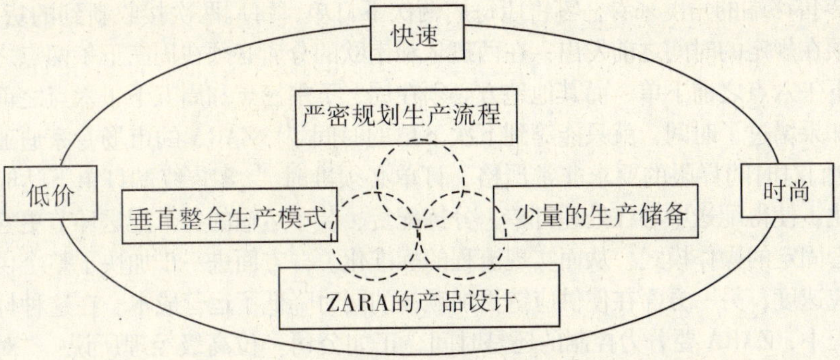

图 5　ZARA 生产加工环节对品牌特性的支持

来源：AMT 咨询公司

4. 高速的物流与配送管理

快速反应的供应链是保证 ZARA 品牌快速、时尚等形象特征的核心，而配送运输作为整个供应链中相当费时的一个环节，与快速可谓矛盾，但也是最有潜力可挖的一个关键点。对于这一点，ZARA 深有体会。他们不遗余力，也不惜血本地进行物流配送网络的建设。配送环节可以细化的步骤较少，主要分为产品电子分拣、打包装运、区域配送和专卖店上架开始销售四个步骤。这四个步骤也是互相重叠、24 小时同步运行的。而 ZARA 配送运输成功的关键因素为强大的物流配送硬件设施及优越的配送模式和理念两大部分。

（1）强大的物流配送硬件设施：相较其他环节，物流链中不是软件，而是设备（硬件），投入更为关键。ZARA 对这一点的理解是相当深刻的，因此，在物流硬件的投资上，ZARA 绝不吝啬。

（2）优越的配送模式和理念：ZARA 的产品配送不可谓不是一个神话。一方面，确保各种款式的服装不在总部停留，从服装在分销中心被快速地分拣，到装车（或装机）并送往商店，只需很短的时间。基本情况是，货物可在 24 小时内从配送中心运到欧洲各分店，在 48 小时之内运到美国，在 48 ~ 72 小时运到日本，速度惊人。另一方面，每一个商店每星期收到两次供货，这种频繁的配货方式一方面完全保证了 ZARA 店内展示时装的“新鲜度”，也促使其配送系统快速运转，生产完成后，服装在运输途中最长不能超过一个星期。最为惊人的是，ZARA 的出货正确率高达 98.9%，相对于行业中的一些小企业而言，简直是不可思议。

从配送模式上来说，ZARA 在法国、德国、意大利、西班牙等欧盟国家以卡车运送为主，平均 48 小时即可运达连锁店，这些地区的销售量占总销售量的 70%；剩下 30% 的销售量，则以空运的方式送到日本、美国、东欧等较远的国家和地区。运往欧洲各地的产品由货运承包商从配送中心用车身上写着“ZARA”字样的卡车直接送往各个连锁店。这些卡车严格按照固定的时刻表运行，这样不但有利于总部对整个物流过程的运筹，也可以通过有效的调配来节省运费、降低成本。

从零售终端的角度来看，零售店每周两次下订单，每周两次接收新到的货品。订单必须在规定的时间之前发出：在西班牙和南欧的分店必须在周三下午两点之前和周六下午六点之前下单，而其他地方必须在周二下午三点和周五下午六点之前发订单。如果错过了时间，就只能等到下次下单的时间了。ZARA 的市场专家迪亚斯说："我们对时间界限的要求非常严格，订单必须准时。"零售终端订单下达时间的标准化，使得配送中心在处理订单、分拣配货、装车运输的各个配送环节更容易形成一套固定的操作模式，从而实现流程的标准化。一方面进一步加快了整个供应链的响应速度，另一方面在使供应链更加顺畅的同时降低了运营成本。在这种标准化的过程中，ZARA 要着力控制的还是时间。正如公司一位高级经理所说："对于我们来说，距离不是用千米来衡量的，而是用时间单位来衡量的。"正是这种对时间概念的强调，形成了一种融会于整个配送过程中的运作理念，在背后支撑着 ZARA 的产品运输配送，使其能够以极快的速度、极高的频率满足 900 多家门店的小批量订货。不难看出，ZARA 强大的物流硬件配送设施支撑了 ZARA 品牌"快速"的特点，而其优越的配送模式和理念则兼顾了其低价和快速的两重特点。

5. 有节奏的销售与反馈管理

ZARA 的营销手段可谓独特，定价低廉，迎合大众口味，但又把门店开设在全球各地的黄金地段；极少做广告，折扣也少得可怜；店内的衣物 3 周之内如果还卖不出的话就自行撤掉。这些对于营销来说近乎疯狂的事情却使得 ZARA 的利润达到 10%，遥遥领先于同行业的对手。ZARA 的产品销售共分为产品分类、整体配套，以及产品下架待处理和产品出售两个同步步骤，共四个步骤，这四个步骤也是以 24 小时为周期同步进行的。由于 ZARA 对门店订单的配送处理非常频繁而及时，因此每时每刻都存在着处于不同状态的时装等待处理。正是这种紧凑的门店运作模式，保证了其店内服装的新鲜程度，从而也保持了其门店对顾客的强吸引力。

所有产品在连锁店里的时间不会超过 3 个星期。公司在每个季节开始时只生产最低数量的产品，把过度供给的风险控制在最低，一旦出现新的需求，就通过有效供应链迅速组织生产。

在 ZARA 连锁店里如果有产品超过 3 周还没销售出去，它就会被送到所在国的其他连锁店，或者送回西班牙。这样的产品数目一般控制在总数的 10% 以下。在实际运作当中，通常只有不合常规比例的产品会被送回西班牙。这样一来，ZARA 连锁店的产品更新速度相当快，存货水平非常低，季末打折出售的产品也相对较少。即使打折销售，行业的平均水平是 6～7 折，而 ZARA 控制在 8.5 折以上。

问题 5：IT 是如何支撑 ZARA 的产品设计环节从而增强整条供应链的敏捷性和柔性的？

思考提示：设计环节可谓 ZARA IT 应用的一个重点。对此，ZARA 倾注了大量的资金和心血，以保证每年可以推出 5 个系列、设计 4 万余款、推出 1 万余款服装，并且能够在服装销售形势欠佳时以最快的速度获取信息，并及时对款式作出调整。对于ZARA的门店来说，他们每天汇报给总部的数据不但包括如订单和销售走势等硬数据，也包括如顾客反应和流行等软数据，当然这种软数据要细化到风格、颜色、材质及可能的价格等。ZARA为了方便每位门店经理即时向总部汇报最新的销售信息和时尚信息，专门为每位店长配备了特制的手提数据传输设备。

调控中心设立于ZARA公司新区，一个大办公区里有将近12名工作人员坐在电话边工作。他们使用不同的语言，包括法语、英语、德语、阿拉伯语、日语，当然还有西班牙语。这些工作人员的主要职责便是不间断地收集来自世界各地的有关顾客需求及需求变化的信息。通过他们，各条线索的时尚情报信息便每天源源不断地从世界各个角落进入总部办公室的数据库。在时尚信息搜集之后的信息整合、利用与产品开发过程中，ZARA很好地解决了信息"标准化"的问题，这是ZARA IT系统的一大亮点。由于采用的是标准化的信息系统，因此，所有的时尚信息都被清晰地界定，分门别类地存储于总部数据库的各个模块当中。而这些时尚信息的数据库又与其原料仓储数据库相联系。

因此，一方面，它的设计团队可以通过时尚信息数据库中标准化归档的各种时尚信息，快速、准确地进行产品的改款、组合，从而酝酿出新的设计，并设置清晰的裁剪生产指令。另一方面，他们可以参考产品信息和库存信息管理的数据库系统，尽量设计现有原材料可以完成的服装款式，为公司降低成本。总之，数据的标准化，使得ZARA的设计师们可以相对轻松地在掌握数以千计的布料、各种规格的装饰品、设计清单和库存商品信息的同时，完成任意一款服装的设计。可见，这种标准化的信息系统保证了ZARA设计团队的工作迅速、有效地进行，是每年推出大量不同的时尚设计款式的有力支撑。另外，从流程角度来讲，设计师们在设计过程中，通常是一边核对当天的发货数量和每天的销售数量，一边利用新信息来产生新的想法及改进现有的服装款式。而在与生产、运营团队一起决定一个具体的款式用什么布料、如何剪裁以及如何定价时，设计师也必须首先访问数据库中的实时信息。由此可见，在设计环节中，ZARA的IT技术与其工作流程是紧密结合的。

问题6：IT是如何支撑ZARA的配送环节从而增强整条供应链的敏捷性和柔性的？

思考提示：在配送环节上，ZARA建立了非常先进的分销设施。巨大的货物配送中心下面，有大约20公里的地下传送带，将商品从ZARA的工厂传送至此。为了确保每一笔订单准时到达它的目的地，ZARA没有采取浪费时间的人工分拣方法，而是借用了光学读取工具。如前文所述，衣服上的条形码都是已经实行了标准化的，因此读取工具可以最大效率地持续工作，每小时能挑选并分捡超过60 000件衣服。在运输环节，ZARA利用各个门店与配送中心的信息互联，使配送的路径最优化，采取了"公共汽车式"的配送模式，尽量缩短运输路径和空车状态的时长，将运输成本降至最低。

问题7：IT是如何支撑ZARA的产品销售环节从而增强整条供应链的敏捷性和柔性的?

思考提示：在销售门店中，ZARA的IT应用并不突出，但简单、实用，通过与流程的紧密结合，IT发挥出了巨大的功效。首先，借助POS销售系统的应用，在顾客购买的同时，店员已经将商品特征及顾客数据输入计算机，借由网际传输将数据传回ZARA总部，设计群则可根据各种精确的销售分析与顾客喜好，以及本身的时尚敏锐度，来预计下一批商品的设计走向与数量；其次，全球各地的ZARA店长也与设计团队保持紧密的联系，并适时进行电话会议，通过了解各地的销售状况与顾客反应，来灵活调整商品的设计方向，适应客人的百变口味。在ZARA，一件新款服饰的上架并不是设计的结束，而是开始。设计团队不断根据顾客的反应调整颜色、剪裁方式和质料等，而顾客反应的信息便来自POS系统所显示的销售业绩和门店经理的信息反馈。在这种双管齐下的信息反馈方式下，商品便可达到最大销售率，也意味着能有效降低库存的出现率。在订单下达方面，ZARA没有采用一贯的标准化处理方式，而是大胆地采用了个性化的处理方式。它将IT系统分别部署到每个门店，每个店都有自己的货单，如法国店的货单就与意大利店的不一样。而门店经理则负责查看店中的货品销售情况，然后根据下一周的需求向总部订货。总部通过互联网把这些信息汇总，发给西班牙的工厂，以最快的速度生产和发货。

ZARA IT应用将供应链的各环节有效地融合，支撑了ZARA“买得起的快速时尚”的定位（如图6所示）。

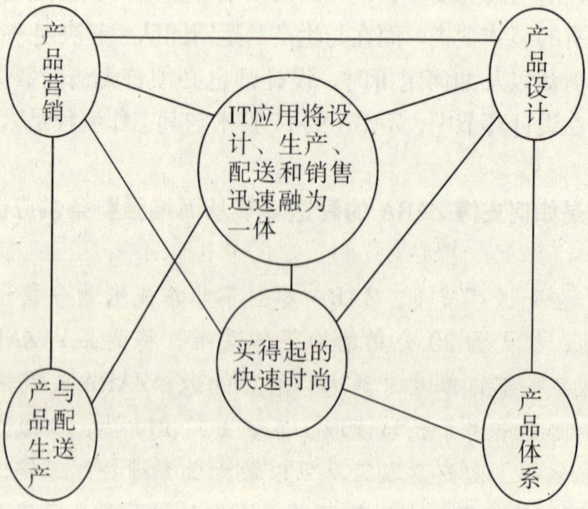

图6　ZARA IT 支撑其品牌定位及供应链协作图

问题8：ZARA成功的关键执行因素有哪些？

1. ZARA流程与IT技术的有效结合

要实现柔性化的供应链管理，要达到快速运作的目标，就必须利用现代IT技术，遵照JIT原理优化再造业务流程，通过构建内外部供应链各节点单位紧密的协作关系，提高企业对需求的响应能力，使企业在复杂的市场环境下立于不败之地。利用IT技术进行流程再造的核心在于提高信息搜集、传播、整理和利用的效率，创造价值，消除不必要的非增值环节和活动，尽量消除浪费，通过高效一体化的运作使供应链上的每一项合理活动均能实现增值，在为顾客创造价值的同时，也为企业自身创造价值。

2. ZARA对市场信息的深度分析

在每次海外扩张之前，ZARA首先都要对目标市场进行详细的宏观及微观分析，让我们分别对其分析要素进行观察和分析。ZARA在进入一个国家开拓市场之前，首先要分析这个市场的关税、税收、杂费、人力成本及租金等。进行宏观分析的主要优点有：可以掌握该国经济的相关信息；可以预知该市场中的盈利情况；可以确定影响业务的诸多因素；可以保证财务上的稳定性。

ZARA在进入一个市场之前，还会对一些微观信息进行分析，这些信息包括当地需求情况、渠道、备选店址及竞争对手。微观分析的优点有：可预知盈利的具体情况；可预计需求水平；可预测顾客的偏好；有助于在该国运营战略的选择。

ZARA人认为，它的产品之所以能够得到消费者的喜爱，不是因为ZARA这个名字，而是因为他们能最及时、最准确地提供给顾客此时此刻最想要的东西。因此，ZARA对其品牌形象的定位非常鲜明——“时尚、快速、低价”。定价走大众路线的同时，形象走高端路线。

3. 对资源的有效掌控

而对于下游资源，独特的洋葱圈式扩张模式是ZARA对其门店资源进行有效控制的一个突出表现。连锁经营的传统海外扩张策略是一种多点同步的扩张策略，即在决定进入一个国家的市场后，短时期内在该国的多个目标城市开设多家门店。这种扩张策略，不但能够在短时间内在多个主要城市获得市场占有率和品牌知名度，而且由于同时开始了解该国多个市场的不同情况，因此在对市场进行排序计划时可以站在一个更高的角度去进行观察和统筹，因此所设计的运营计划会更具有宏观性，更懂得各个城市之间的轻重和优劣，可以更合理地进行资源的调配。

问题9：ZARA的成功能够给哪些人带来启发？

（1）正在为如何从整体上提升企业运作效率而困惑的CEO。

（2）正在寻找业务流程优化标杆，希望通过调整企业组织结构以提升产品对市场需求响应速度和客户满意度的COO。

（3）正在为如何降低服装产品库存和缩短配送周期而苦恼的供应链总监。

（4）正在为缩短产品开发周期、提升新产品命中率而努力探索的研发总监。

（5）正在为搜集市场需求信息而费尽心思的市场总监。

（6）正在为如何提高销售绩效而努力工作的产品销售总监。

（7）正在期望通过扩展新渠道以提升经济效益的服装产品营销总监。

（8）希望通过业务流程优化，借助IT系统来支撑企业发展，并实现个人价值的CIO。

（9）希望在快速消费品营销方面有高起点突破的人士。

讨论题：

1. 是什么原因让ZARA能够在短时间内成长为极富竞争力的世界一流品牌？
2. ZARA制胜的法宝是什么？
3. IT的支撑在ZARA成功运营中起到了怎样的作用，它是如何支持供应链各环节从而实现供应链的高效协同的？
4. 为什么很多国际或国内的服装企业都有心模仿ZARA模式却难以成功？
5. 中国企业应该如何学习ZARA成功的商业模式呢？

参考文献：

1. 郎咸平．模式：零售连锁业战略思维和发展模式．北京：东方出版社，2006
2. 李黎．时装巨头H&M和ZARA的供应链对决．中外物流，2007（4）
3. 邓为民．对标ZARA．企业管理，2007（4）
4. 张炯．解密ZARA供应链．互联网周刊，2006（44）
5. 梁燕．从ZARA看服装品牌全新运营模式．山东纺织经济，2005（3）
6. 陈成．ZARA的经营与决策模式．统计与决策，2005（20）
7. 徐美玲．ZARA：缔造时装工业新帝国．纺织信息周刊，2005（17）
8. 郑磊．市场的获利取决于快速反应的机制——ZARA品牌市场营销分析与借鉴．中国纺织，2004（11）
9. 张强．超越ZARA：中国服装业的SPA时装品牌革命．纺织信息周刊，2005（20）
10. 葛星．IT构造ZARA极速“神经线”．信息系统工程，2007（6）
11. 葛星．ZARA：用IT复制商业模式．企业管理，2007（4）
12. 葛星．ZARA：在IT平台上跳舞．信息与电脑，2006（12）
13. 葛星．ZARA供应链的“极速传奇”．物流时代，2007（8）
14. 葛星．除了提高效率，IT还能帮你创造市场——ZARA成功应用IT实例．商学院，2006（9）

TCL专注于低端产品的盈利模式

左小德

TCL集团股份有限公司创立于1981年，是中国最大的、全球性规模经营的消费类电子企业集团之一，旗下拥有三家上市公司：TCL集团（SZ.000100）、TCL多媒体科技（HK.1070）、TCL通讯科技（HK.2618）。目前，TCL已形成多媒体、通讯、家电和泰科立部品四大产业集团，以及房地产与投资业务群、物流与服务业务群。经过近三十年的发展，TCL借中国改革开放的东风，秉承敬业奉献、锐意创新的企业精神，从无到有，从小到大，迅速发展成为中国电子信息产业中的佼佼者。1999年，公司开始国际化经营的探索，在新兴市场开拓、推广自主品牌，在欧美市场并购成熟品牌。在发展壮大中，TCL确立了在自主创新方面的优势和能力：在TCL诞生了中国第一台免提式按键电话、第一台28寸大彩电、第一台钻石手机、第一台国产双核笔记本电脑等很多具有划时代意义的创新产品。2008年，TCL全球营业收入384.14亿元人民币，4万多名员工遍布亚洲、美洲、欧洲、大洋洲等多个国家和地区。TCL在全球40多个国家和地区设有销售机构，销售旗下TCL、Thomson、RCA等品牌彩电，以及TCL、Alcatel品牌手机。2008年，TCL在全球各地销售超过1 436万台彩电、1 370万部手机。TCL集团旗下主力产业在中国、美国、法国、新加坡等国设有研发总部和十几个研发分部，在中国、波兰、墨西哥、泰国、越南等国拥有近20个制造加工基地。

企业愿景：成为受人尊敬和最具创新能力的全球领先企业。

企业使命：为顾客创造价值，为员工创造机会，为股东创造效益，为社会承担责任。

企业精神：敬业、诚信、团结、创新。

企业价值观：诚信尽责，公平公正，变革创新，知行合一，整体至上。

经营策略：研制最好产品、提供最好服务、创建最好品牌。

问题1：TCL的含义是什么？

思考提示：刚一看到这个名字，很多人以为是个外国公司，因为对于国外的公司取个英文符号的名字大家虽然不会习以为常，但是也不会感到太吃惊，如IBM、LG等，但是一个中国的企业取一个英文符号的名字，还是比较少见的，很多人在猜测这三个字代表的含义。因为按照中国传统文化的理解，公司也好，个人也好，所取的名字一定有特定的含义。TCL这个名字也有它的特定含义，并且随着TCL的成长与壮大，其含义也在不断延伸。

一、TCL的创业

TCL最早的创业之地是在广东省惠州市，总裁为李东生。最早是惠州市电子局下属的企业，主要生产卡式录音盒带，产品品牌为TTK。

李东生1982年毕业于华南理工大学电子系，毕业后从事电磁类产品的磁带生产，也算是专业对口。由于磁带式录音机刚刚开始进入家庭，在国内市场处于产品的成长期，而录音磁带是磁带式录音机的消耗用品，伴随着录音机市场的成长，录音磁带也算是一个比较有前景的产品。

国际上有个著名的磁带品牌，即日本的TDK，取的是Tokyo（东京）、Denki（电气）、Kagaku（化学）的首字母。TTK的三个字母与日本的TDK很相似，且外包装的色彩也相近，消费者很容易混淆两个品牌。当然，作为偏居一隅的小厂，与国际著名的大厂相比，其产品的质量还是有天壤之别的。起初，日本人并没有在意，后来，TDK发现两个品牌在市场上经常被消费者混淆，以致带来一些对TDK的错误投诉，TDK就与TTK进行交涉。

问题2：早期的TCL为什么给自己的产品取名为TTK？

思考提示：早期的TCL生产磁带，那时正处于中国改革开放的初期，西方文化大量涌入中国，用三个英文字母做公司产品的代名词，可以迎合以西方文化为时尚的年轻人。事实上，年轻人也是时髦的磁带录音机最主要的消费者。那个时代的年轻人最时髦的打扮是身上穿着喇叭裤，手上提着还放着歌曲的日本“三洋”牌磁带录音机。

任何公司都要经历弱小的创业期和壮大的发展期。公司在弱小的创业期时，追求的是生存目标，而在壮大的发展期，追求的是规范与发展。为了达到生存的目标，公司在弱小时难免要走捷径。TTK要的就是与TDK混淆的效果，搭上TDK这个国际著名品牌的顺风车，让自己有机会生存下来，甚至淘到未来发展的第一桶金。这种现象在日常生活中比比皆是，如金蝶ERP/K3之于SAP的R3，吉利外观之于奔驰，深圳比亚迪Mark之于宝马，李宁牌服饰的Logo之于耐克。

日本人也曾与TTK交涉过，但是TTK给了日本公司合理的解释，其理由是：在改革开放前中国一直处于经济短缺的时期，人们的消费水平很低，家里难得有件电器。由于磁带录音机刚进入中国家庭，是一件既新奇又好玩的东西，所以拥有该电器后会忍不住要天天开着，因此就用了“天天开”的汉语拼音缩写（Tian Tian Kai，TTK）。日本人对这种看起来有点牵强附会的解释也无话可说。

二、抓住成长机会

TCL 因生产磁带而获得了生存机会，李东生意识到电话也将普及，从而进入普通家庭，因为西方的今天就是中国的明天，电话早就在西方家庭普及了。虽然住宅电话在当时是非富即贵的一种身份象征，但是随着中国改革开放进程的不断加快，电话应该很快会进入普通家庭，这是社会发展的大趋势。

但是安装电话要交所谓的初装费，即顾客交一笔钱，然后就是交钥匙工程了。电话机也由不得顾客选择。为了加快企业成长的步伐，TCL 选择了与政府合作，进入当时邮电供销的主渠道，和工业与信息化部前身邮电部合作生产电话，奠定了发展的基础，因此，TCL 有了它现在的这个名字——TCL（Telephone Communication Ltd.），电话通信有限公司的缩写。

TCL 获得了发展的基础，李东生就把精力转到了企业的规范发展，用长远发展的眼光思考公司的发展。此时，他花了相当多的精力及财力在核心能力的培养上，建设自己的自营渠道，为未来的发展打下了基础。同时，他也在积极思考公司的下一个拓展方向和领域。

问题 3：TCL 为什么选择生产电话，而且采用与政府合作的方式？

思考提示：李东生在思考新的发展领域时是进行了认真的思考的。随着中国的改革开放，国内经济逐渐从短缺经济向过剩经济转变，消费模式也从供应型向引导型转变。因此，要确定未来的消费发展方向，西方的某些方面刚好是最好的注释。所以，他选择了生产当时还仅限于达官贵人家拥有的电话作为未来的企业发展方向。

中国的企业文化是经济和政治相结合，因此，选择与政府合作的方式，适合中国国情和中国企业文化，因此减少了很多阻力，比较容易成功。

三、适时切入彩电生产

中国改革开放的进程很快，各种家用电器从以前可望而不可即的极度奢侈品慢慢成为进入普通家庭的日常生活用品。彩电就是这样一种家用电器。当TCL决定进入彩电行业时，21寸以上的彩电几乎是国外品牌一统天下，而且价格奇高，国内拥有最大屏幕的是天津生产的北京牌彩电。但是，彩电带来的是一种全新的生活方式，极大地丰富了人们的业余娱乐生活，当时，很多企业也看到了这一趋势和商机，纷纷与外商谈引进彩电生产线的事宜。

20世纪90年代以来，国内彩电市场已是买方市场，彩电企业之间竞争激烈。不少彩电厂家由于经营困难，纷纷寻求与外商合作。TCL的合资方式与众不同，主要以品牌来确立自己在合资企业中的主体地位，利用外资来开拓自己的品牌及市场。TCL与长城电子集团公司合作就是其中一个范例。

在发展大屏幕彩电时，TCL选择了在彩电行业具有相当实力但尚未拥有品牌商标的香港长城电子集团作为合作伙伴。香港长城主要为海外市场客户做加工生产，在家电产品方面拥有丰富的生产经验并具有一定的海外市场、生产技术和资金的优势，希望进入中国市场，但没有自己的品牌，也缺乏对中国市场进行独立开拓的能力。TCL抓住机遇与长城合作，迅速开发出满足国内市场需求、性价比较高的系列TCL大屏幕彩电，配以有计划的市场推广，通过利用外资来培育、提升民族品牌。

问题4：TCL为什么不直接建厂自己生产，而选择在国内从没有过的找人帮忙代工的方式呢？

思考提示：当时国内通行的做法是：找到了好的项目，就找银行贷款，找政府批地，然后再在国外找设备供应商洽谈引进生产线，整个过程即使顺利完成也需要相当长的时间。市场机会稍纵即逝，所以采取OEM的方式比自己建厂的周期短得多。而且，当时彩电在国内的生产刚刚起步，根本就没有可以兼并的对象，再说，当时的TCL也没有那个资金实力。

长期经营电子产品的TCL集团公司，充分发挥自己在市场网络方面的经验和情报能力，进行了广泛深入的市场调查。通过市场调研，TCL发现彩电大屏幕化是电视产业发展的必然趋势，中小屏幕向大屏幕发生结构性变化这个机遇立即被TCL敏锐地发现并紧紧抓住。当时，国内虽然有些厂家跟在日本后面亦步亦趋，但质量、性价比均不尽如人意。因此，TCL根据国内实际情况，决定不在普通屏幕机型上与国内厂家进行恶性竞争，而是选择了25、28、29英寸的大屏幕彩电作为切入市场的主要品种。

李东生和他的团队分析了他们的产品在大屏幕领域定位的问题，发现有五条技术路线，分别是高端路线、最理想的路线、低成本路线、提供附加价值的路线和低端路线。走高端路线需要有很强的资金实力和竞争实力，TCL没有品牌的积累，所以这条技术路线不可行。最理想的路线是不断提高大屏幕彩电的高品质，同时不断降低成本，这需要企业有大量的资金投入，并且有强大的研发能力，TCL 根本就没有彩电的研发能力和技术，所以这条路走不通。低成本路线是保持大屏幕彩电的品质不变，且不断降低成本，这种技术路线需要有长时间的行业积累，有较强的学习能力，同样，这对于还没有入行的 TCL 也是不可能的。提供附加价值的路线，即价格与国外品牌一样，但是功能要比国外品牌更多、更强大，很显然，TCL 在资金实力、品牌知名度等各个方面都不如国外的著名品牌，TCL 显然也做不到这点。唯一可行的是将某些功能降低，使生产成本大大降低，从而使产品在市场上赢得价格优势，即走低端市场路线。

TCL 在产品设计中灵活运用价值工程原理，大胆取消了国内没用的国际线路设计和不必要的功能，大幅降低了成本；同时将国内实用性强的线路设计、造型款式、多制式和全功能遥控等作为技术主攻方向。结果一炮打响，在国内同行业中名列榜首，超过了国外品牌同一型号的市场占有率。TCL 王牌 29 寸大屏幕彩电的问世，打破了进口彩电一统天下的局面，从外商手里夺回了国内大屏幕彩电市场的份额。

问题 5：TCL 采用这种技术路线有无理论支持？

思考提示：TCL 采用这种技术路线是基于价值工程（Value Engineering，VE）的原理，价值工程的价值 V（价值）=F（功能）/C（成本），也可以理解为人们通常所说的“性价比”。

顾客看重的是价值，价值越高，对顾客的吸引力越大。我们把上述公式看成一个商式，要提升商的值，即价值，对于分子的功能和分母的成本有五种组合方式：

（1）高端路线：功能提升很多，成本也提升——有资金实力和竞争实力，品牌有号召力等。

（2）最理想的路线：功能提升，成本下降——有很多的资金投入，且研发能力很强。

（3）降低成本路线：功能不变，成本下降——需要有行业积累，自学习曲线起作用。

（4）提供附加价值的路线：功能提升，成本不变——要有实力作保证才行。

（5）低端路线：功能降低，成本大大降低——减少彩电的很多沉淀功能。

事实上，彩电的很大一部分功能是没有被使用的休眠功能，如遥控器只是开关、选台、音量、TV/Video 转换等有限的几个功能在被使用。但是要实现这些休眠的功能，需要多安排一些加工工序，采购相应的电子元器件，安排相应的仓库储存这些器件。如果把这些休眠的功能去掉，在不影响收视的情况下，会大大节约生产制造成本，从而降低产品的销售价格，所以 TCL 选择了低端路线。价格竞争是决胜市场的不二武器，价格贵的洋品牌虽然质量很好，但是在国人的心中显得遥不可及，而走低端路线的TCL在消费层次比较低的国人心目中具有很高的性价比。因此，在大屏幕彩电洋品牌一统天下的情况下，TCL成功胜出。

TCL集团通过利用“彩虹”的生产优势和“长城”的海外市场优势，使彩电的外销订单纷纷而至，生产经营成本大大降低。同时，积极调动各种市场要素，利用可以在世界范围内寻找低价格的采购优势，在保证质量的前提下最大限度地降低材料成本，使TCL王牌大屏幕彩电的性价比大大优于国内外同类产品，从而迅速占领了大屏幕彩电市场，销量跃居全国第一。

事实上，因为TCL采用了这一正确的技术路线，才使TCL在彩电业赢得了成功。三年过去了，TCL王牌彩电进入了国内市场的前三名，此时，李东生更进一步强化了他的核心能力——销售渠道的建设。此时TCL演变成“今日中国雄狮”（Today China Lion，TCL）的英文缩写。

问题6：为什么TCL可以成功？

思考提示：彩电融娱乐性、知识性于一体，随着人们生活水平的提高、消费层次的提升，彩电的市场前景很广阔，彩电业具有光明的市场前景。TCL的成功得益于天时、地利和人和。天时的表现是赶上了改革开放的好时候，香港的制造业面临着巨大的成本压力，所以主动把制造生产基地向内地转移。地利的表现是珠江三角洲紧靠港澳，这片热土是承接港澳产业转移的首选地区。人和主要表现在李东生的团队年富力强、同心协力，且珠三角处于改革开放的前沿，每天都发生着激动人心的创业故事，也激励着这个团队成就一番事业的雄心。

四、打造核心竞争能力

1996年，集团公司重组TCL电器销售有限公司，于1996年9月1日正式运作。着力调整了现有的基层网络，建立和发展了部分区域网络，强化内部管理，提高运作效率。从大区域到分公司再到经营部，最后到基层机构，依照有计划、有目标的市场策划，使网络人员到位、管理规程到位、操作程序到位。将传统的以批发大户带动销售的战术策略改为多个经营部统筹运营，就地作战的战略方针，把零售和中小批发结合起来，适度控制两者之间的结构比例，有效地提高对各省市区域市场的调控水平、加大调控力度。

各生产工厂实行出厂单机条码化管理，杜绝了跨地区越界经营以致扰乱内部统一价格的现象。实行上下之间及各分公司、经营部之间的销售干部交流，使他们相互提高管理水平，相互了解各个环节的特征，加大了营销网络人才的培养力度。将过去分公司之间完成任务的绝对值评比这一传统的考核内容，扩大为三个方面：完成任务总额百分比的排列；万元资金利润率的排列；回款资金结构排列。此外，考核财务基础管理、网点基础管理、区域销售纪律执行状况等业绩，从而促进了每个分公司区域内的整体素质和竞争实力的提高。

营销网络除了销售 TCL 王牌彩电，其他 TCL 家电产品的销售也通过这个网络进行。总部成为一个配货中心，让各地的分公司在当地以较低的价格出手，加速回笼现金。这样既增加了分公司的销售利润，降低同一时间、同一空间的销售费用，又提高了总部的现金周转速度和数量，增创了经济效益。整个网络既是有形资产（计算机网络），又通过营销网络扩张市场的强固作用，增加了产品的附加值，使整个网络形成了巨大的无形资产。网络的无形资产与有形资产一起进入资产经营的运作，以无形资产协同资产增量共同盘活资产存量，实现无形资产与有形资产的一体化经营。

问题 7：TCL 为什么要加强自营渠道的建设，且将其作为核心能力培养的工作内容？

思考提示：这一网络对于 TCL 品牌的推广和推动公司实力的高速增长有着巨大的意义，它与公司的品牌一起成为公司的巨大财富。兼并香港陆氏彩电的项目之所以成功，在很大程度上归功于这个网络，这个网络是与外资争夺中国彩电市场的雄厚资本。在实现对陆氏的兼并后，利用并扩大陆氏原有的海外销售网络，使整个网络发生了质的飞跃。河南美乐公司曾与几家大公司洽谈，最后宁可以较低的价格也要接受 TCL 的兼并，也正是看中了 TCL 的销售网络和品牌。销售网络和品牌等商业资本是 TCL 资产经营的一张王牌，吸引了一大批知名的跨国公司纷纷上门要求合作，如日本的 NEC 电器公司、法国的海格尔电器公司先后与 TCL 合资、合作，为 TCL 的进一步发展增加了新的增长点。

销售公司投资 6 000 万元，收购了北京一家 IT 公司——开司公司，建设全国销售大区域、分公司、经营部的微机联网。通过计算机网络进行每天的数据交换，总部可以随时了解各地的信息，分公司也可以随时查询有关的信息资料，包括 TCL 产品在各地的市场份额、竞争对手每天的销售情况等，形成整体的信息反馈系统，以对市场和营销网络管理作出快速反应。

问题 8：TCL 为什么不像其他公司那样与 IT 公司以项目的形式合作，而要全资收购开司公司呢？

思考提示：成功了的 TCL 加强了渠道建设，而且把它作为公司的核心竞争能力来培养。斥巨资直接收购了北京一家电脑公司——开司公司，建设自己的广域网（Wide Area Network，WAN）。电脑系统的建立使 TCL 的信息流、物流及资金流在时间和空间上实现了统一，且大大提高了 TCL 数据挖掘能力。同时，为未来向电子行业，特别是迅猛发展的 IT 业的战略拓展提前储备了人才基础。

五、巩固市场领先地位

TCL 初次进入彩电市场就取得了成功，与长城电子公司的合作也很愉快，但是天有不测风云，长城电子公司的老总在与 TCL 合作的第二年春节期间因为车祸不幸遇难。处于极度悲伤中的遗孀要卖掉公司，顿时使得长城电子公司与 TCL 的合作前景充满变数，但也为 TCL 的兼并提供了机会。在市场已经打开并已经站稳脚跟的情况下，李东生本来志在必得，但是当时国内还在不断引进国外生产线，想购买该公司的竞争者很多，TCL 对长城电子的收购由开始的两家议价谈判变成了有众多参与者参加的竞价，竞价使收购价格飙升，李东生骑虎难下。

正当李东生犹豫不决的时候，出现了一个峰回路转的机会。香港一家彩电生产商陆氏由于文化的差异，在深圳蛇口的经营不顺利，想出手。当 TCL 与陆氏洽谈收购合作时，陆氏对 TCL 开出的价码很优惠：陆氏将房产按现价计价、地产按原价计价与 TCL 谈判。兼并收购使 TCL 有了稳定的生产基地，陆氏也因为与 TCL 的合作开始盈利。这是一次双赢的收购。

TCL 兼并香港陆氏彩电项目之后，充分利用他们先进的生产基地、技术和市场基础培育自己的品牌。在随之而来的长虹降价引发的价格战中，国内大部分彩电厂家受到了很大的冲击，但 TCL 的国内销售额却比前一年增长了 90%，市场占有率也大幅提高。1997 年 1 至 8 月，TCL 彩电的国内销售额比上一年同期增长了 70%，说明 TCL 已经成为广大消费者信赖的民族品牌。

问题 9：为什么陆氏对 TCL 开出了这么优厚的合作条件？

思考提示："天下熙熙，皆为利来；天下攘攘，皆为利往。"作为要股东收益最大化的陆氏公司，将房产按现价计价，房价从理论上是会贬值的，而地产按原价计价，地价会随着社区的成熟而增值。这看似吃亏的兼并合作背后的秘密是陆氏看中了 TCL 的核心能力，即渠道能力。事实上，陆氏的选择没有错，自己生产不赚钱，选择与 TCL 合作就有了盈利。

六、市场的整合

TCL在成功占领大屏幕彩电市场后，积极进入小屏幕彩电市场。第一种家用小彩电主要针对农村市场，第二种家用小彩电主要针对城市家庭的餐厅需求。因此，对于刚刚兴起的彩电市场，TCL选择了人口大省河南。河南省地处中原，历来是兵家必争之地，也是一个农业大省，500公里的半径内覆盖了中国2/3的农业人口。河南新乡的一家企业出产一款美乐牌小屏幕彩电，在河南地区有较好的品牌知名度和美誉度，TCL采取强强联合进入策略，让TCL和美乐双品牌在市场上出现，同时输出TCL的先进管理理念和方法，这次TCL又赢得了漂亮的双赢局面。

TCL靠自己的品牌效应成功兼并河南美乐电子集团，使TCL进入了极具潜力的中原区域市场。美乐在中原、东北、华北农村的市场转为TCL的市场，形成以河南郑州为中心、500公里半径范围内4亿农村人口市场开发的新基地，大大加快了TCL对农村市场的开发和拓展。

此时的TCL，有了自己稳固的生产基地，而且形成了自己完整的产品线，在彩电市场的竞争力和盈利能力大大增强。TCL演变为“今日中国领先者”（Today China Leader，TCL）的英文缩写。

问题10：TCL为什么选择河南，并采取双品牌策略？

思考提示：TCL的资本经营表现出非常鲜明的市场导向特征。TCL兼并陆氏、美乐都有非常明确的目标市场。它并不单纯着眼于扩大市场规模。这种以市场为导向的资本经营延伸了作业链，拓展了经营空间，减少了上下游业务关联方面的风险，增强了企业的竞争力。以市场为导向的资本经营双赢模式实现了优势互补，使双方皆有利可图，兼并的成本低、难度小、包袱轻、效益好。

TCL兼并河南美乐电子集团，则是以中原市场为导向，实行低成本、高质量的兼并扩张，盘活了美乐公司的原有存量资产，并通过统一的销售政策，统一机芯、统一计划调度，提高了美乐的产品质量、品牌和经营管理水平，同时，降低了电视机的销售成本。

七、国际化与多元化

TCL在彩电领域的成功，使TCL加快了产业拓展的步伐。1998年5月12日，TCL与台湾的致福电脑合资生产电脑，接着又聘请IT行业的传奇人物吴士宏主持“天地人家”，进军信息产业，大手笔收购彩电行业CRT彩电显像管生产的老大汤姆逊。虽然这两件事的结局都以失败告终，但是TCL俨然成为一家国际性的公司，此时的TCL演变成"创意感动生活"（The Creative Life，TCL）的英文缩写。

问题11：TCL这种多元化是一种什么样的多元化？这种多元化有何好处？

思考提示：TCL进行的是一种同心圆多元化，因为电学和磁学的原理是一样的，TCL专注于电子产品的生产和制造，也就是专注于自己擅长的电磁学领域，并不断扩张。

这种多元化是一种相关的多元化，产品可以通过统一渠道进行销售，技术可以在不同的产品线间扩散，相互之间可以进行学习，设备可以进行替代，产业工人可以很容易地进行转移，即可以以较低的边际成本进行产业战略拓展。

李东生想把TCL带成一个国际化的公司，因此重金聘请了国内IT界的奇才吴士宏。吴士宏从一名护士做到微软公司中国区总裁，能力可想而知。李东生希望通过吴士宏这个能把一个国际品牌本土化的职业经理人的能力，将TCL这个本土品牌做成国际化的品牌。由于深层次文化习惯的问题，吴士宏并没能做到这一点，一年以后黯然离开了TCL，时隔两年后，吴士宏又回到了TCL，只是职位由以前的独立执行董事变成了独立非执行董事，这一职位的变化，体现出李东生只是想利用吴士宏在IT业界的影响力，并不是希望她参与公司的管理和决策。

TCL起步于磁带，成长于电话，成名于彩电。这也使李东生对公司的彩电业务情有独钟，因此，他急于在彩电业扩张规模，只是在向国际扩张的过程中，有些问题考虑不周，让TCL交了很多学费，尤以收购汤姆逊为代表。

问题12：TCL在国际化过程中有哪些经验可以借鉴？

思考提示：TCL在多元化过程中扩张速度太快，以至于公司文化跟不上公司的发展，吴士宏在TCL没有发挥出应有的作用就是最好的证明。习惯规范、快节奏工作的吴士宏对于习惯于在二线城市生活的TCL的管理人员来说，明显地不适应，对此，吴士宏也没有充足的心理准备，结果不尽如人意。

TCL收购汤姆逊是由于事先准备不足，没有事先准备好懂国际性经营的人才，使收购汤姆逊成了TCL的滑铁卢。导致TCL不得不收紧战线，卖掉了TCL电工、TCL电脑，重归多媒体事业核心业务。

由于所经营的家电产品是技术发展比较成熟的通用产品，因此在产品的质量、生产技术、品种款式等方面，任何企业都很难永远保持绝对优势或形成垄断。因此，激烈的竞争主要体现在市场的竞争上，而市场竞争中最具长期效应的莫过于“核心能力”。TCL 的核心能力效应明显地推动了彩电、电话机和电工产品系列的销售和发展，成为打开海内外市场的金钥匙。

TCL 在多年的管理实践中，形成了独具特色的质量管理体系。早在 1992 年，TCL 电话机就通过了英国 BABT 质量认证，现有上百种产品销往 30 多个国家和地区，以及全国 29 个省市，并已获准在美国、德国、法国、瑞典、挪威、丹麦及英联邦等国家的电话通信网内使用，为取得国际市场的通行证蹚开了一条路子。

发展大屏幕彩电是使 TCL 集团成为全国著名企业的重要一步，TCL 集团在彩电起步时与香港长城电子集团的合作，就是以自己在 TCL 电话机上创出的核心能力和市场开发能力等优势，吸收对方的技术、生产经验、资金和海外市场，迅速在全国市场上实现了自己的经营战略目标。TCL 利用自己的核心能力、销售网络等经营性资源的优势，兼并陆氏彩电项目，接收其海外销售业务系统及其客户。陆氏在欧洲、中东、美国和东南亚的客户和海外生产基地就此都为 TCL 所用，为 TCL 进军海外市场建立了稳定的桥头堡和跳板。

问题 13：TCL 的核心能力如何体现？

思考提示：TCL 的核心能力体现在自营渠道模式的优势发挥上。自营渠道的优势主要是：渠道环节少；流动资金周转快；对顾客的响应时间短；对市场的变化敏感；可以通过 WAN 进行数据挖掘；货出仓，款进公司。但渠道的运行维护费用较高。TCL 便把其所有的产品线的产品通过这一渠道进行销售。销售量的扩大，使渠道的平均成本显著降低，从而弥补了该缺点。自营网络的销售模式如图 1 所示。

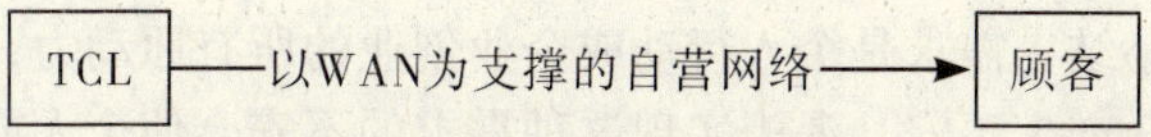

图 1　自营渠道的销售模式

对应自营渠道的是销售代理模式。其优点是运作比较简单。例如，彩电生产商把 1 000 万的货发给代理商，代理商出 970 万的现金到银行开出 1 000 万的远期（比如：1 年）承兑汇票。到期后，彩电生产商可以从银行取得 1 000 万的回笼资金。代理商把货卖给顾客，收取顾客的货款。但是这种模式的缺点比较明显，主要体现在：需要很强的假设条件，即货是畅销的；渠道比较长，流动资金周转慢；需要大量的流动资金来支撑；货出了仓，不一定能收回和货相对应的款；其中有 30 万的贴现损失；对顾客的需求反应慢；对市场变化敏感性差；容易受代理商的制约，特别是在市场竞争比较激烈、货物不是很畅销的时候。如图 2 所示。

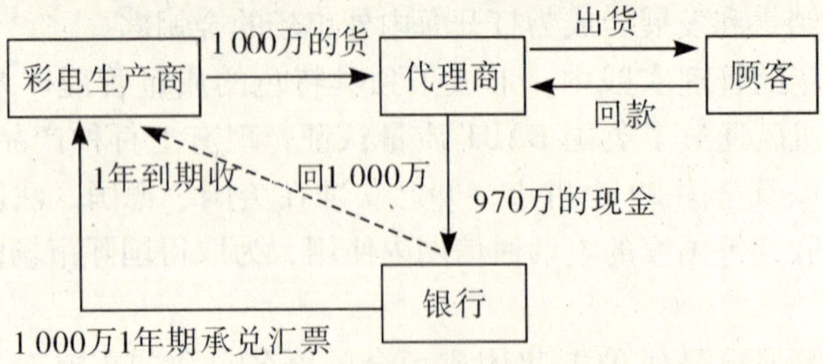

图2 代理渠道模式

TCL的产品一直定位于低端市场，曾经也想做高端，比如TCL曾经出过一款钻石手机，但是市场反应并不热烈，TCL便及时刹车，重新回到低端业务。

问题14：TCL的产品专注于低端，有人戏称之为汉语拼音“太差了”(Tai Cha Le，TCL) 的缩写，你对此如何评价？

思考提示：TCL是一家从国内本土发展起来的企业，我国的电子产品生产领域在国际上处于产业链分工末端，TCL意识到要与国际著名品牌进行竞争，必须要进行适合本土文化的差异化竞争，在品牌、资金实力、研发与技术都处于劣势的情况下，TCL只能专注于低端市场，才能在市场竞争中赢得一席之地。低端不一定意味着低品质，因为低端产品是以牺牲某些功能为前提的，而非牺牲质量。在这里，“太差了”可以理解成只是产品功能上不是很全很强大，但是产品质量是值得信赖的。

商业模型小结：需求是个人行动或企业创业的所有原动力，若需求暂时得不到满足，便会产生不安，渴望实现这种需求的不安会使个人或企业产生行动或创业的动机，并把这种动机付诸行动，使目标得以实现。但是，当原来的需求满足后还会产生新的需求，新的需求是一种更高层次的需求，需求与激励的原理如图3所示。

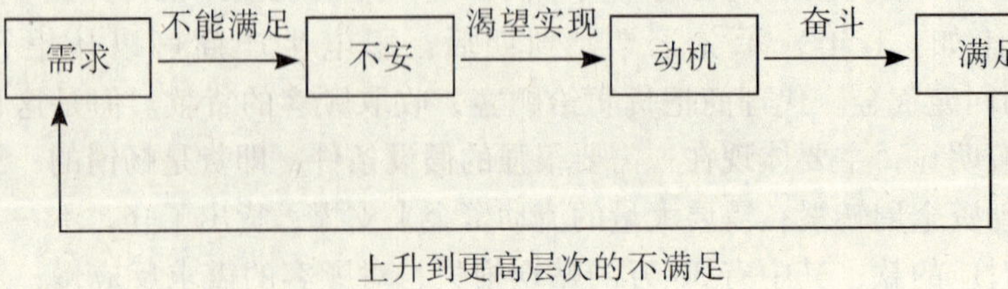

图3 需求与激励

李东生紧紧抓住改革开放国富民强后人们消费层次不断提升的潜在需求，引导人们的消费习惯和消费需求，同时，结合当时的中国国情，取长补短，发挥自己的“后发优势”、“本土优势”、“改革开放的前沿优势”，“专注于低端的战略模式”，把一个名不见经传的小企业做大做强。

讨论题：

1. TCL 早期从磁带到彩电的成功有何可能性与必然性？
2. TCL 的成功在当前经济环境下是否可能进行复制？
3. TCL 的商业模型的核心是什么？

参考文献：

1. 左小德，谭浩邦. TCL：品牌、市场、资产的良性互动. 企业管理，2000（4）
2. 李东生. 我与 TCL 的 20 年，http：//tieba. baidu. com/f？kz = 9908074
3. TCL 简介，http：//baike. baidu. com/view/5085. htm？free = alao

绿盛与天畅合作——R&V商业模型评析

朱 峰

一、林东和他的早期创业

20世纪90年代初，林东大学毕业后被分配到浙江瑞安的一个政府部门工作。一个月后，他下海创业，注册了杭州绿盛食品有限公司。当时，由于饮料行业比较热门，所以绿盛开始跟风生产的第一款产品是绿盛果粒橙。由于产品生产出来时过了饮料的销售旺季，林东的第一单生意宣告失败。

第二年夏天，棒棒冰大流行，但市场严重缺货。林东看准时机，购入价值20万元的设备，以一般商家50倍的速度生产低成本的棒棒冰。3个月内，林东赚了40万元。这让林东对创业有了更充足的信心，但同时也迅速地认识到这一行业的缺陷：进入门槛太低，利润很快会变薄。

他想另辟能够长久运营的新路，这一次，他选择的是牛奶。然而这一次的选择让他感受到了失败，而且是致命的失败。他足足亏了100万。亏空距盈利仅仅半年时间，初出茅庐的林东经历了创业道路上的大喜大悲。

1995年的那个春节，林东过得相当落寞：一个人在出租房内，粉丝、大白菜和土豆一直陪伴着他。是回去当公务员，还是继续在凶险的商海中拼搏？林东选择了后者，因为他少年时的梦想一直缠绕在心。

在林东深感失意之时，牛肉干生意走进了他的视线。重新开始的林东，每天早上都要骑着自行车到菜市场买5斤牛肉，回来后与合作者一起研究烘焙技术。早上把牛肉放进烤箱，傍晚取出来观察，经过2个月的数十次配方实验，第一批牛肉干终于投放市场。那时候的林东，每天扛着75公斤牛肉，在蒸、炒、切、包之后，送到商家的柜台上，心里盘算着每天的收支平衡。一年下来，牛肉干生意帮他还完了所有的欠款。找准了产业，一切变得顺风顺水。

问题1：为什么林东开始创业时会选择果粒橙、棒棒冰、牛奶和牛肉干等多种不同业务？如何看待创业之初的选择？

思考提示：林东这样的创业经历反映了很多的创业者都经历过的艰难的创

业选择。这说明创业之初最大的问题其实是业务选择的问题。

首先，英明决策是创业的一个最大的神话。很多人一直认为，如果有人可以英明决策，从一开始就向正确的道路走多好。其实这是创业路上的一个最大的神话。林东的创业历程说明创业的业务和方向选择不是推论出来的，而是从实践中摸索出来的。方向问题从来就不是逻辑推论的问题，而是实践问题。

创业或战略中关于未来方向的逻辑推理方法，是经不住实践推敲的。从中国革命到小企业创业都说明了正确的方向不是推论出来的，而是摸着石头摸出来的。

其次，业务方向的选择逻辑是通过尝试而试错的逻辑，并且是具体情境的试错。一项业务的成功与否，与各种环境条件及各种自身条件所构成的情境相关，能不能做必须通过尝试才知道。能成功地在这个情境下解决问题，就是我们的方向。这就是试错的实践逻辑。

最后，这种选择过程是常态。因为大多数创业者都经历过这样的过程。如格兰仕在做微波炉之前、英特尔在做处理器之前，都经历过多种业务的尝试，并且很多时候是不成功的。这会给创业者很好的启示。创业者不可一事无成便丧失信心，一定要坚持，要有信心。

二、战略发展

2000 年 10 月，林东将业务委托他人经营，自己赴澳大利亚 LATROBE 大学读 MBA。学习期间，林东对自己从事的牛肉干产业有了全新的认识：在已知的所有食品行业中，包括薯片、方便面、瓜子，都有年销售超过 30 亿元的市场，而牛肉干则没有。

这让他对牛肉干产业的发展有了信心，能否把牛肉干产业做成一个大的市场？在澳大利亚留学期间，林东树立了他的雄心。他在毕业论文中针对其产品确立了一套经营品牌规划和发展目标——2008 年绿盛销售目标要达到 30 亿元。而在这份规划中，每个月企业都有特定的销售目标，而这些销售目标的完成则依靠新产品的不断研发、产品定位、促销、流程再造等一系列手段来实现。按照规划，林东一步一个脚印地努力着，公司销售业绩从 2001 年的 1 038 万元开始以每年翻番的速度增长。

在绿盛新的管理策略中，林东把质量作为企业发展的头等大事。绿盛以在牛肉干中绝不添加防腐剂仍能保持良好口感的特点而成为消费者放心食品，而这让企业每年至少减利 1 000 多万元。然而，在林东看来一切都是值得的，只有消费者认可了绿盛这个品牌，企业才有更长远的发展。

问题2：林东为什么在这个时候去读MBA？为什么在这个时候开始进行战略规划？

思考提示：创业者不一定要去读MBA，但在创业过程中一定要学习，而这个学习在创业过程的低潮期显得相当重要。如果这个时段内不学习，就不能得到成长。

战略的出现，是始于对一件事情有了完整的把握。它的前提是有了业务，并且这个业务在发展，这就促使创业者考虑如何做好这个业务。具有一定经验之后，如何利用这些经验来解决业务中的短板问题，这才是战略思维。

所以，没有业务经验、不具备业务知识以及没做过业务开发和发展的人，不具备这个业务的战略思维。如果有的话，也只是屠龙术而已。真正的战略思维，是通过一系列能够具体解决业务问题的策略来构成的达到最终目的的完整的策略思考。如果没有这一系列具体的策略，仅仅是一些大而空的规划，是不能称之为战略的。

林东需要求得突破的解决之道，所以他才会下决心学习。而在学习中，他找到了解决之道，通过与薯片、方便面、瓜子等相似产品的市场类比，并借鉴他们的经验和做法，是可以得到同样的市场的。

通过自己的经验，对30亿元的市场目标进行衡量。首先针对可能出现的问题（经验判断）制订预期的解决方案，并重新进行新产品的不断研发、产品定位、促销、流程再造，还有关注后期的提高质量、健康环保等问题，最后通过绿盛这个品牌来竞争。受资料所限，我们无法知道原来他的问题出现在哪里，而他又是如何解决的。但是这些新做法，与其他企业在成长期的突破应有相似之处，他们大都经历了从产品促销、流程再造，到新产品开发，再到提升产品质量，最后是与对手进行健康和环保方面的竞争。

企业市场的发展就是通过这几个阶段进行的，每个阶段都需要不同的策略，战略就是通过这些策略集，来达成最终的目标。这就形成了战略的思维。

三、郭羽与边锋网站

马云和陈天桥都曾是对郭羽影响重大的人物。1995年，作为电视台记者的郭羽采访了他的师兄马云。马云的话充满激情，逻辑严密，有着一环连着一环让人无法否定的理由，整整一夜都在谈论他的互联网王国。

那时的郭羽是个不折不扣的游戏迷——从1992年玩单机版《三国演义Ⅱ》，到后来的《大富翁》、《仙剑奇侠传》、《暗黑破坏神》，再到打CS。他先后换了16台电脑，纯粹是因为要升级玩更新的游戏，即便为此节衣缩食——1992年，他买第一台386电脑所花费的6 500元中，有6 000元是借的；一年后，他又花 14 000 元买了 AST 的 486 电脑。

在马云的带动下，郭羽开始对互联网产生了兴趣——最早拨长途到上海上网，他算是中国第一代“网民”。但当单机游戏发展成网络游戏时，他不得不将这种兴趣无限制地延伸下去。当局域网游戏盛行时，他干脆和人合伙开了一家网吧，随时能找到志同道合的伙伴一块玩。当棋牌游戏风靡时，他入股的一家网络游戏公司，正是现在鼎鼎大名，连陈天桥都想收购的边锋网站。

在边锋网站，郭羽发现，“当在线人数达到 10 万时，现实世界里的爱恨情仇，甚至欺骗等都在虚拟世界中出现了”。他尝试着把现实中的很多东西搬到网络上去——在游戏中套用现实世界，如把一个打牌游戏的级别设计为科员、副科长、科长、副处长、处长、副局长、局长、副厅长、厅长，等等，结果“引起了巨大的轰动和关注”。这一年是 1999 年。

2002 年 12 月，陈天桥开价 1 300 万元，收购郭羽投资了三年的边锋网站。这让他心里极不平衡：为什么只做了一年游戏代理的盛大可以收购边锋，而已经做了三年的边锋却没有能力收购盛大？

问题 3：郭羽是如何开始创业的？他对我们有什么启示？

思考提示：和林东创业不一样，郭羽的创业完全是随兴趣而来的。由于他酷爱游戏，迷上了互联网，为了与志同道合的玩友同玩，所以才开了间网吧。并且投资了一家游戏公司。

在林东创业时，我们谈到了业务选择问题。业务选择需要通过不断的实践来完成，而这实践的逻辑，其背后是经验的逻辑。郭羽创业所选择的业务，正是基于他的爱好，形成了对于这个业务的体验和了解。

所以，郭羽的边锋网站之所以能成功，在于他的爱好和热情使他对游戏积累了比一般人更深的认识和了解。而这成为他创业的一个方向。也正因为他对于游戏的认识，使他更容易了解他的顾客喜欢什么。

所以，与林东相比，两者的创业差别在于他们不同的路径，林东是从商业开始，积累自己的业务经验。郭羽则是从专业开始，从个人经验开始，进入商业。两条路径虽殊途同归，但创业初期还是有不少差别。

郭羽创业给我们的启示在于，热爱增加对所从事行业的了解，在创业中会产生更多的解决方案，争取市场，获得成功，这需要与商业化结合。

四、郭羽的机会

2004 年年底，郭羽找到的机会仍然在游戏世界里。那一年，代理游戏盛行，国内 2D 原创正旺，3D 原创几乎无人问津。但一个细节值得注意——有些公司正在跃跃欲试引进国外3D游戏。

郭羽断定，中国的3D游戏已经开始——《A3》等3D游戏的引进将推动国内一线城市网吧硬件的更新；“九城”的《魔兽世界》和新浪的《天堂Ⅱ》将引发游戏玩家的普遍期待，并迫使二、三级城市甚至乡镇一级网吧的硬件升级。

无疑，这是一个千载难逢的机遇。理由很简单——在中国做游戏必须考虑中国的文化背景和技术含量、现实的网络情况。可以想象，如果李世民拍着你的肩膀对你说：“兄弟，帮我去统治天下吧。”这样的游戏体验在国外的游戏中是无法感受到的。

郭羽决定将他2 000万元的全部家当投入到3D网络游戏的开发之中。他要在网络游戏中重现一个梦想中的繁华大唐，各路英雄在此聚会；他把《山海经》里所描绘的怪兽依次呈现在电脑中，把唐代建筑一一重现，他要唐太宗拍着玩家的肩膀说：“跟我一起打天下吧。”他要玩家与程咬金、秦琼这些响当当的人物一块并肩作战，去保卫长安城，去楼兰古国探险。他坚信他能打造一个符合中国人文化品位和英雄情结的游戏。他更坚信，他能从中找到他的事业、他的财富。

郭羽的目标是做一个有思想的企业。他在北京、上海、深圳、广州、福州、厦门之间飞了六次才招来目前这个团队中的45人，其中，策划12人，5个是作家。策划做得细，人物塑造、情节推动都会比较顺利，而且节省成本，艺术品位也会提高，他甚至想请张艺谋来做艺术指导。

在澳大利亚留学一年的经历，让郭羽更偏重知识产权的保护。做游戏的，最怕的就是辛苦设计的游戏程序被抄袭。为此，他设计了四重防护：一是断网，二是封掉USB接口，三是后面机箱锁住，四是再套一个很厚的木箱。此外，还配备专人看守。

比起在遥远的大唐呼风唤雨，郭羽更希望创造一个真实的虚拟世界。在这个虚拟世界中，每个现实世界的人都可以拥有第二个身份。现实生活是平淡的，但他的虚拟世界却可以让你的人生精彩纷呈。在那里，任何人都能通过努力，得到自己想要的。不仅如此，他还想通过电子商务与虚拟社区相结合的方式，让虚拟世界与现实世界接轨，如你在虚拟世界里定了个比萨饼，那么，没吃午饭的你很快也能在家里吃到送来的真实的比萨饼了。

听上去这可真像《黑客帝国》，但郭羽更愿意称之为“桃花源”。他给马云打了几次电话，对方同意试一试，与他一块寻找“桃花源”的入口。

问题4：郭羽的事业是如何成长起来的？

思考提示：这时，他与林东面临着同样的问题，就是如何突破。他也与林东一样，学习与策划。在困惑中，寻找答案的最好方式就是学习，他在澳大利亚留学一年。而在这个过程中，他比林东更快地找到了答案。

首先，问题来自陈天桥想收购边锋网站。这使他与陈天桥有了一个对比，而正是这样的对比——做了一年业务的想要收购做了三年业务的，使他从原来的专业思考的视角转向商业思考的视角：为什么陈天桥比自己做得好？通过思考让他看到了突破的希望，这就是要不断发现商业价值，这就是商业思考的本质。

根据这样的思考，他发现了新的机会——3D 游戏。在他看来，3D 游戏具有极大的商业价值，长期的经验和实践带给他准确的判断力，使他能把握到虚拟世界的脉搏。所以他开始开发 3D 游戏——《大唐风云》。

对于这项新的业务，他的做法几乎与林东如出一辙。聚集资源，如从各地招来 45 名员工。知识产权的保护，如为程序做了四重保护。并且将虚拟世界按人们最希望的方式来做。这些都是《大唐风云》能抢占到市场的一系列重要保证。

五、桃花源的入口

与林东的合作，让郭羽找到了“桃花源”的入口，“把现实与虚拟的传媒打通的时候，一种新的商业模式就产生了”。郭羽和林东开拓的这个商业模式为整合全球现实与虚拟资源提供了一种可能。

2005 年 7 月，郭羽邀请林东到“天畅科技”参观开发中的《大唐风云》。看到那些复原了隋唐历史、恢弘壮观的游戏场面，林东当时就盘算着能不能将他的牛肉干嵌入到游戏里，但这仅仅停留在念头上。

两个月后，在一次研发会议上，林东的开发人员提议开发一种网络食品，林东马上想到了郭羽，脑子里也闪出 7 月份那个念头。他马上打电话给郭羽，后者似乎想都没想，说了句“OK，我马上过来”。十几分钟后，郭羽就在林东办公室的沙发上坐下，还在喘气就开始说想法——天畅在《大唐风云》里嵌入这种网络食品，作为合作条件，绿盛要在包装袋上印上《大唐风云》游戏主角的形象，为这种网络产品加上网络概念。

“把一切视为传媒”的郭羽接到林东的电话时，欣喜若狂。在郭羽看来，绿盛的包装袋不仅是一种传媒，“绿盛一年有 6 000 万个大包装袋，里面的小包装袋则将近 2 亿个”，更是一种强势传媒，这些包装袋放在超市，而超市是一个人流非常巨大的地方，它所产生的宣传效益无法估量。

两人一拍即合，一种全新的网络食品，以及一种全新的营销方式——“绿盛 QQ 能量枣”诞生了。

郭羽把“绿盛 QQ 能量枣”直接设计进《大唐风云》中，作为游戏人物的能量补充剂。游戏中人物吃了这种补充剂可以起死回生，并在游戏里开设“绿盛牛肉店”，帮林东推广品牌。“在我看来，一切的东西都是传媒。”郭羽说，中国网络游戏玩家现在有4 000万人，这么大的网络玩家形成了一个很大的传媒市场，“举个例子说，可口可乐在我的游戏里面设立一个广告牌，流量可能比在杭州街头设立一个广告牌还要大”。

郭羽还开发和组建了一套实物配送系统，玩家能随时购买到真实的绿盛QQ能量枣，杭州市内20分钟送货上门，首次实现了在虚拟游戏世界中的真实物品交易。

在郭羽看来，这个商业模式不在美国而在中国诞生，就像马云的阿里巴巴诞生在中国而不是美国一样，原因是中国拥有庞大的传统产业的支撑，而美国70%都是服务业。

“阿里巴巴是一个贸易方式的创新，我们是一种传播方式的创新。”在郭羽看来，马云以电子商务挖掘出中国传统产业中中小企业的力量，而他的挖掘工具则是R&V的商业模式。

当然，与马云相比，郭羽并没有多少钱。人类需要想象力，尽管有时是异想天开，但也可能别有洞天。“现在就让我们来想象只有40个人的时候的盛大、只有十几个人的时候的腾讯和只有5个人的时候的边锋，甚至想象只有2个人的时候的微软和Google！这些公司，包括我参与创办的边锋，都获得了成功。因此，《大唐风云》和天畅一样能够获得大成!”

正激动地描绘着未来的郭羽碰翻了一大杯茶，水瞬时在办公桌上蔓延开来。他没有去管水流过桌上的钢笔、电脑鼠标，甚至刚刚批过字的文件，而是立即抓了一大把纸巾反复擦拭一本书。书的大红封面上突兀地印着四个黄色的大号字——“正在爆炸”，之下是副标题“R&V：一个整合全球资源的中国自主创新案例”，以及“作者：郭羽、林东和陈劲（浙江大学公共管理学院副院长)”。

有数据显示，目前我国有网民1.23亿，网民中游戏玩家是最时尚、最有消费能力的人。借助网络游戏打出自己的名牌，把目标对准这类潜在的消费群体，而同时网络游戏又能因食品的包装而被更多的人熟悉，这种现实资源与虚拟资源互享的经营模式不失为一种极佳的经营模式。这也就有了后来的“苏阿姨”与《大唐风云》、华龙面与《大唐风云》的合作。郭羽也凭《大唐风云》里的虚拟土地，换来了浙江丽水一块面积达3万亩的真实山林49%的股权。

问题5：企业在成长期后如何突破？林东和郭羽进行业务合作的根本因素是什么？他们合作给各自带来的好处是什么？

思考提示：经过成长期高速成长后，一般企业的业务都成长缓慢或停止，企业如何再增长是一个难题。林东和郭羽的企业也到了这个阶段，但他们以特有的商业敏感性，进行商业化思考。这一思考的思路是如何把自己没有的东西与自己联系起来。

这便把本来没有任何联系的业务——网游业务和牛肉干业务联系了起来。这两项业务本身没有竞争，而各自业务的渠道可以成为对方的市场。这样做对双方都有好处。

这个创意的产生，其根本触发因素是互联网的发展。从郭羽那里，林东看到网游这个不断增长的群体。怎么把他们变成自己的目标群体，一开始只是个瞬间想法。后来他发现互联网这一新生事物对社会的影响力越来越大，这让他的商业化思考涉及这个问题：互联网时代的牛肉干产业如何发展？

这项业务如果能与互联网结合，就会有更大的发展。而结合点就是郭羽。郭羽同样存在如何将游戏的虚拟世界与现实世界结合的问题。游戏玩家在玩的过程中需要补充能量，这个能量正好可以现实化。这样就创造出一种新的食品——QQ 能量枣。他借用游戏的概念，创造出食品的新类型。

食品与游戏能量的结合品在市场上的销售可以扩大《大唐风云》的影响力，同时《大唐风云》里也有虚拟的 QQ 能量枣，这样在玩家那里也增加了食品 QQ 能量枣的知名度。没有增加多少成本，就使双方获得更大的推广效果。而且，大家都对能在现实世界看到和吃到虚拟世界里的产品感到新奇。这是双赢，牛肉干销量以 70% 的速度增长，游戏玩家以 40% 的速度增长。

对于林东来说，这种创新使得牛肉干的业务与他的竞争对手区别开来，就是他的牛肉干是网络食品，因而他不再在传统的牛肉干市场进行竞争。他的区别化竞争使其竞争模式都发生了变化。

而郭羽也找到网游与现实世界结合的新的盈利模式。他在开发游戏软件中与“苏阿姨”、华龙面多个商家进行合作，使得业务有了更快的发展。

六、创办双向收钱的共合网

QQ 能量枣的合作催生了一种商业模式：“R&V”（Reality & Virtuality）模式——现实+虚拟非竞争性联盟，由此催生了一个设想：搭建一个可以激活一切闲置广告资源的网络平台。2006 年 4 月，林东与另外三位伙伴携手创办了中国第一个以资源置换为核心的共合网，实现广告交流、广告交换和广告交易的目的。

其实，共合网不是一个能让人一眼看透的公司。它有三块业务——网上广告资源置换像阿里巴巴、广告信贷业务像典当、时尚圈流媒体业务像分众，但比分众覆盖面更广、比典当利润更丰厚、比阿里巴巴更野心勃勃。

打个比方，共合网在你店里装一块显示屏，你必须支付共合网 1 万元服务费，且承诺每天10小时以上轮播其他9家场所（方圆1公里范围内，档次相当且没有竞争）的信息，你就能换取其他9个场所1年的广告播放权利。同样，其他9家也轮播你的广告。另外，每个显示屏每天可播30条广告，除了互相置换的10条外，另外20条可以出售给其他客户，其收入也是共合网的。

运营不到两年时间，共合网在上海、杭州、北京、深圳等重点城市铺了共4 000多个点，并成功吸引了软银、鼎辉两大国际风险投资商的3 000万美元风险资金。起步只有100万元家底的共合网，转眼估值增长100倍。林东的下个目标是，“共合网将在未来两年内到境外资本市场融资”。

问题6：什么是R&V模式？林东为什么要进入新的业务？新业务的诱惑力和成功可能性有多大？

思考提示：“R&V商业联盟模式”是浙江大学的陈劲根据林东和郭羽的合作模式而总结出来的术语，简言之就是非竞争性战略联盟。《正在爆炸》这本书的副标题就是“R&V：一个整合全球资源的中国自主创新案例”。他认为，林东和郭羽的合作是世界上第一个把现实（Reality）与虚拟（Virtuality）相结合的商业模式。与已有的竞争性战略联盟不同，R&V联盟是一个非竞争性企业组成的联盟，通过将两种完全不相关的产品完美地结合在一起，使两家企业在几乎没有增加成本的情况下，取得了“1+1=11”的效应。R&V联盟主要考虑的是，如何让一方的资源为另一方所共享，并在共享的过程中让双方都享受到对方资源带来的额外收益，从而实现资源利用的最大化。2006年5月10日，在法国巴黎欧洲管理学院，林东和郭羽就“R&V商业联盟模式”进行演讲，得到了欧洲管理学界的认同。

这一模式让他在与郭羽的合作中得到好处。但林东又看到了商机，这就是对这一模式的推广也可以带来利益。所以他又创办了共合网——实现广告交流、广告交换和广告交易的合作联盟。这对林东来说，是一个新业务。

从传统理论来分析，林东的原有业务是牛肉干，新的业务是广告置换，是两个不相关的业务。但对林东来说，两项业务具有一个知识内核，就是都包含同样营销模式的经验（知识）。通过这样的知识内核，传递到两个业务中。因而可以这样认为，他的新业务与旧业务基于他的同样经验，新业务可以尝试。但是，两项业务的资源确实不一样，所以也存在一定的风险。

共合网的广告创新为广告业带来新的动力。这个概念极具诱惑力，但也有一定的风险。如何判断并给企业配对，这在新业务中是一个关键性问题。不同行业的企业之间的合作有不同的模式。虽然共合网最近盈利不错，但由于他们比一般广告业有更多的限制，所以以后的发展还需要谨慎。

七、R&V 的商业模型——互联网与现实完美结合

学者们把这个成功的范例作为商业模式进行了分析，浙江大学的陈劲就此专门写出一本书《正在爆炸》，并带领团队对 R&V 商业模式进行了研究，虽然这一研究并非很成功，但仍可以从他们的成果中看到对这一商业模式的一些认识。

1. 在虚拟世界交易真实物品

为了打造绿盛品牌，绿盛推出了 3N 战略（3N：Net，Natural，Nutrition）。3N 战略的核心是 Net 战略，把绿盛食品打造成为第一网络食品，即让食品拥有更多的网络因素。把 QQ 能量枣编入《大唐风云》的游戏程序，在 3D 网络游戏的各个城市中开设“绿盛牛肉店”，游戏者可以根据需要购买虚拟 QQ 能量枣给游戏中人物补充能量，游戏中人物吃了这种补充剂甚至可以起死回生。同时还开发和组建了一套实物配送系统，玩家能随时购买到真实的绿盛 QQ 能量枣，首次实现了在虚拟游戏世界中的真实物品交易。

2. 让包装自带传播功能

按照原有的思维模式，一种产品的外包装就是对该产品自身的一种宣传，而绿盛与天畅合作，绿盛食品的外包装这一核心资源在发挥原有的核心价值的同时还发挥了它的外延价值。“绿盛 QQ 能量枣”的外包装从此不仅丝毫未损自身的宣传，反而更好地突显了网络的风格。而在“把一切视为传媒”的郭羽看来，绿盛一年有 6 000 万个大包装袋，里面的小包装袋则将近 2 亿个，绿盛的包装袋不仅是一种传媒，而且是一种强势传媒。

很多人都看到了《大唐风云》里的网络游戏人物的精彩造型，在绿盛食品 QQ 能量枣的包装上印上《大唐风云》中人物的形象，使其外包实现了自带传播的功能，让更多的人看到《大唐风云》中人物的形象。外包自带的传播效果在一定程度上大大超过了传统的媒介的传播效果。

3. 零成本的突破

R&V 战略联盟可以给企业带来无与伦比的高收益。谈到收益，必然会涉及成本。而 R&V 的经营模式实现了零成本的突破，相对如此丰厚的收益，R&V 战略联盟成员所付出的成本几乎可以视为零。

在 R&V 战略联盟中，绿盛和天畅之间相互推广宣传彼此的产品，绿盛在其产品的包装袋上印刷天畅时下首推的大型国内自主研发的 3D 网络游戏《大唐风云》，随着绿盛产品在国内各大超市的推广，《大唐风云》也被更多的人所熟悉。而通过在游戏《大唐风云》中设计的能量补充剂——“QQ 能量枣”，

每个玩家不仅可以在游戏中购买这种产品，还可以通过相应的送货系统让真实的产品送货上门。这样，玩家足不出户，就能在虚拟的世界里买到真实的产品。

显然，双方的 R&V 战略联盟合作并没有增加额外成本。首先，绿盛为《大唐风云》做的所有宣传并没有使绿盛增加额外的成本，因为即使不与天畅合作，绿盛为了推广新产品还是要做广告的。而作为天畅，在《大唐风云》中把“绿盛 QQ 能量枣”作为一种能量补充剂也丝毫没有增加制作难度，因为在游戏中本来就需要一种能量补充剂。与绿盛的合作只不过是把这种能量剂的名称叫做“绿盛 QQ 能量枣”而已。因此，双方在没有增加成本的基础上，使各自产品的宣传都得到了极大的提升，联盟也就成了一种零成本的价值增加模式。

4. 彼此视对方为核心

绿盛和天畅的合作，使现实资源和虚拟资源相结合，实现了资源真正的互动和共享。相当于启动了一台巨大的经济引擎，以自由落体的速度推动着自己与对方的品牌，使之飞速成长，突破传统产业的瓶颈。

那么到底谁的获利比较大？由于这是一种新的经营模式，并没有现行标准能衡量，所以它要用原始的方式，凭对对方的信任、人品加以摸索。绿盛、天畅视对方为核心，将对方的命运视为自己的命运，认为对方的成功即自己的成功。就是凭着这样一颗宽容的心，让 R&V 现实虚拟相结合的商业模式得以实现并取得成功。

以上四条是林东和郭羽他们自己对这种合作模式的解释，这是就合作模式本身来说的。而就这两个公司的发展和合作，对于其他企业的启示其实还有很多，概括地说，有以下四点：

（1）小企业如何不断地突破瓶颈，实现不断地成长。

（2）企业如何在新的形势下通过创新而生存和发展。

（3）业务选择中如何通过实践来确定企业发展方向。

（4）如何进行合作模式的创新来实现发展和共赢。

其实，这种合作的思路作为商业模型更多的只是一种启示，其他企业要学习的是这种思路，而不是他们具体的做法。

讨论题：

1. 合作也是商业活动，案例中的合作为何能够达到双赢？
2. 本案例中的商业模式，在需求搜集、盈利设计和成长能力方面有哪些要点？

参考文献：

1. 陈劲，林东，郭羽．正在爆炸——R&V：一个整合全球资源的中国自主创新案例．杭州：浙江大学出版社，2006

2. 陈劲，杨锋．R&V 非竞争性战略联盟：战略联盟的全新模式．管理学报，2007（1）

3. 共合网，http：//www. Randv. com/league. aspx.

联邦快递创业案例与商业模型评析

朱 峰

进入20世纪60年代后，美国经济越来越依赖服务业和高技术产业，从原料基地通过铁路、公路甚至运河把原料运至大工厂，再由工人制成体积庞大的工业产品的时代正在悄然消失。许多产品制造公司不再依赖于接近原料产地的地理位置，技术人员、科学家和管理人员已经成为经济结构中最难得的商品。因此，许多公司纷纷把自己的企业设在能够吸引科学家、技术人员和管理人员的地方，诸如文化享受、高等教育、娱乐消遣和环境气氛都适合他们兴趣的地方。工厂的制造设备可以设在旧金山、波士顿、纽约的郊区，还可以设在巴哈巴群岛。

这一新的产业布局造成了人员和产品的分散，同时也带来了一个新的问题，那就是如何迅速、安全、可靠地传递各种信息和货物，特别是某些时间性很强的高技术产品。虽然很多信息都可以通过电子设备传送，但像图纸、文件、磁带、磁盘及小型电子元件等货物是不可能通过电信服务送到目的地的。对那些从事技术工作的公司或者依赖信息的公司来说，传统的邮政传递和货运公司在可靠性和时效性上都远远不能满足他们的要求。于是在美国的运输市场上，急需能够保证快速、可靠地传送货物的公司出现。这是时代的要求，更是难得的机遇。敏锐地发现这一机遇，并勇敢地接受挑战，紧紧把握住历史契机的，就是被誉为“隔夜快递业之父”的美国著名企业家——弗雷德·史密斯。就像亨利·福特看出许多人渴望居住在郊区的苗头，及时推出价格低廉的汽车一样，弗雷德·史密斯在美国历史上首创了“隔夜快递”这一新兴的服务行业。

问题1：联邦快递公司“隔夜送达”的外在条件是什么？

思考提示：20世纪60年代以来，企业组织方式发生了巨大的变化，过去是以设备或原料为中心进行组织生产的，而60年代，企业组织分散化，研发管理中心在大城市，向高端人力资源高地集中，管理向信息高地集中，而生产制造则向成本低地集中，这样一个企业可能分布在数个地区，企业内部和企业外部的信息、物品传递量和时间要求大大增加。这就给快递公司制造了一种机会，“隔夜送达”正是在这样的情况下产生的。

1962年，弗雷德·史密斯考入耶鲁大学，在大学里，他凭着一名优秀企业家的潜在素质和特有的直觉预见美国工业革命第三次浪潮将靠电脑、微处理机及电子装备来维系，而这些装备的维修则要靠量少价昂的组件和零件及时供应，而有关信件、包裹、存货清单也需要在最快的时间内获得。他认为创立一种通过航空来实现隔夜传递的服务公司是十分必要的。弗雷德·史密斯把他的想法写成了论文。而他的教授却认为，论文中的观点虽然有某些可取之处，却是行不通的。首先，联邦政府对空运航线的管制将妨碍这种服务；其次，已经利用客运航线运送包裹的老牌航空公司的竞争也不会使这样的服务成功；再次，提供这种服务所需要的巨大资金是任何新创办的公司都难以承受的。然而，弗雷德·史密斯创办隔夜快递公司的初衷始终没有动摇过。

1966年，弗雷德·史密斯从耶鲁大学毕业，获得了经济学学士学位。毕业后应征入伍，成为美国海军陆战队的一员，并到越南战场服兵役。1969年7月，弗雷德·史密斯两年服役期满离开部队，他获得了一枚银星奖章、一枚铜星奖章和两枚紫心勋章。在又潮又热的越南丛林中，他前所未有地面对死亡和危险。越战经历培育了他应付企业经营可能失败的顽强精神，教会了他如何管理和激励人们。经历了越战磨砺的弗雷德·史密斯曾经说过：“我对破坏和炸毁东西感到如此厌恶，以致回来后特别想做一点建设性的事情。”美国风险投资资本家戴维·西尔弗在《企业巨富》中指出：“在越南的经历使史密斯仅凭直觉就能知道危险之所在，或许还能使他铤而走险。”

1969年，史密斯从越南战场回到美国后，先购买了一家叫阿肯色航空公司的飞机维修公司，使之变为收购和销售旧飞机的交流中心，两年就盈利25万美元。但史密斯远未满足这样的成功，他一直念念不忘在大学时提出隔夜递送小包裹的想法。他先委托咨询公司对运输市场的形势和前景进行了研究与调查，根据咨询公司提供的美国现有邮政状况，史密斯进一步证明了这一领域具有巨大的潜力。

问题2：为什么弗雷德·史密斯的老师对他的“隔夜送达”持反对意见？

思考提示：任何一个新思想都会遇到不同的反对意见，这是因为他们的视角不同。从现存的一致性思考，是不会得到创新的结论的，而从新的假定来思考，就会得到完全不同的结论，这是史密斯的老师的思路。

史密斯是从新的产业发展的假定来思考的，在这个基础上物流将会有很大变化和发展。他的老师持反对意见的理由是：①现有的联邦政府对航空的管制；②行业内的对手会阻止新竞争者进入；③这个业务需要巨大的投入。其实倾听各方面的意见是非常有好处的，而老师所说的问题，史密斯实际上后来都遇到了。但他都解决了这些问题，虽然很艰难。最后证明老师“不可行”的最终定论是错误的，因为这件事可以做，而且他成功了。

这给了我们一个如何听取别人意见的启示，同样可以看到从不同的视角看待机会和威胁的程度是大不一样的。

根据咨询公司的调查结果，弗雷德·史密斯立即开始创办真正能够适应高技术时代发展潮流的“隔夜快递”公司。1971 年 6 月 28 日，联邦快递公司正式成立，它的总部设在小石城旧址，写着“欢迎顾客光临”的大标语悬挂在公司办公室里。

公司正式成立以后，弗雷德·史密斯便积极努力地争取第一个大客户，寻求与美国联邦储备系统签订服务合约。为了第一笔业务，他使尽了全身解数，耗费了无数个夜晚通宵达旦地研究，不知在纽约与华盛顿之间跑了多少个来回，拿出几百个小时与“官方的人”解释、沟通、协调。

弗雷德·史密斯认为，自己提供的“隔夜传递”可以为对方节省大量的金钱与时间，好处是显而易见的，他坚信这笔生意肯定能做成。在与联邦储备系统进行谈判的时候，弗雷德·史密斯就已经信心十足地向泛美航空公司购买了两架装有涡轮风扇发动机的达索尔特鹰式飞机。他信奉圣哲柏拉图的话：“如果善用财富，则会为人类带来无穷的福祉。”弗雷德·史密斯个人投资 35 万美元，并用家庭信托基金为一笔 360 万美元的银行贷款做了担保，把购得的客机改装成货机以适用于运送包裹。

但弗雷德·史密斯做梦也没有想到，几周以后他得到的却是联邦储备系统拒绝接受“隔夜快递”服务的消息，负责监督联邦储备系统的联邦储备委员会正式通知联邦快递公司，拒绝联邦快递公司为联邦储备系统提供“隔夜快递”服务的申请。理由就是联邦储备系统下属的个别地区的银行不同意弗雷德·史密斯的建议。长期以来，在联邦储备银行系统内部，各地区的银行自立山头，靠多年的苦心经营才形成了各自的势力范围，用飞机连夜快递银行票据虽然可以为系统节省时间与金钱，却阻断了太多人的财源。许多人就是靠原来的工作流程生存的，如果要采用新的方法传递票据，这些人的既得利益将大大受损。

用飞机为联邦储备系统快递票据的计划彻底失败了，特地购买的两架飞机被闲置在机库里，刚刚建立起来的联邦快递公司和年仅 26 岁的弗雷德·史密斯面临着首战失利的沉重打击。然而，弗雷德·史密斯之所以无愧地被誉为当代成就最大的企业家之一，正是因为他在任何艰难险恶的环境面前都表现出一种不屈不挠的斗志、杰出的领导能力和超凡的智慧。正如联邦快递公司的一名雇员所说的：“在联邦快递公司成立后的最初三四年里，它本来会破产五六次，但弗雷德·史密斯不愿放弃。他真是个不屈不挠的人，怀着对前途的无限信心和十足的勇气，他创造了奇迹。”

问题3：为什么史密斯与第一个客户美国联邦储备系统的谈判会失败？

思考提示：应该说，联邦快递的隔夜送达模式对顾客有益，但在具体实施过程中同样会遇到难题。

联邦储备系统拒绝了联邦快递的这种服务，这说明不是一个好模式就可以畅通无阻的，必须在具体的运作中善用策略。在这个案例中，联邦储备系统原有的运作模式中有不少人在其中得利，而如果使用联邦快递服务则会在总效率提高的情况下，在旧的模式中得利的人可能就会失去利益，这些靠旧模式生存的人必然会拼死反对。

这提示我们，新的商业模式还须解决这种交替过程中的利益问题。能否成功不仅取决于商业模式本身，更重要的是处理好新商业模式可能形成的利益群体与旧的商业模式形成的利益群体的博弈策略。

初战失利后的联邦快递公司所面临的不仅仅是联邦储备系统的回绝，弗雷德·史密斯的朋友、竞争对手和传播媒介都认为他把继承的财产用于搞联邦快递公司的冒险简直是疯了。《赢得创新游戏》一书中是这样描写当时的情景的：“每个人都对弗雷德·史密斯说，他开创隔夜送包裹的速递服务是疯了。他们说，这种服务没有市场。民用航空委员会决不会批准这么做。你不可能找到可靠的送货员。此外，如果这种服务有市场，主要的航空公司或许早已经这么做了。”

的确，像隔夜送达包裹的速递业务确实应该由资金实力雄厚的大型航空公司、货运公司或者美国邮政管理局来尝试创立，他们在航空货运市场上有着举足轻重的地位，且拥有运送货物的飞机，但他们不愿意冒风险去损害自己的利润率。像联合航空公司货运部就是在连续赔掉了近2 000万美元之后才放弃了货运而转向能够赚钱的客运业。联合包裹运输公司、埃默里货运公司、飞虎运输公司这些本应该开创隔夜快递服务的大型货运公司，却对那个没有出现的市场过于畏惧。这些老牌企业，不仅没有参与隔夜快递服务的创立，而且断言，弗雷德·史密斯一定会失败。

问题4：初战失利后，对史密斯不看好的理由有哪些？

思考提示：早期失败会强化反对者的论调，而这种反对会使人忽略失败的真正原因。反对者认为：①这种服务没有市场；②民用航空委员会不会批准；③找不到可靠的送货员；④这是不理智的疯子行为。而对这样的说法，很容易产生一些错误的做法。可能自己也会灰心，从而放弃。一次的失败很容易导致实践证明“这种服务没有市场”的想法；也可能产生对着干的想法。这两者都存在误区。

史密斯的做法无疑可以作为我们的参考。之后，他进行市场调查，从失败的原因中进行分析，提供解决办法。

弗雷德·史密斯并没有被铺天盖地的反对声吓退，他以一个敢于创新、敢于冒险的杰出企业家的胆识和方式继续实现他的目标，正如他自己讲的，他必须创新，哪怕只是为了生存。1972—1973年年初，弗雷德·史密斯投资75 000美元组成了由专家、飞行员、技师、广告代理商等组成的高级顾问小组，再次深入地进行市场调查。通过对市场潜力更深入的可行性分析，他们发现，随着新兴技术的兴起，美国传统的工业重镇日趋没落，而那些名不见经传的小地方正在迅速崛起，成为新兴工商业中心，昔日那种一次托运就是几百公斤、上千公斤，从这一工业区运至另一工业区的旧的货运传统正在改变。而现在托运的东西是小件包裹，但比以前更讲究时效。人们托运的东西，小至一个开关、一个橡皮管或一张设计蓝图。弗雷德·史密斯根据再次调查的市场情况重新制订了营业计划，但是这个计划却印证了他的大学老师对他论文提出的观点：“提供这种服务所需的巨大资金是任何新创办公司都难以承受的。”新的营业计划比原来的计划复杂得多，所需资金投入量也很大。首先要有一定数量的运输工具——飞机和汽车，还要在全国建立服务网、开通多条航空线。此时，弗雷德·史密斯表现出了一个企业家不可多得的胆识，他毅然决定把自己全部家产850万美元孤注一掷地投入联邦快递公司，然后，他竭尽全力对华尔街那些大银行家、大投资商进行游说。弗雷德·史密斯对快递公司市场精辟、独到的分析，以及他的努力、自信和非凡的领导能力，特别是他破釜沉舟地把全部家产投在联邦快递公司的勇气和冒险精神，给这些私人投资家留下了极为深刻的印象。包括万仓保险公司、花旗风险资本公司在内的几家大公司先后向联邦快递公司投资。很快，他筹集到了9 600万美元，创下了美国企业界有史以来单项投入资本的最高纪录。

问题5：史密斯如何改进他的经营模式？

思考提示：史密斯通过市场调查，找到了失败的真正原因。过去的大宗托运正在改变为小件包裹，且更讲究时效。这意味着他的“隔夜送达”正符合这个特点，只需在小件包裹上改进即可，但完成这样的快递需要较多资金的支持。所以机会的确存在，但风险也非常大。

史密斯抓住这个机会，倾其所有投入，并筹到9 600万美元。

大多数创业者都没有足够的资金开创新公司，都必须寻求外来的资金，经常是先向亲朋好友筹借，然后找工商协会、银行，以及其他机构贷款。由于风险高，又没有可担保的抵押物，除非新公司的业绩或订单显示出能成功的迹象，否则传统的贷款机构是不会提供资金的。因此，创业者所找的下一个对象大多是风险投资家。

创业者一般是通过朋友或协会，向一家或多家风险性创业投资公司提出经营计划。如果一项经营计划看起来可行性很高，风险投资公司就会约谈，同时经由非正式的情报网多方打听有关那位创业者和创新发明的资料。

史密斯赢得这么高的风险投资并不是他的市场分析具有多么大的诱惑力，也不是风险投资家想从中获得奇迹般的收获，而是与他的个人魅力不无关系。许多参与投资的风险投资家说，我们投资是看中了史密斯这个人，他一定能成为一个难得的创造神话的伟大企业家。

在获得风险投资之后，弗雷德·史密斯做的第一件事就是再次购买了33架达索尔特鹰式飞机，因为这种飞机体积小，不需要向民用航空委员会申请执照。咨询公司还向他提供了一大批熟悉空运业务的管理人员。一切准备就绪，1973年4月，联邦快递公司正式开始营业。

联邦快递公司一开始向25个城市提供服务，但令人失望的是，第一天夜里运送的包裹只有186件。在开始营业的26个月里，联邦快递公司亏损2 930万美元，欠债主4 900万美元，联邦快递处于随时都可能破产的险境。公司的早期支持者打起了退堂鼓，不肯继续投资。这是联邦快递公司最为艰难的时期，正像弗雷德·史密斯自己讲的："世上没人能知道那一年（1973年）我所经历的事情，那一年给我的痛苦是如此之深，我所承受的压力是如此之大，所发生的事情是如此之多，所进行的旅行是如此忙碌，与投资银行家、通用动力公司及孟菲斯的上百位不同人物的会晤是如此频繁，同时我还得努力管理一家公司。"在企业初创最艰难的时期，史密斯以他不屈不挠的精神及对前途的无限信心和十足的勇气，以他超凡的领导者的魅力，吸引了联邦公司的雇员，使他们心甘情愿地把自己的利益和前途交给公司，同弗雷德·史密斯一起同舟共济渡过难关。

1973年7月，弗雷德·史密斯到芝加哥筹集资金，试图从通用动力公司争取到一笔急需的额外投资，但遭到了拒绝。弗雷德·史密斯在失望中只得返回孟菲斯。就在他沮丧地等候一架从芝加哥飞往孟菲斯的飞机时，竟一时冲动登上了前往赌城拉斯维加斯的飞机。他想去那里试试运气。随身携带着几百美元的弗雷德·史密斯在赌桌上玩起了21点纸牌游戏，结果赢了2.7万美元，这是他个人戏剧性的风险投资之一，投入的是几百美元，赢回的是2.7万美元，从中可见创业者的资金如此匮乏，他把赌博赢来的钱给工人发薪水。为了抵偿公司的债务，他卖掉了自己的私人飞机，甚至居然伪造律师签名，从家庭信托基金中提取了本属于他两个姐姐的钱。他的两个姐姐知道后勃然大怒，

1975年1月，他被起诉。这是他个人戏剧性的风险投资之二，投入的是他自己被审判和关入监狱的危险。在庭审中，他承认自己伪造律师签名获得银行贷款的事实并为自己辩护说："当时我觉得我就是史密斯企业公司，这是明明白白的事。而且我觉得，我的两个姐姐也是这么认为的。"1975年12月，史密斯被宣告无罪。

为了改善经营情况，弗雷德·史密斯竭尽全力争取客户，开拓市场，为得到美国行政总局的合约，联邦快递公司在西部开辟了6条航线，在与其他企业的竞争中，他把价格杀得很低，以致使人怀疑他是否还有利润。而弗雷德·史密斯着眼于更长久的利益，他认为尽管这笔业务并没有很高的利润，却可以用来充当公司的门面。公司可以借这笔业务向外界表示，"连邮政总局的合约都能拿到手，对联邦快递公司的服务还有什么不放心的"，这样做不仅让投资者放心，还可以争取更多的用户。

问题6：联邦快递早期创业的难点在哪里？

思考提示：联邦快递早期创业的难点正像史密斯的老师所说的，这项业务需要大量资金来运作，个人来做的确风险非常大。这时候需要做的就是坚持和想尽一切办法争取到投资。史密斯是幸运的，它坚持到了时来运转的1974年，铁路大罢工带给他的是快递业务的突然增加。

联邦快递早期创业的难点是商业模式的市场触发点暴发时间的不确定性。早期创业企业在商业模式的建构中，都会有各自的难点。但同样的一点就是不断地努力去解决，这就需要坚持，而不是怀疑和否定。正如马云所说："今天很残酷，明天很残酷，后天很美好，但大多数人死在明天晚上，看不到后天的太阳。"创业者一定要对早期创业的困难有充分估计，并且一定要有比常人更多的坚持力。在最黑暗的时候往往意味着机会悄然而至。

也可能真的是"天道酬勤"，在困境中拼搏的联邦快递公司遇到了意外的好运气，首先是政府解除了对航空运输业的限制，极大地增加了货运行业的运输量。由于对商业运输的需求猛增，国内主要货运机构对大城市的业务应接不暇，根本无法满足小城市的要求，这就为联邦快递提供了重大的市场缺口，使它的业务量很快增加。另外一个好运气是，1974年，由于联合包裹运输公司的员工长期罢工，使铁路快运公司破产。这两件事都为联邦快递公司提供了发展公司业务、改善公司状况的好机会。

1975年，公司的经营状况开始好转，7月是联邦快递公司第一个盈利的月份，全公司创利5.5万美元，当年的营业收入达到7 500万美元。这时的联邦快递公司，已经拥有3.1万个固定客户。联邦快递公司为全国各地的客户运送零件、血浆、移植器官、药品等各种需要迅速运递的物品。联邦快递公司在

130个城市和75个机场提供隔夜快递服务。联邦快递公司的紫色飞机，在每天夜晚载运着数不清的包裹在通往全国各地的航线上穿梭。1976年，联邦快递公司获纯利350万美元；1977年年度经营收入突破1亿美元，获纯利820万美元。联邦快递公司终于走出困境，并创造了奇迹。1977年，弗雷德·史密斯被纽约一家杂志评选为全国十大杰出企业家，并称赞“在短短的5年内，他那创新的行销体系以及成功的公众形象宣传使他一下子由一无所有变为营业额1.1亿美元、净利润820万美元的大企业家”。1978年8月，《骑士报》发表文章指出：“在艰难中仍然屹立不动摇，凭借不屈不挠的意志与战斗力去抵抗阻挡在前进道路上的任何障碍，他卓绝的表现不仅是企业家的楷模，更是我们每一个人都应当效法的。”当年给史密斯投资的风险投资家们看中的正是他的这种不屈不挠的精神。

问题7：联邦快递公司能起死回生的根本原因是什么？

思考提示：应该说联邦快递能在1974年起死回生，最根本的还是史密斯的眼光和他的执著，他准确地判断出由于新的因素导致未来的快递业——隔夜快递是一个趋势，而联邦快递一直在等待和促成这一变局。史密斯以惊人的毅力坚持了下来，并仍然以积极的心态在为这一市场触发点的暴发做着准备。

1974年的罢工及政府政策的变化，就是新因素积累到一定时候出现的变化。有充分准备的联邦快递才真正有了用武之地。

随着联邦快递公司业务的迅速发展和快递服务市场的不断扩大，公司原有的达索尔特鹰式小型飞机已经明显不能适应隔夜快递业务的需要。1938年通过的《联邦航空法》规定，只有载重量不高于7 500磅的小型飞机运送货物才不必向联邦政府申请许可证。当初制定这项法规主要是为了保护客运航空公司，可这项规定严重地阻碍了联邦快递公司的发展。为了避开《联邦航空法》的限制，联邦快递公司在成立之初只购买了不用申请许可证的达索尔特鹰式小型飞机。随着公司快递业务的不断增加，联邦快递公司为了保证业务量较大航线的需要，有时不得不让8架达索尔特鹰式小型飞机一起飞行，如果改用一架较大的飞机代替这8架小型飞机，不但省事而且省钱。于是，弗雷德·史密斯向联邦民用航空委员会提出申请5架DC－9型飞机从事隔夜快递服务的许可证，可他的申请遭到了拒绝。弗雷德·史密斯便决定为废除已经过时的《联邦航空法》而斗争。他在华盛顿国会议员中间游说，展开了一场为时18个月的游说议员的运动，并向国会正式递交了“联邦快递法案”。最后这个法案由于竞争对手卡车司机联合会、尼航运输协会和飞虎运输公司的强烈反对而没有通过。1977年，吉米·卡特当选为新一届美国总统，他公开表示赞同解除对航空公司和航空货运公司的管制。这样一来，联邦快递公司如愿以偿，决定购买一批载重量达4.2万磅的波音727型飞机。

公司的进一步发展及购买波音727型飞机等均需要较多的资金，公司需要筹集到更多的资金。弗雷德·史密斯决定，让联邦公司的股票公开上市，面向社会融资。1978年4月，联邦快递公司在纽约证券交易所正式挂牌，公开出售第一批股票。联邦快递公司股票的发行，不仅筹集到了购买飞机的巨资，而且使公司的早期投资者得到了回报。这一年年底，弗雷德·史密斯收购了他两个姐姐在公司的全部股权，让她们得到了可观的收入，补偿了她们的损失。

由于改善了运输条件，增强了运输能力，联邦快递公司的年度营业收入以每年大约40%的速度增长。这时的联邦快递公司已拥有6 700名雇员，每夜向全国89个城市运送6.5万个包裹。公司的机队包括34架达索尔特鹰式飞机、15架波音727型客机和5架波音737型飞机。1980年3月29日，一架价值2 400万美元、载重量达10万磅的DC－10型飞机降落在纽瓦克机场，这是联邦公司购买的4架DC－10型飞机中的第一架。截至80年代中期，联邦公司已拥有8架DC－10型飞机，这种巨型运输机的加盟，极大地加强了联邦快递公司的运输能力。同时，电子消费品的增长和科学工具的小型化，进一步为联邦快递公司提供了更为广阔的快递市场，增加了“隔夜快递”的业务量，特别是存放重要文件、照片、蓝图、小型工具和其他贵重物品的“信使包”的递送量增长最快，占全部营业收入的40%。

问题8：史密斯如何改善运输条件以增强“隔夜快递”的竞争力？

思考提示：《联邦航空法》是史密斯的老师认为“隔夜快递”业务不可改变的最大障碍之一。史密斯通过努力终于使《联邦航空法》被废除，由此得以改善运输条件、增加运输能力，提高了快速响应的能力，同时降低了成本。这使得“隔夜送达”的能力大大加强。

商业模式的每一环节都是随着企业的成长而不断加强的，而企业是通过不断解决问题而成长壮大的。商业模式也是动态的，其核心是变化的。

1979年，联邦快递公司年度营业收入为2.585亿美元，获纯利2 140万美元。1981年，联邦快递公司的营业收入高居美国航空货运公司的首位，超过了比它早20年进入航空货运业的竞争对手——埃默里货运公司、机载货运公司等。据统计，每年它所承运的3 800万件包裹的数量，要比第2名到第5名这4家公司所承运包裹数量的总和还要多。但很快，联邦快递公司就遇到了强劲有力的竞争对手：埃默里货运公司开始学习联邦快递公司的经营策略，购买货运飞机、开设小包裹分拣中心，提供隔夜快递服务；机载货运公司也开始提供小包裹空运速递服务；美国联合包裹公司向来用卡车运送包裹，从1981年开始也加入了航空速递业；被联邦快递公司的“信使包”夺走了大量客户与市场的美国邮政管理局也开始推行自己的隔夜递送邮政服务。但是，这些公司在服务范围、服务质量和交货时间上还不能与联邦快递公司相提并论，因此，在日趋激烈的竞争中，联邦快递公司仍然保持着它的领先地位。1983 年，公司的年度营业收入达到 10 亿美元，成为美国历史上第一家创办不足 10 年，不靠收购或合并而超过 10 亿美元营业额的公司。

1984 年，联邦快递公司完成第一次收购行动，成功地收购了位于明尼苏达州明尼阿波利斯的吉尔科快递公司。吉尔科快递公司是一家为 84 个国家提供服务的包裹运输公司，弗雷德·史密斯希望联邦快递公司在海外速递业也能像在美国国内那样占主导地位。紧接着，他在英国、荷兰和阿拉伯联合酋长国进一步实施收购计划。1985 年，联邦快递公司在向欧洲市场扩展服务方面迈出了重要一步，它在布鲁塞尔机场开设了一个分拣中心。1985 年，公司总营业收入达到 20 亿美元。1986 年，联邦快递公司在加利福尼亚州的奥克兰市和新泽西州的纽瓦克分别开设了分拣中心，以便迅速处理附近地区的业务。到 80 年代末期，联邦快递公司的年度营业收入超过 35 亿美元，纯利润 1.76 亿美元。联邦快递公司向全世界 90 个国家和地区提供服务，它拥有员工 5.4 万人，各项业绩指标都跃居全世界航空货运公司的首位，成为全球隔夜快递业的龙头企业。弗雷德·史密斯也当之无愧地被誉为“隔夜快递业之父”。

联邦快递公司的成功与发展强烈地吸引了华尔街股市上的投资者。在短短 4 个月的时间里，联邦快递公司的股票在股市上的交易价格由当初每股 24 美元的承销价一跃到每股 47 美元，上涨了近 100%。在联邦快递公司股票上市依然看好的情况下，没有买到股票的投资者继续大胆地杀进，而原来的持股者也认为联邦快递的股票具有可观的潜力，于是在短短数年间，联邦快递公司的股票价格竟然上涨到每股 250 美元。

联邦快递公司将其利润的 10% 用在推销活动上，在广告宣传、公关活动、塑造企业形象中投入了大量的人力、物力、财力。在美国境内凡是有可能开发客户的潜在市场上宣传隔夜快递服务的重要作用，宣传联邦快递公司的服务宗旨、服务内容和服务质量上的承诺，终于在社会公众面前成功地树立起一个崭新的企业形象。这不仅赢得了社会公众的认可，也为公司引来了源源不断的投资，还开发了更为广阔的快递服务市场，正如弗雷德·史密斯说的：“我们付出了代价，赢得了我们为开发资金来源所需的信任。”

巧妙的广告宣传，声誉卓著的快递服务，使人们趋之若鹜。

信誉是企业的生命，为了履行对客户的承诺即“绝对肯定地隔夜送达”，联邦快递公司在服务方面做到了服务周到、信用可靠、精益求精、无孔不入。从公司刚刚成立的时候起，他们就已经意识到服务质量的好坏是公司在激烈的市场竞争中成败的关键，他们尽量简化客户托运货物的手续，并以准确、快速、可靠的服务赢得客户的信任。正如一位客户所说的：“人们不常看到非常良好的服务，一旦看到了便趋之若鹜。”

准确快速的隔夜快递服务，为隔夜传递业开拓了前所未有的市场，然而确保这种服务的，却是联邦快递公司科学合理的管理系统。这个系统就是弗雷德·史密斯创立的，后来成为整个隔夜传递行业标准的“中心辐射系统”。这是一个科学、严密、快速、合理的快速传递系统。

1977 年，联邦快递公司和一家电视台签约，通过卫星电视把公司的一切政策与设想实时地传达给各地的客户和各营业处所的基层员工。联邦快递公司还租用了卫星电视通信网络，这样每天都有更多地方的顾客和营业处所的员工能够及时地了解公司的情况和事务。《美国 100 家工作条件最佳的公司》的作者把联邦快递公司列为美国工作条件最佳的 100 家公司之一，并称赞它是“典型的现代公司”，在很大程度上是一家“人民公司”，因为它确保实施一种公平待遇政策，诸如“五级申诉制”、“不裁员”、“最高工资”、“利润共享”、“管理人员的股份选择权”等。1978 年 8 月，《幸福》杂志刊登了联邦快递公司一名雇员的讲话：“人们迁居孟菲斯后所做的第一件事就是到联邦快递公司申请一份工作。”

联邦快递的种种举动有力地提高了自己的形象，人们越来越喜欢这家公司，所以联邦快递股票的行情越来越好，导致各种资金包括风险投资基金源源不断地注入。

问题 9：联邦快递是如何进行推广和竞争的？

思考提示：通过隔夜送达的快递业务，开拓了前所未有的市场。在这一市场中，一些货运公司开始进入这一领域，展开了激烈竞争。

首先，在业务成长时，对跟进者展开了一系列的收购。

其次，改进内部专业化的工作流程，包括分拣、建立中心辐射系统、简化手续等，以提高效率。

再次，在运营等主要活动和价值链支持活动方面，也同样改进。在人力资源和基础信息管理方面，租用卫星网络等，大大提高了效率。

所有这些做法，都旨在建立一个能快速、准确反应的体系，以保证其隔夜送达的商业模式得以实现，并且远远将竞争对手甩到了后面。

弗雷德·史密斯首创的隔夜快递服务在全世界范围内掀起了一场企业革命，它改变了世人做生意的方式，从此，企业可以远离市中心。

20 世纪 80 年代末期，联邦快递公司仍保持高速发展，继续稳居美国隔夜快递业龙头企业的地位。1988 年，联邦快递公司已经向世界 90 个国家和地区提供隔夜快递服务；1989 年，公司收购了其最大的竞争对手——飞虎国际公司。这场收购大战也许比美国对越南的战争还要冒险。

作为美国企业界首屈一指的冒险家，弗雷德·史密斯的冒险精神是永远不会消失的。进入80年代以后，他把实现联邦快递公司的国际化作为最大的愿望。1989年，当他宣布收购联邦快递公司最大的竞争对手——比联邦快递公司早20年进入航空货运领域的飞虎国际公司的时候，所有的人都大吃一惊。这是弗雷德·史密斯迄今为止最大的一次收购行动，在美国企业界和社会舆论界引起了空前强烈的反响。美国《商业周刊》称弗雷德·史密斯的最新收购行动是“迄今最大的赌博”。一些工业分析家们也对弗雷德·史密斯不惜收购一个困难重重、问题成山的企业而使现有企业遭受风险的做法提出质疑。他们认为，飞虎公司是一个传统势力很大，因循守旧的公司，而联邦快递公司却是一个充满创新精神的公司，联邦快递公司的狂热事业心和不受传统约束的态度与飞虎公司老大作风、养尊处优的态度形成鲜明对照。许多反对收购飞虎公司的人都预言，收购飞虎公司将使弗雷德·史密斯的处境陷入困难。就连弗雷德·史密斯的工业顾问伯纳德·拉朗德也对他说：“必须像处理两头豪猪交配那样十分小心地对待这种合并，联邦快递公司在玩赌注很大、风险也很大的卡西诺牌。”人们普遍认为，鉴于联邦公司和飞虎公司在各个方面的差别，它们的合并是行不通的。反对合并的人都说，联邦快递公司和飞虎公司合并将会使弗雷德·史密斯的处境比预料的更困难。但是，弗雷德·史密斯并没有被这些预言所吓倒，他坚定地认为，这次收购行动能够使联邦快递公司成为卓越的、世界范围的航空货运公司。他指出：“毫无疑问，这是一个重大的挑战，我不认为这是一次把公司当做赌注的行动。由于这次收购行动，我们得到了大量硬资产。”

飞虎国际公司是全世界最大的重载货运公司，它是第二次世界大战以后由几个战时的飞行员创办的，公司成立以后承运的业务量持续上升，利润也越来越多，是美国航空货运实力最强的企业之一。到1988年，飞虎公司已拥有22架波音747型飞机、11架波音727型飞机和6架DC－8型飞机，拥有雇员6 550人，年度营业收入为14亿美元。在航空货运市场空前激烈的竞争中，飞虎公司在一个个强有力的竞争对手纷纷崛起的形势下，仍然保持着行业老大的作风，公司管理中的各种问题日益严重，财务开支大手大脚毫无节制，机械设备日趋陈旧老化，雇员们也形成了养尊处优的不良习惯，他们在势力强大的工会领导下不断要求加薪。终于，在1984年飞虎公司的财务报告中第一次出现了赤字。这时候，弗雷德·史密斯立刻向飞虎公司提出购买该公司全部航线的要求，但遭到了拒绝。

收购飞虎公司不成，弗雷德·史密斯很快就收购了麦尔柯快递公司，这家公司的服务网络遍及全世界80多个国家和地区。收购成功后，联邦快递的业务就伸展到荷兰、英国以及阿拉伯联合酋长国等地区。但是，弗雷德·史密斯对这样的收购很不满足，他认为这种速度太慢，他一再向公司董事会强调：如果到2000年，联邦快递还没有把脚步伸到全世界各地去的话，那公司的前景就只能是“昙花一现”，而要想迅速实现联邦快递公司的国际化，买下飞虎航空公司是唯一有效的途径。

终于，弗雷德·史密斯等来了机会。飞虎国际航空公司的最大股东、信实金融服务公司董事长索尔·斯坦伯于1988年年末宣布收购不在他名下的飞虎公司83%的股份。听说有人要收购飞虎公司，弗雷德·史密斯立即加入角逐，他以每股20.88美元，高出飞虎公司股票市场价格6美元的价格确保了收购的成功。

对史密斯而言，飞虎国际航空货运公司最具有吸引力的是其在过去40多年中煞费苦心建立起来的国际航线。当时，飞虎公司号称在21个国家里拥有长达45年以上的航空权和降落权。也正因为如此，飞虎公司才能成为全世界最大的重载货运公司。在它所有的运输机中，有一半以上都是波音747型大型运输机，它们的飞机可以在五大洲的上空飞行。在弗雷德·史密斯看来，飞虎公司所拥有的航空权和机场起降权并不是随时都可以花钱买到的。在收购飞虎公司之前，联邦快递公司只有5个在外国机场的着陆权，分别是：蒙特利尔、多伦多、布鲁塞尔、伦敦和东京。收购飞虎国际航空货运公司以后，联邦快递公司可以在巴黎、法兰克福、3个日本机场和东亚、南美的许多城市拥有飞行权和着陆权。收购了飞虎公司之后，联邦快递公司再也不用像以前那样，由于没有着陆权而把许多国家的业务转交给其他航空公司，就可以直接在这些航线上使用自己的飞机运输货物，从而为大大改善联邦快递公司海外营业状况提供了重要条件。另外，飞虎国际航空货运公司下属的重型货物空运公司“飞虎货运”也使联邦快速公司有了在重型货运业的立足之地，正如一位分析家所说的：“联邦快递公司用大飞机把小包裹送往国外这种方法等于自杀。现在联邦快递公司可以把小包裹放在飞虎公司的大货柜四周，把用于海外运输的DC－10型大型飞机抽调回来，用于运量很大的国内航线。”

然而，收购飞虎公司使联邦快递公司背上了一笔巨大的债务，而海外营业状况的改善也没有预计的那样好，联邦快递公司的国际快递服务一直是亏损的，到1989年亏损了7 400万美元。

联邦快递公司的国外业务在收购飞虎国际航空后没有明显好转，持续的亏损和收购飞虎公司增加的债务使公司的利润下降。联邦快递公司的营业收入从1989年的52亿美元升至1991年的76.9亿美元，但利润却从1989年的4.2亿美元降至1991年的2.79亿美元。工业分析家们对联邦快递公司是否能使它在国外的业务盈利产生了分歧，反对者们认为收购飞虎公司是一个错误的决策，而弗雷德·史密斯却认为，随着联邦快递公司海外业务量的不断上升，国外业务最终还是能够盈利的。

弗雷德·史密斯承认，收购飞虎公司可能是他有生以来最大的一次冒险，公司也因此增加了1.4亿美元的债务，但飞虎航空公司开辟的那些有着40多年历史的国际航线有助于联邦快递公司跻身世界一流企业之列。

进入90年代以后，联邦快递公司面临着美国国内快递市场更为激烈的竞争。在竞争中，它的市场占有率一直保持着领先的地位。每天从深夜到清晨，联邦快递公司担负着世界各地的包裹运输，几乎达到了包裹总数的3/4。一提起快递，人们首先想起的就是联邦快递。

在美国企业的发展史上，联邦快递公司是几个发展最快的公司之一，是企业开拓进取、敢于创新精神的代表。1979年12月的《幸福》杂志称联邦快递公司是“70年代最成功的十大企业”之一。《邓氏商业月刊》称联邦快递公司是“1981年管理最佳的5家公司”之一。联邦快递公司还被誉为“美国100家工作条件最佳的公司”之一。1990年，联邦快递公司因服务完善获得了极负盛名的“马尔科姆·鲍得里奇奖”，联邦快递公司是美国历史上第一个获得这项大奖的服务性企业。

弗雷德·史密斯首创的隔夜快递服务在全世界范围内掀起了一场企业革命，它改变了世人做生意的方式，其深刻程度不亚于泰德·特纳在世界通信业的影响。泰德·特纳的创新影响了全球的电视新闻业，而弗雷德·史密斯的这种创新，在同样程度上改变和影响了企业的经营活动。从此，企业可以远离市中心，建在较偏僻的地带甚至无须在厂区内兴建专门的库房。

问题10：联邦快递是如何进行快速扩张的?

思考提示：快递业不仅需要有鲜明的商业模式，还要有其商业个性，即快速。因为实现目标需要有大量资金的投入，这需要大市场来支撑。因而，不是做强做大，而是做大做强，就成为这个行业的生存特征。

联邦快递做大做强的策略就是收购和国际化。这也是快递行业竞争的法则。

收购飞虎公司使联邦快递成为美国第一大速递公司，同时跻身世界一流企业之列。

联邦快递公司以其鲜明的商业模式创造了快递业的市场，它的故事充满了理想、冲动及冒险。一位传记作家称联邦快递公司的创业历程是“20世纪下半叶伟大的创业传奇故事之一”。

讨论题：

1. 联邦快递公司是采取什么手段实现需求搜集的？又是用什么方式体现核心成长能力或专有资源的？

2. 在联邦快递的商业故事中，有哪些环节表现了其商业模型框架？

参考文献：

1．联邦快递公司网站：公司发展史，http：//www．fedex．com/cn/

2．联邦快递年报（1997—2007），http：//www．sec．gov．

3．地面大战：UPS 对 FedEx．商业周刊，2001（6）．http：//www．business week China．com/magzs/2001．06/

4．四大快递传奇发展史之一：联邦快递，http：//xinguandaolun．blog．sohu．com/

5．横行全球的联邦快递．世界品牌实验室，lcxo．com，2005．08

巧拼缝——公共会员制营销商业模型评析

易余胤　张爱萍

一、商业故事——青岛新领域信息服务有限公司诞生记

如果撇开客观环境因素来看，人的个性在很大程度上决定其事业的成败。不同个性的创业者，即使从事的是同样的创业内容，也必然会有不同的历程，而创业者的个性必须与其事业的特点相匹配，这是他创业成功的前提。正如很多商战名家所言，“事业成败，人往往是最重要的因素”，所以在看这个商业故事之前，我们先来了解一下故事里人物的背景资料。

故事的主人公叫聂名勇，出身于临沂苍山贫困家庭。2004 年家贫志坚的他以优异的成绩考入了青岛理工大学。带着父母的希望，第一次踏上城市的热土，聂名勇感到兴奋、幸福，不过，这种兴奋、幸福并没有在聂名勇身上停留多久，取而代之的是油然而生的责任感。聂名勇想起了家里面朝黄土背朝天的父亲、重病缠身的母亲，还有因家庭贫困而早早辍学的弟弟，每当想起这些，聂名勇的内心都会受到鞭策，这也成为他发愤图强的动力来源。因为经历过太多的苦难，在踏入大学的第一天，聂名勇就有了创业的想法，希望通过自己勤奋的双手摆脱生活的贫困。从大一到大三，聂名勇每天都在为创业准备着。他从事过各种兼职，例如，发过宣传页，做过酒店服务员，做过市场调查员，做过白酒推销员。他还积极参加学生会工作，并担任了学生会主席。从各方面积累工作经验，锻炼工作能力。业余时间，他还大量查阅研读创业类、企业管理类、市场拓展类等创业必备书籍，积累了大量创业知识。苦难中练就的韧劲，在他不懈的努力中得以体现出来。一方面，他勤奋学习，获得了大量的知识储备；另一方面，在外拼搏的过程，使一直怀揣创业梦想的他在工作能力上得到了很大的提升，并使他养成了平时善于观察，且乐于思考的习惯，这一切为其以后成功创业打下了坚实的基础。

问题 1：创业的知识如何积累？创业的能力如何培养？

思考提示：获得创业知识和提高创业能力两者是相辅相成互相促进的。知

识方面包括企业管理、财务会计、市场营销、经济法律方面的知识；能力方面包括观念和思维的创新能力、学习能力、计划和决策的能力、组织和领导能力，但是两者都无法在短期内实现，需要经历一个长期的不断尝试和不断积累的过程。除此之外，创业者还需要有良好的心理素质和道德素质。

1. 灵感来源于好习惯

机会总是青睐有准备的人。时间一晃到了大学三年级，有一天，聂名勇在台东逛街，路过一家商场的付款台时，看见一位女士从包里20多张会员卡中好不容易才找到这家商场的会员卡。这个不经意的偶然发现触动了聂名勇敏感的神经。他想：能不能把各个商家的会员卡统一起来，让消费者带一张会员卡就可以享受多家会员企业的待遇呢？会员卡不统一不仅给消费者带来很大不便，而且各商铺独自开展会员制营销成本高、效果差。对于这个设想，一般人或许简单思考后就不再理会，但是善于观察且乐于思考的聂名勇并没有轻率地对待，凭着敏锐的商业直觉，聂名勇觉得这个想法蕴涵着很大的商业意义。

问题2：发现商机的创业者往往拥有哪些人格特质？这些商机的发现只是偶然吗？

思考提示：很多商机的发现表面上看来带有很强的偶然性，但实际并非如此。因为同样的商业想法可能在很多人的脑海里出现过，而且可能与最后成功的创业者起初的想法相差不大，但是他们往往无法作出合理的识别、判断，只好放弃思考，所以在现实中，只有少数人才会认真对待这些想法。诸如对市场和社会需求变化的敏锐感知力、注重细节、善于观察及乐于思考等品性常常体现在少数人的身上。

2. 试点

有了想法后，聂名勇便积极地将之付诸实践，他将自己的想法告诉了自己的两个舍友，他们一致认为这个设想有很强的可行性。于是，他们3人便进行初步市场调研，市场调研验证了这个想法的可行性：从同质的商家中挑出一家进行商家联盟，然后由联盟的商家共同发展庞大的会员客户群，由第三方进行协调引导会员到联盟商家消费，由联盟商家为会员提供较好的会员待遇。这种“公共会员制营销”项目思路逐步在聂名勇的脑中成形。经过前期准备之后，他和两名与之共同创业的舍友联系了学校周围的一些店，同时开始招募会员，并出售他们命名为“消费通”的会员卡，大约不到两周的时间便招募了400多名会员，赚到了400多元，成功地淘到了创业的第一桶金。

问题3：创业者如何对待商机？如何验证新的商业模型在市场中的可行

性？如果可行，应如何对待？为什么？

思考提示：商机稍纵即逝，创业者要特别珍惜。创业者发现商机并通过初试的评估和判断确定其可行性后，要迅速制定策略并有效执行策略，即要把商机转变为现实财富。聂名勇的“公共会员制营销”模式属于首创，一旦成功就会有明显的先动优势。对这种新模式项目的开发需要在每个步骤上的迅速执行，这就要求创业者在市场调研、分析市场机会及制订融资计划、营销计划、财务计划等的执行上做好统筹安排。

3. **初创**

试点的成功坚定了聂名勇创业团队的信念。他们开始策划成立公司，将业务做大。大家一致同意，每人从家中拿出 1 万元，共 3 万元作为成立公司的启动资金。2007 年 8 月 1 日，聂名勇创业团队的青岛新领域信息服务有限公司成立了。公司成立后，聂名勇团队进行了更全面的市场调查与创业准备。大约经过两个星期的准备，公司于 2007 年 8 月 16 日开始正式营业。聂名勇发展的第一个客户是台东的一家 KTV，这里的经理很年轻，很快接受了这个新鲜事物，答应和他们结成联盟。此后，他们不断寻找新的合作商家，那一阵聂名勇的 3 人团队一有时间就到各商业街去推广“消费通”会员卡，给商家介绍理念，希望他们可以加盟，此刻聂名勇和他的同伴对公司的未来充满期望。可一个月后，市场给他们上了一课：他们发现，成立公司并不如想象的那样好，从学校周围的小市场扩大到校园外的大市场，完全是两码事。这种局面完全超出他们的预期，年轻人一时的冲动和对美好未来的向往，短短一个月就被艰难的处境拉回到现实中。

问题 4：商业模型的推广在一个市场可行，为什么在另外一个市场就会遇到阻碍？原因可能有哪些？

思考提示：商业模型在市场中是否可行一方面取决于企业自身资源和能力的大小，另一方面取决于这种模型能否适应市场的特点，包括市场结构、市场规模和容量、市场的吸引力与增长潜力等。在一个市场中，企业可能有足够的资源和能力来有效推广某种商业模型，但由于市场差异的存在，在另一个市场中可能就不行。

伴随而来的是一系列在青岛新领域信息服务公司的运营中出现的亟待解决的问题，因为目标市场扩大了，资金问题和团队建设成为创业的第一大难题。资金方面，在租赁写字间、购置办公设备后，3 万元钱在一个月左右便消耗殆尽，虽然在这期间他和他的团队共签约了 400 余家联盟打折商户，但商户质量却被忽略了。团队方面，“消费通”会员卡缺乏人手进行销售，会员卡销售滞缓，可公司已经没有多余的资金来雇用人手了。由于这种模式没有可以借鉴的成功案例，在一系列问题出现之后，聂名勇的团队对现有的盈利模式产生了怀疑，创业信念开始动摇，是否继续做下去成了他们最大的困惑。

问题5：创业初期出现在资金、团队上的问题的原因有哪些？是否能够避免？

思考提示：创业初期资金可能会出现短缺，原因可能包括没有足够的融资渠道、调研不够而在草拟创业计划中低估了资金消耗的路径和速度、在开展业务时出现了新增的开支点、成本控制不严等。要避免这种局面，创业团队必须做好周密的投资计划，进行严格的成本控制，并广开门路用尽可能低的成本获得更多的融资。团队可能会因业务开展方面出现的一系列问题而导致士气低落，这时候团队成员需要增加沟通，为鼓舞士气，团队核心领导应该在成员面前保持坚定的信念和信心，也需要加强对成员的激励。

在没钱、没经验、没行业模式的情况下，聂名勇经常担心公司不能继续经营下去，没法向父亲交代。不过长期的历练使他很快冷静下来，经过分析，聂名勇发现，公司状况不佳的原因在于在运作项目时没有把握好联盟商家的质量，400余家商户绝大部分是路边小店，且给会员的折扣都不真实，顾客基本上很少光顾这种店。另外在销售“消费通”卡时，采取了成本过高的广告推广方式，将大量资金投向广告，必然存在大量的资金浪费。聂名勇认为，此时公司必须在业务上、开展方式上作出相应调整，同时要咬紧牙关坚持下去。如果不坚持下去，公司就只能倒闭。

在青岛新领域信息服务公司最困难、处于最低谷的时候，学校的领导、老师和同学们的鼓励给了他们信心，聂名勇的父亲也为他在老家贷了2万元，使公司再次得到存活的资金。重新振作之后，聂名勇改变策略，3人创业团队亲自发展联盟打折商户，把握商户的质量和折扣，并且最大化地利用现有资源大批量聘用兼职人员进行“消费通”卡一对一的面对面销售。经过3个月的发展，高质量的联盟商户达到100余家，售卡收入由原来每个月的500元上升到1万元。公司存活了，状况逐渐稳定下来，但聂名勇感到身上的担子更重了。经过几个月的磨炼，聂名勇头脑中渐渐形成这样一个概念：“对的事情一定要坚持下去，做事切忌眼高手低。”他对创业有了新的认识。

问题6：聂名勇在公司运营的措施调整上体现了什么原则？在公司由危转安前后，他的团队都很努力地工作，为何结果不同？

思考提示：能否把握真实的客户需求是衡量企业运营好坏的客观标准，也是新创企业能否存活下来的关键。聂名勇的团队很努力地工作，不过努力的方向错了，他们没有把握住真实的客户需求——会员希望得到货真价实的折扣，而他们未能提供，因此公司陷入危机。之后公司走出困境是因为把握住了正确的客户需求，并更有效地利用了资源。

4. 发展

至此，青岛新领域信息服务公司进入前期快速发展阶段。到2008年4月，他们卖出1万多张“消费通”卡，三个股东大约赚了10万元。不过新的问题又出现了，对公司的业务模式，聂名勇的团队内部有了不同的意见，两名股东认为应该继续推广消费卡以赚取现金，但聂名勇认为应该把赚回的钱投到公司的发展上，给商家提供会员增值服务，因为他认为单一的售卡收入终将有一天无法提高公司的营业额，而且公司缺少核心竞争力，他们的这种商业模型很容易被竞争对手模仿。因观念不同，加之在2008年10月公司果真又遇到了销售瓶颈，售卡收入已无法获得提升，另外两个股东撤资离开了公司，这使聂名勇感到了前所未有的孤立和无助，他的创业路也遇到了第一次低潮期。

问题7：创业团队分崩离析是普遍的现象，这种现象的原因有哪些？应对这种局面的出现，创始人事先应有哪些准备？对创业伙伴的选择应注意哪些方面？

思考提示：创业团队分崩离析比较普遍，但我们应注重保持团队的凝聚力，尽量避免出现这种局面，因为单从短期看这种情况至少会给创业过程带来时间和资源上的损失。出现这种局面的原因包括以下几个方面：团队成员对企业长远发展战略产生分歧，对具体业务模式发展意见不一致，成员因业务开展不顺而士气低下或缺乏斗志，对权益分配感到不平，等等。要避免这种状况的出现，在组建团队时，要注意以下原则：第一，团队成员应具有诚实守信的品质；第二，要有一致的创业思路，并通过不断的沟通处理好个人思路与团队思路的关系；第三，能力、性格、资本上要能互补；第四，以书面形式规定好权利和责任，在此基础上做到分工协作。另外，若团队成员较少，为防止意见分歧阻碍团队决策、影响业务开展，通常各股东股份不宜相同，保证其中一方有较大的话语权，如聂名勇的团队只有3人，作为创始人的聂名勇应拥有较多的股份。

在公司的业务发展模式上，聂名勇始终认为自己的路子是对的，因为卖卡赚钱总有市场饱和的一天。面对孤立无助的状况，聂名勇一遍遍地告诉自己：“振作起来了！不能放弃！创新可以改变未来！”虽然又有了新的问题，但公司的发展和管理一刻也不能停滞，问题要迅速地解决。聂名勇冷静下来，经过深入的思考，决意大笔投资开发联盟营销软件，为商家提供有偿的营销服务，以提高公司的核心竞争力。聂名勇振奋精神，集中力量做好两方面的工作：一方面全力开发软件，一方面汇聚了一批来自IT、传媒、软件行业的精英人才，打造一支和谐而有战斗力的团队。功夫不负有心人，公司很快再次走出低谷，业务快速发展。经过一年多的持续发展，青岛新领域信息服务公司的联盟打折商户上升到500余个品牌商家，“消费通”卡会员超过15万人。2008年，公司营业额超过100万元，纯利润超过30万元，公司员工由原来的3人发展到12人，同时业务扩展到传媒领域，于2009年年初投资100万元开发“联盟营销软件”，通过软件可以为企业提供会员消费行为分析，开展准确营销。目前，已开始拓展全国市场。由于“消费通”卡业务的优越性，目前全国已有30多个城市申请加盟，临沂分公司也在着手成立。

问题8：即便是最精密的商业模型，也会被人模仿，创业者应如何应对？为什么青岛新领域信息服务公司拥有了优秀的商业盈利模式，还要不断追求建造强大的核心竞争力？核心竞争力与商业模型间有何区别和联系？

思考提示：在现代激烈的商业竞争中，任何商业模型都难以保持独特性。一种好的商业模型一旦出现，模仿者往往趋之若鹜，甚至在此基础上迅速推出更好的模型。既然被模仿无法避免，要保持自己模型的优越性，只有不断自我超越。通常的办法是培养企业的核心竞争力，即拥有其他企业无法企及的资源或者能力。因为一个企业无法在其所运营的商业模型的每一个环节都做到卓越，但在某些环节可以成功做到，如可口可乐的品牌、英特尔的芯片技术、IBM的服务网络等。一个优秀的商业模型如果在某些环节上获得了核心竞争力，运营的效果就不一样了。

5. **故事后记**

坚韧不拔的精神和永不言弃的决心，使聂名勇和他的团队渡过一个又一个的难关，不断完善了“公共会员制营销”这个商业模型，并引起了市民和商家的高度重视。公司走上正轨后，青岛电视台《都市发现》节目和《今晚播报》节目对青岛新领域信息服务公司商业模型共报道了6次，《半岛都市报》、《青岛晚报》对公司报道了3次，青岛新闻网、青岛传媒网等门户网站曾多次对该公司进行报道。到目前为止，聂名勇已创立了新领域信息、新领域传媒和小角落餐厅3家公司，他本人也因此成为全国大学生自强之星，并作为唯一一名山东代表进京领奖，受到了王兆国等国家领导人的亲切接见。

经过两年创业的磨炼，聂名勇对创业有着很多感慨。他说：“我认为创业要务实，从自己力所能及的事做起，脚踏实地干，这是成功的根基。首先，创业要坚韧，坚持、坚持、再坚持，守住你的目标，做好‘不撞南墙不回头’的准备。其次，创业需要创新，创新才能凝聚你的核心竞争力，才能立于不败之地。务实、坚韧、创新正是我个人成功的关键因素。再者，任何人在创业中都会遇到各种各样的困难，但我却不认为自己遇到过苦难，只是遇到一些大大小小的问题而已。我认为，如果把一个问题感情化了，畏惧了，它便成了困难；如果把遇到的困难中的感情成分去掉，客观理性地分析它，它就是现实存在的问题，问题是可以想办法一步步加以解决的。”

在谈到他的目标时，他说：“现在要脚踏实地，认认真真地做好工作，完善经营理念，使青岛的样板市场更加成熟，然后再谈扩展市场。我相信只要我们一步步做好，我们终能立足青岛，走向全国！”

问题9：就聂名勇所述，创业要成功，创业者至少应拥有哪些优秀素质？

思考提示：创业者往往被人关注是否拥有优秀的知识水平、技术能力或者思维创造力，因为这些可以保证创业者拥有较高的决策质量，而良好的心理素质，如乐观自信、坚持信念和性格刚强，还有良好的道德素质却不会首先被考虑。然而，这两方面都十分重要，创业过程是一个长期面对不确定性的过程，高风险项目更是如此，团队成员尤其是核心领导，如果没有对既定信念的执著则难以坚持下来。创业者拥有良好的道德素质，则为保证创业团队“人和”奠定了良好的基础，使每个成员都愿意担负起自己应尽的责任和义务。

二、商业模型评析

1. 需求搜集

（1）“公共会员制营销”商业模型的特点。

打折卡的作用在于引导顾客进行重复消费，同时保留一定的客户群，但是单店开发的打折卡会受到消费区域的限制，保留的客户群数量也有难以逾越的局限。同时，随着会员顾客数量的增加，打折卡总体制作成本也在上升，聂名勇开发的“消费通”卡项目在一定程度上弥补了这种劣势。从整体上来看，聂名勇发现和开发的“公共会员制营销”的商业模型是一种“巧拼缝”式的商业模型，即拼接上下游不同利益方的需求，并将上下游的需求通过一张通用卡进行整合。首先，聂名勇和其团队提出“商业联盟”的概念：将有需要对客户提供折扣的商家拉进这个联盟，并承诺为这些商家制作统一的“消费通”打折卡。商家获得的好处有：免去独立制作打折卡的费用，由于通用打折卡的广泛流行而节省的独自进行品牌宣传的广告费，可用于对消费者消费的引导（能提供衣、食、住、行、娱乐等的商家名单都会在通用卡中体现出来）——使更多店在更广的范围内获得消费者的重复消费等。其次，他们抓住了消费者的普遍需求——获得产品的价格折扣，省钱的心理特点是所有消费者都拥有的，不管是对待何种产品，对年轻人尤其是普遍没有太多收入的在校学生来说，更是希望在消费时能获得折扣。再次，聂名勇和他的团队基于“公共会员制营销”的思想，通过通用打折卡对这两种需求进行有效的拼接，并从中获得厂商的加盟费和会员卡的销售收入，从而基本实现了这种商业模型。

（2）需求搜集的领域和方法。

被聂名勇及其团队邀请的加盟商家的产品和服务基本涵盖了人们日常生活的各个领域，主要分为四大块：第一是休闲娱乐方面的商家，包括游乐园、KTV、电影院、体育俱乐部、保健会馆等；第二是餐饮美食方面的商家，包括各种西餐厅、料理、酒店、烤吧、菜馆、美食城、海鲜楼等；第三是时尚购物方面的商家，包括专卖店、商场、服装店、专营店、连锁店等；第四是生活服务方面的商家，包括大酒店、商务酒店、宾馆、宾舍、美容美发店、健康会馆、健身会所、形象设计中心、眼镜店、汽车美容店、宠物医院、婚纱摄影中心等[①]，这些商家主要属于中低档的消费层次，当然部分商家属于高端级别。在业务开展的地域上，2009 年年初，聂名勇的公司已经通过开分公司的方式向全国发展（现在 30 多个城市已经申请加盟），公司进行了新的扩张。

聂名勇及其团队搜集需求的方法包括：①创业者团队访谈与推销：创业者团队与商家进行实际的接触，在这个过程中推销他们的理念和产品，并与商家达成合作的条件；②广告宣传：在项目开展的前期，聂名勇及其团队花费了一定的资金用于对其公司和产品服务进行宣传（后来被证实是开支巨大难以为继）。③雇用兼职者进行推销；当时聂名勇及其团队选择的低成本销售会员卡的方法，实际上是比较有效的，特别是以较低的成本在学生这个庞大的年轻消费团体中销售了大量的会员卡。④利用商家的推广能力：由于连锁店业态的存在，在聂名勇及其团队进行服务推销时首先可以选择其中一家店进行推销，一旦达成合作，这家店也可以帮忙进行宣传，整个连锁店群更易接受聂名勇及其团队的营销理念和服务。⑤网站发布信息：青岛新领域信息服务有限公司在“公共会员制营销”项目开展的后期，专业的会员网站（http：//www. xftvip. com/shangjiamingdan. xls）和服务热线已经建立了起来，对产品和服务有了图文并茂的详细描述，并提供在线办卡和商家加盟的方式，这些措施更有利于推广该公司的业务。⑥与其他商家或媒体进行合作：如与《青岛财经日报》进行合作，强势推出“财经—消费通”联名卡。

2. 盈利设计

在青岛新领域信息服务有限公司创办前期，聂名勇的“公共会员制营销”的商业模型主要有两个获利渠道：一个渠道为加盟的商家方面，公司为这些加

① 资料来源：http：//www. xftvip. com/shangjiamingdan. xls

盟商家制作“消费通”卡并进行推广，由此征收加盟费；另一个渠道为向消费者出售会员卡——“消费通”卡而获得的收入（如图1所示）。而在公司的业务量增大之后，他们又开辟了一个新的获利渠道——向加盟的商家出售用于营销分析的营销软件，这是一个创新的思路，也是对他们原有“消费通”卡的功能的纵向拓展。这个营销软件兼顾了两个方面的因素：一方面是对会员卡客户的保留作用，因为大量会员卡的出售使聂名勇创建的商家联盟拥有了固定数量的消费群体，同时“消费通”会员卡本身也具有一个信息搜集器的作用：会员的一般个人信息，包括姓名、年龄、生日、职业、消费次数、联系方式等都会被保存下来，不过这些信息还没有被最大化地使用，有些关于营销的规律难以从这些表面信息中获得，包括商家难以获得的会员消费者对某种商品的偏好、会员消费者对某种商品的消费次数与时间的关系、某种商品最主要客户类型的社会层次、某种商品营业额大小与消费者的购买时间之间的关系等，而需要有某种工具进行深入的挖掘。深入挖掘客户信息的好处是明显的，如实际中，一个高档商场或专卖店往往在每天不同的时刻调整展台上的商品种类，以接待不同时间段的主要客户，这主要受从大量客户的消费信息中统计出来的规律的指导。因为类似商业信息分析软件的价格往往昂贵，中小企业无力购买，即使购买了也没有足够的资源来运行。对这些商家而言，有个简单易操作的软件来分析会员消费信息即可。对于青岛新领域信息服务有限公司，“消费通”卡已经使他们的加盟商家有了足够的会员基础，而现在推出的营销分析软件正好可以对“消费通”卡上累积的营销信息进行进一步的加工，这一点是加盟商家的需求，也是该营销软件兼顾的第二个方面的因素。这样一来，营销分析软件可以帮助加盟商家好好利用“消费通”卡的会员消费信息，使商家能及时地对营销策略进行调整。对青岛新领域信息服务有限公司而言，这可以起到稳定加盟商家质量和数量的作用。而这又是广大“消费通”卡会员持续获得货真价实折扣的保证。

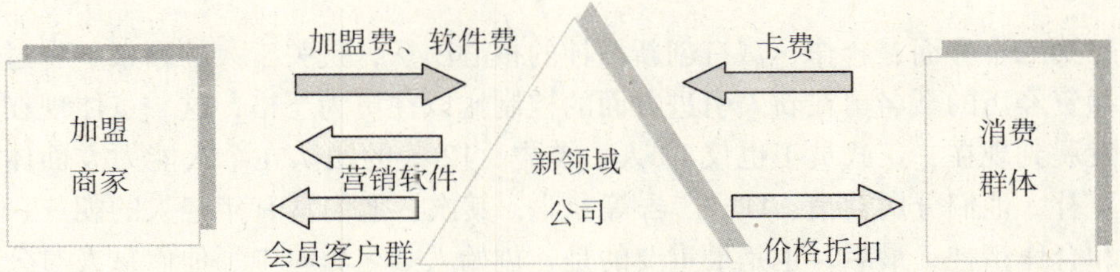

图1　青岛新领域信息服务公司的盈利过程

3. **核心能力构造**

聂名勇及其团队的核心能力来自两个方面：第一个方面是其营销软件。正如在“盈利设计”中所述，青岛新领域信息服务有限公司向外界提供的产品实际上是一种无形产品，这种无形产品对消费者来说是获得真实的折扣，对商家而言则是提供了名牌宣传和固定基数的客户群。在正常情况下，“消费通”卡就能提供这样的功能，显然，仅仅进行卡的销售是无法防止竞争者进入的，后来者甚至能够提供给会员消费者和商家更优惠的条件。这意味着如果竞争者实力够强大，聂名勇苦心经营的商家联盟和会员群体就会面临土崩瓦解的威胁，即使这种局面不会出现，卡务销售和商家联盟的发展也终会遇到数量瓶颈。作为创始人的聂名勇在公司创立时就意识到了这一点，其投资开发营销软件也正是出于这种考虑。只要加盟商家选择使用聂名勇他们开发的营销软件，这个软件就会把加盟商家、消费者和青岛新领域信息服务有限公司 3 方更紧密地联系在一起（如图 2 所示）。这是青岛新领域信息服务有限公司的核心能力，也是公司继续进行“巧拼缝”业务的基础。从表面上看，对大众消费群体销售“消费通”卡和对广大商家邀请加盟是青岛新领域信息服务有限公司的主营业务，但可以预见，在不久的将来，这两项业务的进展将逐渐依赖于营销软件的销售。

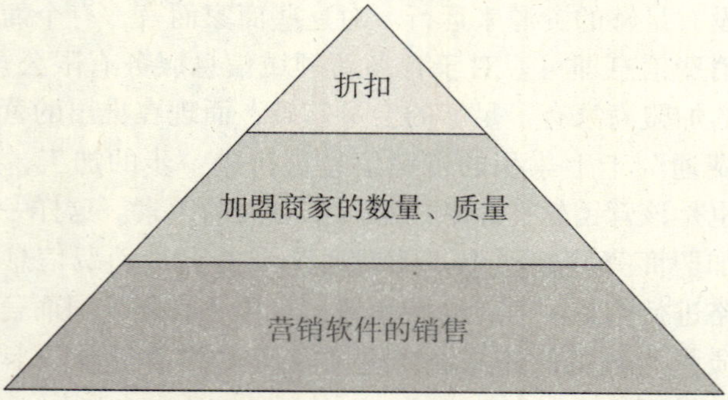

图 2　营销软件销售是维系商家联盟和价格折扣的基础

第二个方面是合作、富有创新精神的核心团队，是关于人的因素。有过股东撤资经历的聂名勇在新人引进方面的控制比以往更为严格，这一点体现在公司发展到现在，正式员工也仅 12 人。首先，12 人的团队在个人能力方面体现出互补，他们分属营销、IT、广告等专业；其次，他们富有年轻人的朝气、创新和合作精神；最后，也是最重要的是，创始人聂名勇看中了他们每人对公司发展方向上的一致思路，这是他们集思广益和凝聚智慧推动公司发展的前提，因为通常不同专业人士组成的合作群体的智慧引领下的方案要胜过单人决策的方案。实际上，像青岛新领域信息服务有限公司这种规模的公司往往是一两个创始人总揽运营，决策的质量有高有低。不过与团队决策相比，我们有理由相信，优质的团队在一次次决策的过程中，使所给方案的合理性更有保证。

三、商业模型的实施条件

1. 商业模型的总结

聂名勇的商业模型可以概括为下列商业逻辑：

第一，发现需求——消费者对价格折扣的需求、各种商家对客户重复购买的需求，找到两种需求之间的联系，提出拼接两种需求的思想："公共会员营销制"，并将其变为现实——"消费通"卡。

第二，在成立公司后，制定出对商家选择的标准和销售"消费通"卡的有效方式，即对消费市场作出定位，通过自建网站进行电子商务、与商家、媒体合作等方式进行推广，提高公司的知名度和可行度。

第三，通过开发与"消费通"卡配套的营销软件和成立核心团队、建立核心优势，形成抵御竞争对手的壁垒。

第四，做好青岛市场后，开始在邻近城市建立分公司，开拓全国市场。

2. 商业模型的预期

（1）由于公司主要是提供一种无形服务，即销售"消费通"卡，这种模式下公司运营的成本较低，人力成本也不高。

（2）这种模式在初期阶段的可复制性较强，初期公司的运营依赖于这种模式的创新性，因此需要公司人员有较快的执行力，这是模式取得先动优势的关键，但在后期可以通过增加与"消费通"的绑定业务巩固前期成果，并建立核心竞争力。

（3）局部城市市场有限，对企业的资源能力要求小，中小企业宜先在一个城市开展业务，然后再向外推广。

（4）需要不断地推出捆绑在"消费通"卡上的增值服务来维持利润的增长，因为卡的销售市场容量有极限。

3. 商业模型推广的可能性

有两种推广的方式可选择：慢速推广和快速推广，两种方式都有一定的风险。慢速推广是指在一个城市的业务做扎实后，再将业务推向下一个城市，类似于稳扎稳打的风格，这种方式对企业的资源能力要求较小，运营易控制，但慢速推广的问题是无法抵御竞争对手在较远地区进行模式复制并抢先占领市场。快速推广则是指单个公司在布局中的多个城市同时进行推广，或者选择多个城市的代理商进行业务推广。前者对企业资金和人力资源要求过高，小企业难以胜任；后者则需要总公司在对代理商的控制上投入巨大的成本，包括制定统一的运营标准：对联盟商家的选择指导标准、制定代理商开展有关业务的制度等。由于这种模式具有创新性，推广是完全有可能的，不过，采用这种模式的往往都是实力较弱的小企业，在模式推广时，如何有效地进行控制和管理，对他们而言，将是一个巨大的挑战。

讨论题：

1. 商业模型对该企业成长有何作用？
2. 从需求搜集到盈利设计的逻辑是什么？

参考文献：

1. http：//www. 28. com/alfx/jy/n－496726. html
2. http：//www. bb5. com. cn/tags. php？/%C4%F4%C3%FB%D3%C2/
3. http：//www. bb5. com. cn/tags. php？/%C4%F4%C3%FB%D3%C2/

后记

一年多来，暨南大学的几位同事酝酿对《哈佛商业评论》中的案例重新进行解析、从商业模型角度分析创业构思时，很多机缘恰好与我们的想法不谋而合。

广东创意经济研究会成立。这是一个专门研究创意经济现象与规律的学术研究机构，挂靠在暨南大学，胡军校长任名誉会长，张耀辉教授任会长。创意经济所研究的对象是将已经存在的文化符号或新的文化符号转换成人们需要的文化享受，这种需要随着经济发展和社会进步表现得越来越强烈；而让创意进入人们的生活之中的商业活动需要借助于新的商业模型。因此，我们的想法得到了广东创意经济研究会的支持，并成为该会的工作内容之一，本书多位作者在该会兼任职务。

暨南大学管理学院成立十周年。暨南大学管理学院有丰富的教学资源和校友资源，我们所在的企业管理系——暨南大学历史最为悠久的科系，也隶属于该院。为让管理学院建立起自己的风格，需要探索以商为核心的理论框架和分析方法。

暨南大学推动并开展创新、创业教育。2006 年，暨南大学成立了大学生创业实验园，2008 年开始酝酿创业学院，其工作框架是为学生提供专业教育以外的创意、创新、创业理念与能力的培养。重温熊彼特的创新定义，创新是技术的商业化应用，创新的核心不是技术发明，而是技术市场价值的发现与实现，它要靠商业模型，并通过创业活动加以实现。这种教育特别需要对创业活动有深入剖析的工具。

在张耀辉教授倡议下，组建了以张耀辉教授、左小德教授、朱峰副教授、王惠芬教授、苏晓华副教授等为主的核心团队，开始了这项事业的探索。确定了先论、再析，最后整理出版的工作程序，每个月底的周五下午举行一次固定时间、地点的沙龙，每次有三位嘉宾主讲，再留出足够的时间进行商业模型分析讨论，最后由各位作者分头整理和研究、撰写，论坛实况录像作为资料上传到专题网站（http：//entrelab. jnu. edu. cn），供读者下载。

我们会将此项工作持续下去，因为我们认为这是一项非常有意义的工作，今天呈现给各位读者的仅是我们从事这项工作的第一步，命名为第一辑，此后每年将出版两辑。我们相信，经过学术积累、团队积累、方法积累和经验积累会将此项工作做大做好，经过读者积累、用户积累和影响积累会越来越受到人们关注。

欢迎大家成为本书以及此后系列书的读者，欢迎大家加入到我们作者队伍之中，共同开展商业模型分析的研究，将我国的产业创新与企业成长不断推上新的高度。

张耀辉　左小德

2009 年 11 月 17 日